WIESO FRAUEN IMMER SEX WOLLEN UND

MÄNNER IMMER KOPF SCHMERZEN HABEN

DIE POPULÄRSTEN IRRTÜMER
ÜBER BEZIEHUNG UND LIEBE

CHRISTIAN THIEL

WIESO
FRAUEN
IMMER
SEX
WOLLEN
UND

MÄNNER
IMMER
KOPF
SCHMERZEN
HABEN

DIE POPULÄRSTEN IRRTÜMER
ÜBER BEZIEHUNG UND LIEBE

ISBN 978-3-517-08949-2

1. Auflage 2014
© 2014 by Südwest Verlag, einem Unternehmen der Verlagsgruppe
Random House GmbH, 81673 München

Programmleitung: Silke Kirsch
Projektleitung: Esther Szolnoki
Lektorat: Ina Raki
Illustrationen: shutterstock/Adrian Niederhäuser
Umschlaggestaltung: zeichenpool, München, unter Verwendung
einer Illustration von shutterstock/Adrian Niederhäuser
Layout und Satz: Nadine Thiel | kreativsatz, Baldham

Dieses Werk wurde vermittelt durch Aenne Glienke, Agentur
für Autoren und Verlage, www.AenneGlienkeAgentur.de

Druck und Verarbeitung: GGP Media GmbH, Pößneck

Printed in Germany

Verlagsgruppe Random House FSC® N001967
Das für dieses Buch verwendete FSC®-zertifizierte Papier *Munken
premium cream* liefert Arctic Paper Munkedals AB, Schweden

www.suedwest-verlag.de

INHALT

VORWORT 9

SEXUALITÄT 15

IRRTUM **NR.1**: »MÄNNER WOLLEN IMMER NUR DAS EINE.« 16

IRRTUM **NR.2**: »SEX DIENT DER FORTPFLANZUNG.« 21

IRRTUM **NR.3**: »SEXUALITÄT IST EIN TRIEB.« 27

IRRTUM **NR.4**: »SEXTOYS UND REIZWÄSCHE BRINGEN DIE EROTIK WIEDER IN SCHWUNG.« 30

IRRTUM **NR.5**: »SEX GEHT IMMER, AUCH BEI STRESS.« 35

IRRTUM **NR.6**: »WENN EIN PARTNER MEHR SEX WILL ALS DER ANDERE, DANN KANN MAN NICHTS MACHEN.« 39

IRRTUM **NR.7**: »EREKTIONSPROBLEME HABEN HAUPTSÄCHLICH KÖRPERLICHE URSACHEN.« 44

IRRTUM **NR.8**: »DIE KURVE DES BEGEHRENS FLACHT IN LANGJÄHRIGEN PARTNERSCHAFTEN UNWEIGERLICH AB.« 48

IRRTUM **NR.9**: »MIT SEX KANN MAN KEINE PROBLEME LÖSEN.« 52

IRRTUM **NR.10**: »EINE AFFÄRE KANN EINE BEZIEHUNG BELEBEN.« 57

IRRTUM **NR.11**: »ÜBER SEX MUSS MAN NICHT REDEN.« 65

IRRTUM **NR.12**: »ERST KOMMT DIE LUST UND DANN DER SEX.« 69

IRRTUM **NR. 13**: »BEIM SEX KOMMT ES AUF DIE QUALITÄT AN.« 73

IRRTUM **NR. 14**: »MÄNNER KÖNNEN UND WOLLEN IMMER.« 75

PARTNERSCHAFT 81

IRRTUM **NR. 15**: »DIE LIEBE IST EIN UNERKLÄRLICHES PHÄNOMEN.« 82

IRRTUM **NR. 16**: »MAN MUSS JEDES PROBLEM AUSDISKUTIEREN.« 87

IRRTUM **NR. 17**: »HARMONIE IST DAS ALLERWICHTIGSTE FÜR EINE BEZIEHUNG.« 90

IRRTUM **NR. 18**: »PAARE, DIE VIEL GEMEINSAM UNTERNEHMEN, STÄRKEN SO IHRE PARTNERSCHAFT.« 97

IRRTUM **NR. 19**: »NUR WER SICH SELBST LIEBT, KANN AUCH ANDERE LIEBEN.« 108

IRRTUM **NR. 20**: »DEN PARTNER KANN MAN NICHT ÄNDERN.« 114

IRRTUM **NR. 21**: »EIN STREIT IST WIE EIN REINIGENDES GEWITTER.« 120

IRRTUM **NR. 22**: »BEZIEHUNGEN SCHEITERN, WEIL SICH PAARE ZU VIEL STREITEN.« 124

IRRTUM **NR. 23**: »BEZIEHUNGSGESPRÄCHE VERBESSERN EINE PARTNERSCHAFT.« 129

IRRTUM **NR. 24**: »PROBLEME IN EINER PARTNERSCHAFT MUSS MAN LÖSEN.« 133

IRRTUM **NR. 25**: »GEBEN UND NEHMEN MÜSSEN IN EINER PARTNERSCHAFT IM GLEICHGEWICHT SEIN.« 137

IRRTUM **NR. 26**: »GEBILDETE, FINANZIELL UNABHÄNGIGE FRAUEN TRENNEN SICH HÄUFIGER.« 141

IRRTUM **NR. 27**: »KINDER HALTEN EINE BEZIEHUNG
ZUSAMMEN.« 145

IRRTUM **NR. 28**: »EINE GUTE BEZIEHUNG ERFORDERT
BEZIEHUNGSARBEIT.« 151

PARTNER**SUCHE** 161

IRRTUM **NR. 29**: »DER MANN IST DER JÄGER UND DIE FRAU
DAS WILD.« 162

IRRTUM **NR. 30**: »DIE ZAHL DER SINGLES STEIGT
UNAUFHÖRLICH.« 169

IRRTUM **NR. 31**: »BEZIEHUNGEN ÜBER DAS INTERNET SIND
OBERFLÄCHLICH UND UNROMANTISCH.« 173

IRRTUM **NR. 32**: »ES GIBT DIE LIEBE AUF DEN ERSTEN BLICK.« 178

IRRTUM **NR. 33**: »SCHNELLER SEX BINDET DEN PASSENDEN
PARTNER AM BESTEN.« 180

IRRTUM **NR. 34**: »MÄNNER SIND RATIONAL.« 182

IRRTUM **NR. 35**: »LIEBE DICH SELBST, DANN IST ES EGAL,
WEN DU HEIRATEST.« 187

IRRTUM **NR. 36**: »SCHÖNE FRAUEN HABEN DIE BESTEN CHANCEN
BEI DER PARTNERSUCHE.« 191

IRRTUM **NR. 37**: »EINE FRAU ÜBER 40 TRIFFT EHER EINEN TIGER
ALS EINEN MANN.« 198

NACHWORT 205

ERGÄNZUNGEN, **QUELLEN** &
WEITERFÜHRENDE **LITERATUR** 209

VORWORT

Das meiste, was wir über die Liebe wissen, ist falsch:
Die Liebe auf den ersten Blick – es gibt sie *nicht*.
Die Zahl der Singles nimmt *nicht* ständig zu.
Und die Sexualität dient Menschen auch *nicht* vorrangig der Fortpflanzung.

Möchten Sie noch ein paar weitere Erkenntnisse zu den allgegenwärtigen Mythen hören? Gern: Das traditionelle Beziehungsgespräch, von vielen Frauen heiß geliebt, nutzt einer Partnerschaft kein bisschen. Männer haben keineswegs ständig Lust auf Sex, sondern können ausgesprochene Erotikmuffel sein – zum Leidwesen ihrer Frauen.

Kurzum, es gibt sie wirklich: Frauen, die immer Sex wollen. Und Männer, die über Kopfschmerzen klagen. Und übrigens, ehe ich es vergesse: Männer sind bei der Partnersuche auch nicht die Jäger – und die Frauen nicht das Wild.

WAS IST SO GEFÄHRLICH AN MYTHEN?

Die allermeisten unserer Glaubenssätze über die Liebe basieren auf populären Mythen und allgemein geglaubten Missverständnissen. Den größten Teil dieses »Wissens« haben wir aus zweitklassigen Fernsehserien, aus Hollywoodfilmen, Liebesromanen und aus der Popmusik – allesamt ausgesprochen trübe Quellen, wenn es um etwas so Wichtiges wie die Liebe geht.

Auch Kolumnen und Tipps in Zeitungen und Zeitschriften bringen uns nicht auf den neuesten Stand. Der überwiegende Teil dieser Hinweise für eine gute Partnerschaft (»Diskutieren Sie *alles* aus«), für ein anregendes Sexualleben (»Kaufen Sie sich doch mal sexy Unterwäsche!«) oder die erfolgreiche Suche nach dem Partner fürs Leben (»Schöne Frauen haben die besten Chancen...«) sind in Wahrheit nicht mehr als die bloße Meinung derer, die sie mit großer Überzeugungskraft verbreiten.

Diese Weisheiten haben keinen Realitätscheck hinter sich. Sie stammen nicht aus den Laboren experimenteller Psychologen. Sie sind nicht das Ergebnis von groß angelegten empirischen Studien und sie gründen auch nicht in dem gewachsenen Erfahrungsschatz gestandener Paarberaterinnen und Paarberater.

Die Liebe, sie hat es schwer. In keinem anderen Lebensbereich leisten wir uns ein solches Maß an Ignoranz gegenüber den Fakten. Und in keinem Bereich hat das so fatale Folgen. Denn populäre Mythen und Überzeugungen über die Liebe sind alles andere als harmlos. Manche Irrtümer verursachen »nur« heftigen Liebeskummer oder quälenden Beziehungsstreit. Andere sind noch weitaus gefährlicher. Sie sind imstande, die partnerschaftliche Sexualität zu lähmen oder gar ganz zum Erliegen zu bringen, und können ein Paar auf diese Weise sogar die Beziehung selbst kosten. Manche Liebesmythen entpuppen sich bei näherem Hinschauen mithin als regelrechte *Totengräber der Liebe*.

Wir müssen die Liebe retten. Wir müssen sie retten vor all den Irrtümern und Mythen der deutschen Vorabendserie, vor seichten Liebesromanen und vor Hollywood. Sie alle haben der realen Liebe den Kampf angesagt.

WENN WISSENSCHAFT AUF ROMANTIK TRIFFT

Die Liebe führt in unseren Köpfen eine Art Doppelleben. Da gibt es auf der einen Seite die reale Liebe, die Liebe also, wie sie wirklich ist und wie wir sie tagtäglich erleben – mit allen Höhen und Tiefen. Und auf der anderen Seite gibt es unsere Liebesideale, durchtränkt mit Unmengen an Romantik – bei Männern sogar mehr als bei Frauen, wie aktuelle wissenschaftliche Studien zeigen. Allzu oft hat die reale Liebe sich der Romantik zu beugen. Und die Liebe nimmt Schaden.

In diesem Buch geht es darum, Schneisen des Verstehens in das Wirrwarr von Legenden, Mythen und Irrtümern zu schlagen. Sie alle aufzulisten, dazu reicht der Platz nicht aus. Ich habe für Sie deshalb die populärsten, erstaunlichsten und die gefährlichsten Irrtümer über Liebe und Partnerschaft zusammengestellt. Ich werde zeigen, was der menschliche Geist bislang über das Phänomen der Liebe herausgefunden hat. Ich werde Philosophen, Soziologen, Ethnologen und – natürlich – Psychologen zu Wort kommen lassen. Ich werde die Wissenschaft und die Forschung befragen, um schlüssige Antworten über die Liebe zu bekommen.

Was wir dringend brauchen, das ist Aufklärung über die Liebe. Zahlreiche Forscherinnen und Forscher haben in den letzten Jahren wichtige Beiträge zum Verständnis der Liebe geliefert. Beispielsweise der Kognitionspsychologe Lars Penke (University of Aberdeen), der die Frage untersucht hat, ob es die Liebe auf den ersten Blick tatsächlich gibt. Oder die Soziologin und Psychologin Terri Orbuch (University of Michigan; Oakland University), die seit über 25 Jahren eine der größten Partnerschaftsstudien der Welt betreut und auswertet. Und der wohl bekannteste Partnerschaftsforscher, der Psychologieprofessor John Gottman (University of Washington), der in vier Jahrzehnten mit über 3000 untersuchten Paaren der Frage nachgegangen ist, was die Liebe dauerhaft haltbar und glücklich macht. Es gibt viele andere Forscherinnen und Forscher, die alle das Bemühen eint, herauszufinden, wie Paare es schaffen, zufrieden und glücklich miteinander zu sein. Und wie Menschen die *glitschige Ebene* meiden können, auf der eine Beziehung langsam und unweigerlich in Richtung Abgrund gleitet.

Die Fragen, die ich stellen werde, lauten: Warum macht Sex Menschen so unglaublich viel Spaß? Was wissen wir wirklich darüber, warum manche Menschen dauerhaft – oder zumindest für längere Zeit – unfreiwillig Single sind? Welche Erkenntnisse haben wir über die Frage, wer zu wem passt? Und warum halten manche Partnerschaften wie Pech und Schwefel, während andere Beziehungen schnell und geräuschlos zerbröseln wie ein zu lange gebackener Marmorkuchen?

RETTET DIE LIEBE!

Wer die Liebe retten will, der muss sie vor ihren ärgsten Feinden schützen – den populären Liebesmythen und Liebesirrtümern unserer Zeit. Dieses Buch will Sie um einige Illusionen ärmer, dafür aber um einiges klüger und glücklicher machen. Lassen Sie uns versuchen, die Liebe zu retten. Die reale Liebe. Die Liebe, wie sie uns Tag für Tag im Alltag begegnet. In wahren Liebesgeschichten von Freunden und Bekannten. Und in unserem eigenen Leben.

Keine Angst, Sie müssen nach der Lektüre Ihre Ansichten über Liebe und Partnerschaft nicht komplett über Bord werfen. Die eine oder andere – sinnvolle – Korrektur an dem, was Sie bislang über die Liebe dachten, ist aber durchaus erwünscht und beabsichtigt. Glauben Sie mir: Die *Romantik der realen Liebe* wird aufgrund Ihrer neuen Erkenntnisse keinen Schaden nehmen, ganz im Gegenteil.

Die Mythen der Liebe ranken sich um drei Bereiche: die *Sexualität,* die *Partnerschaft* und die *Partnersuche.* Jedem dieser drei Themen ist ein Teil dieses Buches gewidmet. Es wird also um Sex gehen und damit um die Frage, was ihn auf Dauer aufregend und lebendig erhält. Wir befassen uns mit der Frage, was wir heute wirklich darüber wissen, was eine Partnerschaft dauerhaft stabil und glücklich macht. Und wir werden schauen, wie die *reale* Partnersuche funktioniert und was sie von *Dornröschen, Rapunzel* und *Schneewittchen* grundlegend unterscheidet.

Dies ist ein Buch über Sex und wie er wirklich ist und gleichzeitig ein Buch über Partnerschaft und wie sie in der Realität funktioniert. Denn die Sexualität leistet einen wichtigen, einen entscheidenden Beitrag dazu, dass Partnerschaften glücklich und stabil sind. Paare, die mit ihrer Sexualität zufrieden sind, führen beinahe immer auch eine gute Paarbeziehung. Umgekehrt ist es ebenso: Die allermeisten Paare, die ihre Partnerschaft als gut oder sehr gut beschreiben, sind auch mit dem Sex zufrieden.

Aber die Sexualität kann uns auch in die Irre führen, bei der Partnersuche etwa. Viele Menschen verwechseln heute die erotische Anziehung mit der Liebe – und landen auf diese Weise wieder und wieder in einer unpassenden Beziehung, die nach einigen Monaten oder Jahren unweigerlich zerfällt.

Partnerschaft und Sexualität gehören zusammen. Das ist eine der Grundthesen dieses Buches. Ich werde Ihnen Mosaikstein für Mosaikstein die Argumente zeigen, die diese Sicht auf das menschliche Leben und die Rolle der Sexualität in unserem Leben belegen. Am Ende werden alle diese Teile ein komplettes Bild ergeben.

Beginnen wir unsere Besichtigung der populärsten Irrtümer über die Liebe also mit der menschlichen Sexualität. Sie war da, lange bevor Menschen zur Sprache fanden, sich zum Tanzen bei Trommelklängen schmückten oder das Internet zum Kennenlernen nutzten. In der menschlichen Sexualität kommt vieles zusammen, was uns Menschen im tiefsten Inneren ausmacht: die Liebe, das Gefühl von Zusammengehörigkeit, von innerer Bindung aneinander, das Füreinander-da-Sein und der Rausch intensiver und intensivster Gefühle. In der Sexualität des Menschen laufen alle diese Fäden zusammen. Schauen wir also einmal genauer hin, welche Fäden das sind und welches Gewebe sie ergeben.

**WIESO
FRAUEN
IMMER
SEX
WOLLEN
UND**

**MÄNNER
IMMER
KOPF
SCHMERZEN
HABEN**

SEXUALITÄT

Gibt es ein Thema, das uns Menschen mehr interessiert als Sex? Wohl kaum. Andere Lebewesen kommen mit ausgesprochen wenig sexuellem Vergnügen aus. Die Meerschweinchen etwa. Oder die Fledermaus. Oder der Gorilla – dabei hat der sogar einen ganzen Harem zu seiner Verfügung. Aber nach 15 Sekunden ist der Sex bei diesen Tieren auch schon wieder zu Ende. Ein Super-Quicky – nach menschlichen Kriterien.

Sex sells, in den Medien, in der Werbung. Dabei dient er doch angeblich nur zur Fortpflanzung unserer Art – auch so ein Mythos. Einer von vielen. *Sexualität ist ein Trieb. Mit Sex kann man keine Probleme lösen. Sex kann man nicht planen.* Drei Ansichten über die menschliche Sexualität – drei Irrtümer. Mythen, so weit das Auge reicht. Stellen wir dazu ein paar Fragen. Einfache Fragen:

- ■ Warum kreisen unsere Gedanken so oft um die Sexualität?
- ■ Warum haben Menschen so häufig Sex?
- ■ Warum fühlt Sex sich dermaßen gut an?
- ■ Wie lässt sich die Leidenschaft in einer langjährigen Partnerschaft stärken und bewahren?

Starten wir unsere Reise durch den Dschungel der Mythen also mit den Irrtümern über den Sex. Denn Mythen über die Sexualität sind immer auch Mythen über die Liebe.

IRRTUM **NR.1**:

»MÄNNER WOLLEN IMMER NUR DAS EINE.«

Wieso Frauen immer Sex wollen und
Männer immer Kopfschmerzen haben

Allabendlich spielen sich in deutschen Wohnstuben wahre Jagd-
szenen ab. Da verfolgen Männer ihre Frauen um den Abendbrottisch, über Stühle und Bänke, um ihnen an die Wäsche zu gehen.
Heiß, ist das ein buntes Treiben! Die Frauen dagegen wollen
nicht – schon wieder nicht.

So will es das Klischee in Sachen Sex und Begehren zwischen
den Geschlechtern. Der Mann kann immer und er will auch
immer. Die Frau aber ziert sich. Sie hat gerade wieder »ihre Tage«,
leidet unter den Wechseljahren (»Immer diese Hitzewallungen«)
oder – ganz klassisch – unter Kopfschmerzen. Mit Sicherheit aber
ist sie nicht scharf auf Sex.

So weit unser Bild vom Geschlechterverhältnis in puncto Lust
und Unlust. Die Realität in unseren Schlafzimmern sieht jedoch
ganz anders aus: Viele Frauen leben in einer Partnerschaft, in der
sie deutlich öfter will als *er*. Möglicherweise haben Sie als Frau ja
ganz ähnliche Erfahrungen in Ihrer Beziehung gemacht – oder
machen sie noch. Vielleicht erleichtert es Sie zu erfahren: *Sie sind
nicht allein!*

In vielen Partnerschaften wollen die Frauen mehr Sex als ihre
Männer. Die Szenen, die sich in diesen Partnerschaften abspielen,
sind deutlich weniger lustig als die beschriebene, dafür aber sind
sie wahr.

DEUTSCHLANDS GEHEIMNIS NR. 1:
SIE WILL – ER NICHT

Sie signalisiert ihm ihr Interesse – und wird zurückgewiesen. *Sie* will Zärtlichkeit und körperliche Nähe – und er lehnt das brüsk ab. Eine Klientin in meiner Praxis, nennen wir sie Marina, hat das nun schon weit über hundert Mal erlebt. Frank muss dringend die »Tagesthemen« sehen, schläft Abend für Abend vor dem Fernseher ein statt in ihren Armen. Oder er will noch »ein wenig« Computer spielen und kommt erst tief in der Nacht ins Bett. Letzte Variante: Er dreht sich nach einem flüchtigen Gute-Nacht-Kuss weg und will schlafen. Was Frank aber nicht oder nur sehr selten will, das sind Zärtlichkeiten, lange Küsse und Sex.

Seit fünf Jahren geht das nun schon so. Marina möchte sich nicht von ihrem Mann trennen, doch gleichzeitig spürt sie, dass es so nicht mehr weitergehen kann. Sie kann und will nicht auf körperliche Nähe und auf Sex verzichten. Nur dem achtjährigen Sohn zuliebe zusammenbleiben? Nein, das kommt für sie nicht in Frage. Wie oft gab es Sex in den letzten fünf Jahren? »Drei Mal«, sagt Marina leise. Ihre Stimme klingt hoffnungslos – so hoffnungslos, wie ihre Lage ihr erscheint.

Von diesen und ähnlichen Situationen erfahre ich in meiner Praxis nicht selten: Männer, die nicht wollen, ja, es gibt sie. Sie wollen ihre Frauen nicht küssen, sie wollen sie nicht umarmen und sie wollen schon gar keinen Sex mit ihnen. Und das nicht nur gelegentlich, sondern oft. In besonders hartnäckigen Fällen gibt es schließlich gar keinen Sex mehr. Männer, die keinen Sex wollen – das ist wahrscheinlich das am besten gehütete Geheimnis, das sich hinter deutschen Schlafzimmertüren finden lässt. Und nicht nur dort. Nichts spricht dafür, dass es in anderen europäischen Ländern anders aussieht als bei uns. Einige Untersuchungen belegen diesen Fakt auch für die USA.*

---

* Quellen, Ergänzungen und weiterführende Literatur habe ich der Lesbarkeit zuliebe am Ende des Buches ab Seite 209 für Sie zusammengefasst.

Wie fühlt sich eine Frau, allein gelassen mit ihren sexuellen Wünschen, wieder und wieder zurückgewiesen? Schlecht – natürlich. Marina hat lange gebraucht, um zu erfassen, was da vor sich geht. Zuerst dachte sie: »Er hat wahrscheinlich Stress.« Doch auch in entspannten Situationen wie etwa im Urlaub tat sich in puncto Sex nichts mehr. Kein erotisches Angebot von ihm, kein Eingehen auf ihre Avancen. Manche Frauen in dieser Lage suchen nach einer anderen plausiblen Begründung. Gesundheitliche Gründe zum Beispiel. Sind es vielleicht Erektionsprobleme, die dringend ärztlich abgeklärt werden müssten? Doch auch auf diesem Weg kommt in der Regel nichts heraus, weil oft selbst eine gewissenhafte Untersuchung keine Anhaltspunkte für organische Ursachen liefert. Was bleibt, ist der Frust.

Mit den Wochen und Monaten stellen sich Selbstzweifel ein. Auch Marina ist es so ergangen. Wenn *er sie* nicht mehr begehrt, dann kann das ja wohl nur an *ihr* liegen. Am Ende fragen sich also viele Frauen: *Stimmt etwas nicht mit mir? Bin ich etwa nicht mehr attraktiv für ihn?* Einmal hat Marina versucht, mit einer Freundin über das Problem zu sprechen. Das Ergebnis: ungläubiges Zweifeln. *Männer wollen immer.* Das sah auch die Freundin so. Und Marinas Verzweiflung wuchs noch mehr.

WIESO SEXUALWISSENSCHAFTLER JAHRZEHNTE-LANG IM DUNKLEN TAPPTEN

Früher haben Sexualwissenschaftler bei ihren Forschungen von alldem nicht viel mitbekommen. Studien über sexuelle Gewohnheiten basierten in der Regel auf *Selbstauskünften*. Da wurden also Männer befragt, wie oft im Monat sie Sex hatten und wie oft sie gern welchen hätten. Eigentlich ein sicherer Weg, um herauszufinden, wer wie häufig Sex hat, wer wie häufig will oder nicht will – und wer ein absoluter Sex-Muffel ist. Eigentlich. Wäre da nur nicht die gesellschaftliche Erwartungshaltung, nach der es männliche Sex-Muffel nicht gibt: Frauen haben Kopfschmerzen, ihre Tage oder was auch immer. Männer aber nicht. Welcher

Mann gibt schon zu, ein echter Sex-Muffel zu sein! Keiner. Also haben manche Männer in diesen Untersuchungen schlicht gelogen. So bekamen Wissenschaftler über viele Jahrzehnte nichts mit von der sexuellen Unlust der Männer.

Seit einigen Jahren schauen Forscherinnen und Forscher nun genauer hin. Sie haben ihre Vorgehensweise bei Befragungen geändert und fragen jetzt – die Frauen! Denn Frauen geben eher als Männer zu, wenn die Bedürfnisse in ihrer Partnerschaft unterschiedlich sind, also auch, wenn die Frau mehr und der Mann seltener Sex haben möchte. Eine große amerikanische Studie kam so zu dem Ergebnis: Der Frust über zu wenig Sex bei Frauen ist ausgesprochen häufig. Der Anteil von Männern und Frauen, die in ihrer Beziehung mehr Sex als ihr Partner wollen, ist diesen Zahlen zufolge in etwa gleich groß: Bei einem Drittel aller Paare wünscht sich demnach die Frau mehr Sex, bei etwa einem Drittel der Mann – und das letzte glückliche Drittel stimmt hinsichtlich seiner sexuellen Bedürfnisse miteinander überein.

DER RÜCKZUG DER MÄNNER

Viele Psychotherapeuten und Paarberater erleben in ihrer Praxis heute oft Männer, die keinen Sex mehr wollen oder nur sehr, sehr selten dazu zu bewegen sind. Eine Erhebung eines Berliner Therapeuten, der seit Jahrzehnten eine Statistik darüber führt, wer in der Partnerschaft den Rückzug aus der Sexualität antritt, sieht die Männer sogar deutlich vorn. Es sind nach diesen Zahlen zu 65 Prozent die Männer und zu 35 Prozent die Frauen.

Mit dem Rückzug aus der Sexualität werden auch andere Formen körperlicher Nähe immer seltener, wie Umarmungen und Küsse. Oft geht schleichend auch das persönliche Gespräch verloren. Man redet nur noch darüber, wer den Einkauf erledigt und was es zu essen gibt. Oder über das Wetter. Aber nicht über sich.

Persönliche Gespräche, Küsse und Sex bilden zusammen die *Trias der Intimität* (▶ Irrtum Nr. 18: Paare, die viel gemeinsam unternehmen, stärken so ihre Partnerschaft). Sie bilden das entscheidende Bindemittel, das einer Partnerschaft Haltbarkeit und Konsistenz gibt. Fehlen alle Bestandteile dieses Dreiklangs, dann wird eine Beziehung regelrecht von innen heraus unterhöhlt. Was übrig bleibt, ist eine Mischung aus unterschiedlichen Motiven, die allesamt mit Liebe wenig zu tun haben: das gemeinsam gekaufte Haus, die Existenz gemeinsamer Kinder, die schiere Angst vor dem Alleinsein und die Macht der Gewohnheit. Eine solche Beziehung befindet sich auf einer schiefen Ebene, auf der sie unerbittlich immer weiter in Richtung Abgrund gleitet. Nur in seltenen Fällen arrangieren sich die Beteiligten dauerhaft mit den Verhältnissen und bleiben als unglückliches Paar zusammen.

Über Trennung hat auch Marina schon oft nachgedacht. Das Ergebnis ist immer das gleiche: Sie möchte mit ihrem Mann zusammen bleiben. Doch der Frust über *keinen Sex*, *keine Zärtlichkeiten* und *keine Küsse* wächst bei ihr immer mehr an. Einmal hat sie es schon mit einem Seitensprung versucht. »Aber das ist doch nicht das, was ich will!«, sagt sie. Der Sex mit dem alten Bekannten aus Jugendtagen hat ihr nicht gut getan. Im Gegenteil, danach war sie noch niedergeschlagener: »Ich will Sex mit meinem Mann, nicht mit einem Fremden!« (▶ Irrtum Nr. 10: Eine Affäre kann eine Beziehung beleben).

Warum will Frank nur keinen Sex mehr? Das hat sich Marina schon hunderte Male gefragt. Eine Antwort weiß sie nicht. Da Frank sich weigert, mit ihr über das Thema zu reden oder gar in eine Beratung zu kommen, bleiben Marina – und uns – nur Vermutungen über die Gründe für sein Verhalten. Gesicherte Erkenntnisse darüber, warum Männer (und Frauen) keinen Sex mehr wollen oder nur sehr selten, gibt es gleichwohl (▶ Irrtum Nr. 14: Männer können und wollen immer).

Marina fällt es ausgesprochen schwer, auf Sex mit ihrem Partner zu verzichten. Den meisten Menschen geht es genauso wie Marina. Sexualität und körperliche Nähe sind für sie zu wichtig, als dass sie darauf verzichten könnten. Dazu macht Sex Menschen einfach viel zu viel Spaß. Und das aus gutem Grund.

IRRTUM **NR. 2**:

»SEX DIENT DER FORTPFLANZUNG.«

Warum wir wirklich Sex haben

Im Herbst, wenn in der Stadt die herabfallenden Kastanien die Dächer und Kühlerhauben der Autos mit kleinen Dellen versehen, fahre ich hinaus in den Wald, um den Bäumen beim Sex zuzuhören. Ich wandere durch den Wald, bleibe in der Nähe einer Gruppe von Eichen stehen und lausche gebannt auf das Geräusch, dass die Eicheln machen, wenn sie auf den würzig riechenden Waldboden fallen. Plopp, plopp, plopp. Ein unaufhörlicher Strom ploppt herab von den ausladenden Ästen. Das ist der leise Sex der Bäume.

Sex dient der Fortpflanzung. Auf den ersten Blick scheint diese Ansicht zu stimmen. Alle Lebewesen pflanzen sich in irgendeiner Art und Weise fort. Sie bilden Ableger wie die Erdbeere. Sie lassen Samen reifen und von ihren Zweigen herabfallen wie die Eichen. Sie legen Eier ab und versprühen den Samen darüber wie die Fische. Wieder andere Lebewesen haben hierfür den Sex – wie der Mensch eben.

Sexualität führt beim Menschen in der Tat dann und wann auch mal zur Fortpflanzung. Sehr häufig ist das allerdings nicht der Fall. Einerlei, ob bei uns heutigen Menschen – mit den Möglichkeiten der Verhütung – oder ob ganz früher, in der Steinzeit: Sex findet beim Menschen hunderte, ja tausende Male häufiger statt, als für die Fortpflanzung nötig wäre. Wenn die menschliche Sexualität nur die Fortpflanzung gewährleisten müsste, dann käme es im Verlauf unseres Lebens nicht viel öfter als drei, fünf oder sieben Mal dazu. Man stelle sich das nur einmal vor!

Doch so verhält es sich beim Menschen zum Glück ganz und gar nicht. Ein durchschnittliches mitteleuropäisches Paar bringt es in 30 Ehejahren auf gerade einmal zwei Kinder. In der gleichen Zeit hat es sich aber zwischen 500 und 10 000 Mal sexuell miteinander vergnügt. Das sind unglaublich hohe Zahlen und ich kann Ihnen versichern: So etwas ist in der Natur ausgesprochen unüblich. Die Angehörigen einer Schimpansenart mit Namen Bonobo sind dafür bekannt, dass sie noch häufiger Sex haben als wir Menschen. Mehrfach am Tag begatten sie einander, oftmals um Spannungen im Gruppengefüge abzubauen. Die allermeisten Tiere aber nutzen die Sexualität tatsächlich nur oder vor allem zur Fortpflanzung.

ARMER GORILLA

Nehmen wir als Beispiel doch einmal den Gorilla, genetisch gesehen immerhin einer unser ganz nahen Verwandten im Tierreich. Ein männlicher Gorilla – auch Silberrücken genannt, wegen seiner silbern glänzenden Rückenhaare – schart in der Regel einen Harem von vier bis acht Weibchen um sich. Harem, das klingt prickelnd, nach nächtlichen Ausschweifungen und stundenlangen Liebesspielen. Ein sexuelles Paradies für männliche Gorillas.

Lassen wir solche Fantasien und werfen wir einen Blick auf die ernüchternde Realität: Gorillaweibchen wollen keinen Sex, wenn sie gerade schwanger sind. Sie haben auch keine Lust auf Sex, solange sie sich um ihr Gorillababy und kurz darauf das Gorillakleinkind kümmern, es hingebungsvoll stillen, liebevoll entlausen und ihm mal mehr, mal weniger geduldig die sozialen Regeln des Gruppenlebens beibringen. Das sind nochmals drei bis vier Jahre. Und dann, nach vier bis fünf Jahren der sexuellen Abstinenz, kehrt die Lust bei ihnen wieder zurück. Jetzt kann sich der Silberrücken freuen. Es gibt Sex!

Doch das dauert nicht lange, denn nach einigen Wochen ist das Weibchen wieder schwanger und geht ganz selbstverständlich wieder zum sexlosen Zustand über. Keine Lust auf Sex, beim Menschen nur ein gelegentliches Phänomen, ist bei Gorillaweibchen die absolute Regel.

Die Folge: Ein Silberrücken mit seinem Harem hat einige wenige Male im Jahr Sex. Armer Gorilla! Da geht es uns doch deutlich besser!

WOZU IST SO VIEL SEX GUT?

Noch auffälliger als die Häufigkeit der Sexualität ist beim Menschen das Ausmaß der dafür aufgewendeten Zeit. Viele Schimpansenarten benötigen für den gesamten Sexualakt gerade einmal 15 Sekunden. Das gilt zum Beispiel für die bereits erwähnten Bonobos. Verglichen damit nimmt Sexualität beim Menschen in der Tat einen unglaublichen Raum ein. Schon die Zeit für den Koitus ist ungleich länger – durchschnittlich sieben Minuten. Und weil sich das für die allermeisten Menschen so gut anfühlt, bleibt für sie die Zeit buchstäblich stehen. Sie erleben diese sieben Minuten als ob es 14 wären.

Doch Menschen belassen es bei ihrer Sexualität nicht bei der Begattung. Zärtliche Liebesspiele von Verliebten können sich über viele Stunden hinziehen und selbst bei langjährigen Paaren sind 30 Minuten oder eine Stunde völlig normal. *Mag sein, dass das den Beteiligten sehr viel Spaß macht* – mit Fortpflanzung hat das alles aber nichts zu tun.

Noch eine weitere Besonderheit der menschlichen Sexualität ist geeignet, den Glauben an die Fortpflanzungsfunktion der menschlichen Sexualität nachhaltig zu untergraben. Es ist die ausgesprochen große Lust, die Frauen an der Sexualität haben. Das mag zu mancherlei gut sein. Der Fortpflanzung dient es jedenfalls nicht. Zumindest nicht direkt. Da ergibt sich die Frage, in den Worten des berühmten amerikanischen Evolutionsbiologen Jared Diamond: »Warum macht Sex Spaß?«

Die Wirkung von Sexualität auf den Menschen ist in der Tat ausgesprochen positiv. Wir fühlen uns danach großartig. Sex ist nicht nur für unsere Seele eine Wohltat (»Sie liebt mich immer noch!«), wir spüren seine wohltuende Wirkung auch ganz körperlich. Und das lässt sich im Blut von Liebenden nachweisen. Unser Körper wird von einer Vielzahl an Hormonen überflutet, die unsere Stimmung positiv beeinflussen. Das bekannteste davon ist das als Kuschelhormon bekannt gewordene Oxytocin. Es wird sowohl bei Zärtlichkeiten als auch beim Orgasmus in großen Mengen ausgeschüttet.

Doch nicht nur in der Erotik von Liebenden tritt Oxytocin auf, es spielt auch für die Bindung einer Mutter an ihr Kind eine entscheidende Rolle. Wenn ein Neugeborenes mit geschlossenen Augen und gierig geöffnetem Mund an der Brust seiner Mutter saugt, wird Oxytocin in großen Mengen freigesetzt. Bei der Mutter versteht sich. Bindungshormon ist deshalb auch eine gute Bezeichnung für Oxytocin. Schließlich taucht es immer dann auf, wenn es gilt, eine Bindung zu festigen. Die der Mutter an ihr Neugeborenes. Die der Eltern zueinander. Kurzum: *Sexualität dient der Bindung.*

An dieser Stelle wollen wir uns nochmals den Bonobos zuwenden. Auch da hat die Sexualität ja weit mehr als nur Fortpflanzungsfunktion. Bonobos nutzen sie vielmehr häufig aus sozialen Motiven. Sie regulieren Spannungen in der Gruppe mittels Sexualität. Damit dient der Sex hier also dem Zusammenhalt der Gruppe. Die Parallele zu uns Menschen ist offenkundig: Auch bei uns stärkt die Sexualität den Zusammenhalt, allerdings in ganz anderer Form. Dafür hat die Natur einen guten Grund: Menschenkinder sind bei der Geburt ausgesprochen hilflos. Mutter und Kind benötigen über lange Zeit Hilfe und Unterstützung bei der Nahrungsbeschaffung. Außerdem sind Menschenkinder auf die Unterweisung und Anleitung durch beide Eltern angewiesen, um später einmal auf eigenen Beinen stehen zu können. Die Dauer der Abhängigkeit von Kindern von ihren Eltern ist lang, sehr lang. 15 bis 20 Jahre konnten es auch in der Steinzeit schon sein, bis Kinder selbstständig waren. Blieben die Eltern zusammen, dann half das auch ihrem Nachwuchs (▶ Irrtum Nr. 15: Die Liebe ist ein unerklärliches Phänomen).

Sexualität *führt* beim Menschen mitunter also durchaus zur Fortpflanzung. Sie dient in ihrer Häufigkeit und Intensität aber einem ganz anderen Zweck: der Bindung aneinander. Wer um die Bindungsfunktion der Sexualität beim Menschen weiß, der kann eine Menge Phänomene der Liebe besser erklären, etwa die folgenden:

- *Warum es so schwer ist, nach einem One-Night-Stand nicht auf seinen Anruf zu hoffen.* Die Bindungshormone, die beim Sex ausgeschüttet werden, sorgen dafür. Schon allein unsere Fähigkeit, uns an erlebte Freuden zu erinnern, löst immer wieder entsprechend positive Gefühle und damit kleine Hormongaben in uns aus.

- *Warum Sexualität bei der Partnersuche erst dann ins Spiel kommen sollte, wenn beide Partner bereits verliebt sind.* Weil nach dem Sex eine unbefangene Prüfung, ob der andere »der Richtige« ist, nur noch sehr schwer möglich ist.

- *Warum es Paaren besser gelingt, Lösungen für ein Problem zu finden, wenn sie häufig und gern Sex miteinander haben.* Weil Bindungshormone uns weicher stimmen und kompromissbereiter. Aus diesem Grund rate ich Paaren oft dazu, strittige Fragen zurückzustellen und zunächst einmal für gute Stimmung in der Partnerschaft zu sorgen und für Sex. Ist die Stimmung gut, dann sind oft auch die Probleme leichter zu lösen (▶ Irrtum Nr. 21: Ein Streit ist wie ein reinigendes Gewitter).

- *Warum es Paaren ausgesprochen selten gelingt, zusammenzubleiben, wenn sie die sexuelle Zuwendung zueinander eingestellt haben.* Sex nährt den Optimismus, zusammenzubleiben. Wenn es keinen Sex gibt, verstärkt das dagegen bereits vorhandene Konflikte noch und nährt so den Pessimismus. *Kein*

Sex ist für Paare mithin eine ausgesprochen schlechte Idee. Es erstaunt mich immer wieder, wie viele Paare auf Sex verzichten, ohne sich darüber im Klaren zu sein, wohin das unweigerlich führen wird: zur Trennung.

Die 42-jährige Marina etwa lebt schon lange mit dieser drohenden Folge von *keinem Sex*. Seit fünf Jahren hatte sie nun schon beinahe keinen Sex mehr mit ihrem Partner – weil er nicht will. Marina spürt auch die Gefahr einer Trennung schon lange. Sie weiß tief in ihrem Inneren, dass die Beziehung, in der sie lebt, keine Chance hat, wenn es keine körperliche Intimität mehr gibt. Dabei hat sie schon einiges versucht, um ihre Situation zu ändern. Sie hat sich Dessous gekauft und High Heels. Sie hat Abendessen bei Kerzenschein geplant. Geholfen hat ihr das alles nicht – wie den meisten Menschen, die versuchen, ihr erlahmtes Liebesleben auf diese Weise wieder in Schwung zu bringen (▸ Irrtum Nr. 4: Sextoys und Reizwäsche bringen die Erotik wieder in Schwung).

Waldspaziergänge sind eine Erholung. Aber ein wenig melancholisch stimmt es mich schon, den mächtigen Eichen bei ihrer leisen Art der Sexualität zuzuhören. Plopp, plopp, plopp. Was für ein einsamer, beinahe autistisch wirkender Sex das doch ist!

Wie viel besser haben es da wir Menschen, denke ich – und fahre nach Hause zu meiner Frau.

IRRTUM **NR. 3**:

»SEXUALITÄT IST EIN TRIEB.«

Warum Sex eine Form der intimen
Kommunikation ist

Machen wir eine Zeitreise – und landen wir in Wien, Anfang des
20. Jahrhunderts: Sigmund Freud formuliert seine »Drei Abhand-
lungen zur Sexualtheorie«. Ein wesentlicher Begriff darin: der
Sexualtrieb. Aus heutiger Sicht hat der Begründer der Psychoanalyse uns damit ein echtes Kuckucksei ins Nest gelegt. Ein
moderner Mythos entstand: Wenn es um Sex geht, dann ist der
Mensch eben auch nur ein Tier. Er folgt seinem Trieb. Das hat der
Sexualität seinerzeit sicher mehr zu ihrem Recht verholfen und
der starken Sexualverdrängung entgegengewirkt. Zu einem besseren Verständnis der menschlichen Sexualität trägt der Begriff
des Sexualtriebes jedoch nicht bei.

Wenn wir Tiere beobachten, wenn wir schauen, wie Pferde, wie
Hunde, wie Katzen Sex haben, dann stellen wir fest, dass dabei
äußerst wenige Gefühle eine Rolle spielen. Der Hengst verliebt
sich nicht in die Stute, bevor er sie besteigt – wo kämen wir da
auch hin! Und gefragt wird sie dabei natürlich auch nicht. Sexualität dient hier in der Hauptsache zur Fortpflanzung. Und sie ist
durch Triebe bestimmt. Bei Menschen aber ist das ganz anders.

- Wir Menschen *verlieben* uns, um dann lustvoll übereinander
  herzufallen.
- Wir Menschen lieben einander seelisch wie körperlich über
  Jahre und Jahrzehnte hinweg.

- Wir genießen es, Sexualität mit einem Menschen zu haben, mit dem uns ein inniges, über einen langen Zeitraum gewachsenes Gefühl verbindet.

Gefühle sind beinahe immer im Spiel, wenn Menschen Sex haben. Das schließt nicht aus, dass Menschen manchmal auch in der Lage sind, Sexualität und Gefühl voneinander zu trennen. Leicht fällt uns das aber nicht. Kein Wunder, dass bei dem, was gemeinhin *Gelegenheitssex* genannt wird, so oft Alkohol oder Drogen im Spiel sind. Ohne diese »Hilfsmittel«, die die sexuelle Begegnung ganz ohne Gefühle oder mit sehr geringer gefühlsmäßiger Beteiligung ermöglichen, käme es selbst in unserer sexuell sehr freizügigen Kultur nur sehr selten zu reinem Gelegenheitssex.

DIE MENSCHLICHE SEXUALITÄT IST EIN DIALOG OHNE WORTE

Was auch immer Sie bislang über Sexualität gehört oder gelesen, was auch immer Sie geglaubt haben: Sexualität dient beim Menschen eben nicht in erster Linie der Fortpflanzung (Biologie), sie ist auch kein Trieb (Psychoanalyse), keine Verschwendung von Lebensenergie (Buddhismus) und schon gar kein unmoralisches Vergnügen (Christentum). *Sexualität ist vielmehr eine Form der intimen Kommunikation.*

Die menschliche Sexualität ist kein einfacher Akt der Begattung oder Besamung. Sexualität ist ein Dialog. Sexualität ist die Fortsetzung eines Gesprächs mit anderen Mitteln. Sie ist ein *Dialog ohne Worte*. Sie ist eine der intensivsten Formen der emotionalen Begegnung zweier Menschen. Der Berliner Sexualpsychologe Christoph Joseph Ahlers (Charite) spricht davon, dass »sexuelle Körperkommunikation« die intensivste Form ist, zu spüren: Ich bin okay!

Und diese Lust auf Sex, diese Freude an der sexuellen Begegnung haben – rund um den Globus – nicht nur Männer, sondern im gleichen Maße auch Frauen. Wenn man sie denn lässt.

Warum ist das so? Warum vermag uns die sexuelle Begegnung emotional so tief zu berühren? Die Antwort ist vermutlich in der Entwicklung des Menschen zu finden. Sexualität als Mittel der Bindung von Mann und Frau – oder: *sexuelle Körperkommunikation* – ist älter als die differenzierte Sprache des Menschen. Sie berührt uns deshalb in sehr tiefen Schichten unserer Psyche – und unseres Gehirns.

DIE PARTNERSCHAFT ALS HEIMAT

Ein letzter Gedanke: Sexualität, das ist für uns heute beinahe so etwas wie Heimat. Das Gefühl von *Heimat* finden viele Menschen heute nicht mehr durch ihre Zugehörigkeit zu einer bestimmten Berufsgruppe (wie etwa im Mittelalter in den Zünften) oder zu einer bestimmten Landsmannschaft, zu einer bestimmten sozialen Schicht (wie etwa dem Kaufmannsstand) oder einer bestimmten Religion. Das alles ist für uns weitgehend Vergangenheit. Diese Art von Zugehörigkeit prägte das Leben unserer Großeltern und Urgroßeltern. Das Gefühl von *Heimat* und Zugehörigkeit – heute erleben wir es in unserer Partnerschaft. Das ist eine der wichtigsten Erkenntnisse der Soziologie über die Liebe heutzutage. Unsere Liebe, das ist nicht mehr die gleiche Liebe, wie sie die Generationen vor uns erlebt und gelebt haben. Partnerschaft gilt uns als ein sicherer Hafen, als Konstante in einer sich stetig rasant ändernden Welt. Sie ist Heimat. (▶ Irrtum Nr. 15: Die Liebe ist ein unerklärliches Phänomen).

Die Sexualität spielt bei diesem Gefühl von Heimat eine wichtige Rolle. In der Sexualität erleben wir mit am stärksten das Gefühl, dass wir akzeptiert werden – so wie wir sind. Und deshalb ist es für uns sehr schwer, damit zu leben, wenn die Sexualität in der Partnerschaft seltener wird. Deshalb suchen wir nach Möglichkeiten, das zu ändern. Wir wollen auf die Intensität dieses emotionalen Erlebnisses nicht verzichten. Zu Recht.

IRRTUM **NR. 4**:

»SEXTOYS UND REIZWÄSCHE BRINGEN DIE EROTIK WIEDER IN SCHWUNG.«

Wieso Gefühle und Sex beim Menschen zusammengehören

Zu später Stunde muss bei den Privatsendern der Sex die Quote bringen. Und so nimmt dort öfter mal eine hübsche Moderatorin im kurzen Röckchen auf einem samtroten Studiosofa Platz und versucht, der Erotik wieder zu ihrem Recht zu verhelfen. Da werden dann Sextoys empfohlen, Abendessen bei Kerzenschein, Dirty Talking, Intimrasur und natürlich Dessous. Doch erfolgreich ist das alles nicht. Die Klagen über sexuelle Unlust in Partnerschaften nehmen sogar zu und nicht ab. Was stimmt also nicht mit all diesen Ratschlägen?

Die Wahrheit ist denkbar einfach: All die Tricks und Kniffe zur Belebung unserer Sexualität können uns nicht helfen, weil sie nicht funktionieren – jedenfalls nicht dauerhaft.

ZUFRIEDENE PAARE – GUTER SEX

Glauben Sie mir, es gibt keinen – absolut keinen – Trick, mit dem Paare ihrem Sexualleben zu neuen Höhenflügen verhelfen können. Denn all diesen Vorschlägen liegt die Vorstellung zu Grunde, dass Sexualität unabhängig von unseren Gefühlen existiert. Doch anders als bei den Tieren ist die menschliche Sexualität untrennbar mit dem Gefühlsleben verknüpft. Flauen die Gefühle füreinander ab, so gibt es nur einen Erfolg versprechenden Weg, dem zu begegnen: *Paare müssen ihre Zufriedenheit miteinander verbessern.* Sie müssen gute Gespräche führen, füreinander da sein, Zeit und Energie für den anderen aufwenden. Dann läuft auch der Sex besser.

WARUM SEX SELTEN WIRD

»Von sich aus wird jede Ehe schlecht«, hat der berühmte amerikanische Partnerschaftsforscher John Gottman einmal gesagt. Immer wieder müssen wir unsere Verbundenheit in der Partnerschaft festigen, indem wir füreinander da sind. Nur dann wird eine Ehe dauerhaft funktionieren.

Von sich aus kann auch die Sexualität eines Paares schlecht und selten werden. Ein Paar muss dazu nicht einmal etwas tun. Es ist nicht nötig, den anderen zu beschimpfen oder ständig an ihm herumzunörgeln. Es reicht völlig aus, dass ein Paar nichts dafür tut, um in einer engen seelischen Verbindung zu bleiben – allein dadurch wird die Sexualität seltener. Sie wird im Übrigen auch langweiliger, weil sie seltener wird. Denn häufiger Sex ist – rein hormonell gesehen – für uns Menschen auch guter Sex (▶ Irrtum Nr. 13: Beim Sex kommt es auf die Qualität an).

Hinzu kommen noch mögliche Enttäuschungen im partnerschaftlichen Alltag. Diese Enttäuschungen wirken sich massiv auf die Sexualität aus. In Wahrheit kann die Sexualität bei Paaren aus tausendundeinem Grund lahmen:

- Es kann daran liegen, dass beide Partner im ehelichen Alltag zu selbstverständlich davon ausgehen, dass ihre Partnerschaft Bestand hat. Eine liebevolle Pflege halten sie nicht für nötig. Weder finden ruhige Abendessen im Lieblingsrestaurant statt – so wie früher – noch gibt es lange, vertrauensvolle Gespräche. Sie leben nebeneinander her, ohne allzu viel vom anderen mitzubekommen.
- Es kann daran liegen, dass die Frau sich mit der Kindererziehung alleingelassen fühlt und das ihrem Partner verübelt. Sie

hatte sich mehr Unterstützung durch ihn erhofft, gerade jetzt, da ihr Ältester aufs Gymnasium gewechselt ist. Doch zeitgleich hat ihr Partner im Job ein großes Projekt übertragen bekommen, das ihn völlig in Anspruch nimmt.

■ Es kann auch daran liegen, dass einer der Partner schon lange mit seinem anstrengenden Beruf hadert und viel lieber etwas ganz anderes machen würde. Er traut sich nur nicht, sich selbst und dem anderen das einzugestehen.

Das waren jetzt drei Möglichkeiten, warum der Sex eines Paares uninteressant, lustlos und selten werden kann. Diese Liste ließe sich unendlich fortsetzen. Die bekannte amerikanische Therapeutin Michele Weiner Davis hat einmal gesagt, es gäbe *Myriaden von Gründen*. Da ist was Wahres dran. Einfache Erklärungen helfen den Menschen nicht weiter. Denn so unterschiedlich wie Menschen sind, so unterschiedlich sind die Gründe, die zu einer sexuellen Flaute beitragen können. Aber die Lösung des Problems kann ein und dieselbe sein: In allen drei oben genannten Fällen müssen die betreffenden Paare sich verstärkt einander zuwenden. Statt Sendungen mit dem roten Sofa anzuschauen, sollten sie den Fernseher ausschalten – und das Gespräch miteinander suchen.

GEFÜHLSIRRITATIONEN

Sexualität ist beim Menschen auch durch Gefühle aller Art von außen leicht zu stören. Wie können solche Irritationen aussehen? Zwei Beispiele:

■ Eine Frau, Mitte 30. Eines Tages wird bei ihrem Vater Krebs diagnostiziert. Sie ist schwer verunsichert, ihr Bedürfnis nach Sex lässt für längere Zeit stark nach oder versiegt gar völlig. Da ihr Mann wenig verständnisvoll reagiert, verstärkt sich ihre Unlust mit der Zeit sogar noch.

■ Ein Mann, 53 Jahre alt, wird von heut auf morgen arbeitslos und ist (ebenfalls von heut auf morgen) ein schrecklich schlechter

Liebhaber. Er ist wie vor den Kopf gestoßen durch den Verlust der Arbeit. Er fühlt seine Männlichkeit ob der Arbeitslosigkeit bedroht und hat ausgesprochen pessimistische Gedanken über seine berufliche Zukunft. Gut möglich, das er gar keinen Sex mit seiner Partnerin mehr haben will.

Wir Menschen sind also keine Sexmaschinen. Schwierige äußere Umstände, beruflicher sowie privater Stress, irritierende Gefühle – all das kann unsere Bereitschaft und unsere Fähigkeit zur leidenschaftlichen Hingabe in der Sexualität beeinträchtigen.

Deshalb helfen Sextipps vom roten Sofa auch nicht weiter. Sie überdecken nur oberflächlich, während das Problem an sich bestehen bleibt. Was hilft: Die Partner müssen sich einander zuwenden. Was sie dringend brauchen, das sind keine Sexspielzeuge und keine Dessous. Sie brauchen vielmehr dringend das, was ich gern als Vitamin V bezeichne: *Verständnis*. Die Frau, die gerade in großer Sorge um ihren Vater ist; der Mann, dessen berufliche Existenz gerade ungesichert ist – sie brauchen beide das *Verständnis* des Partners. Sie brauchen das Gefühl, verstanden zu werden, bevor sie sich auch in der sexuellen Begegnung wieder sicher fühlen können.

GEFÄHRLICHE SEXTIPPS

Ich hatte Ihnen versprochen, gegen moderne wie althergebrachte Liebesmythen anzugehen und Ihnen zu zeigen, wie diese Mythen eine Partnerschaft stören können. Dieser Mythos, der auf dem roten Sofa wie in den Ratgeberspalten der Illustrierten immer und immer wieder zelebriert wird, ist solch ein gefährlicher Mythos. Er hat die Kraft, eine bereits angeschlagene Partnerschaft zu zerstören.

Glauben Sie, eine eingeschlafene Sexualität lässt sich durch ein paar Tricks mal eben beleben? Das ist mehr als unwahrscheinlich – es ist unmöglich. Wenn Sie es damit versuchen, dann bringen Sie Ihre Partnerschaft in ernste Gefahr.

Warum ist es nicht etwa nur vergebliche Liebesmüh, es mit *Dessous* und *Abendessen bei Kerzenschein* zu versuchen, sondern eine Gefahr für die Partnerschaft? Die allermeisten Paare greifen nach dieser Möglichkeit, weil sie in ihrer sexuellen Beziehung bereits verunsichert sind. Sie unternehmen damit einen Lösungsversuch, der ihnen von vielen Seiten als außerordentlich wirksam empfohlen wird.

Menschen neigen dazu, das für wahr zu halten, was ihnen präsent ist. WYSIATI *(what you see is all there is)* nennt der amerikanische Psychologe und Nobelpreisträger Daniel Kahneman dieses grundlegende Prinzip des menschlichen Geistes. Wir alle neigen dazu, das für wahr zu halten, was wir wieder und wieder gehört, gelesen und gesehen haben. Und gerade deshalb ist dieser Rat so gefährlich, denn Irrtümer schaden, weil sie uns dazu verleiten, das Falsche zu tun. Und sie schaden, weil sie notwendigerweise Niederlagen nach sich ziehen. Niederlagen in der Liebe können aber immer auch Folgen haben für den Bestand einer Partnerschaft.

Wer es mit den Tipps vom roten Sofa probiert, der erlebt, dass diese nicht auf Dauer wirksam sind. Wer aber davon ausgehen muss, dass diese Tipps bei allen anderen helfen, nur bei ihm selbst nicht, der zweifelt an sich, seiner Liebe, seiner Beziehung – und nicht an dem irrigen Rat, den er befolgt hat.

IRRTUM **NR. 5**:

»SEX GEHT IMMER, AUCH BEI STRESS.«

Wieso Yoga und Joggen zu mehr Sex führen

Sebastian und Lina gelten bei Freunden und Familie als Traumpaar. Sie führen eine jungdynamische Erfolgsehe. Beide arbeiten und verdienen viel. Sebastian jettet häufig rund um den Globus, um die Infrastruktur seines Logistikunternehmens am Laufen zu halten. Lina ist innerhalb von drei Jahren schon zweimal befördert worden und leitet mittlerweile die Exportabteilung der Firma. Zwei Bilderbuchkarrieren. Zwei Erfolgsgeschichten. Scheinbar. Denn über den beiden schwebt ein Hauch von Trennung. Immer öfter streiten sie um Kleinigkeiten. Lina nörgelt, ist unzufrieden und oft unwirsch, wenn Sebastian nach zwei oder drei Tagen im Flieger geschafft nach Hause kommt. Sex haben die beiden gerade noch sechsmal im Jahr. Und beide spüren: Wird es noch weniger, dann droht das einstmals starke Band der seelischen Verbundenheit zu zerreißen.

Haben beide Partner einen sehr stressigen Beruf mit Arbeitszeiten bis in die Nacht hinein, dann kann man sich leicht ausmalen, was passiert, wenn sie abends gestresst, genervt und erschöpft aufeinandertreffen. Die Sexualität eines solchen Paares wird vom Stress unerbittlich zerrieben. Vielen modernen Paaren ergeht es so. Sie haben zwei gute Einkommen – und kaum noch Sex. Der Preis für dieses Lebensmodell ist hoch. Die Karriere mag bei wöchentlichen Arbeitszeiten von 60 bis 70 Wochenstunden florieren. Die Partnerschaft aber nicht. Sogar die Wissenschaft hat dieses neue Phänomen schon entdeckt und nennt diese Paare ganz ungalant *Dinos* (double income – no sex). Sebastian und Lina sind also Dinos. Stress ist ein Lustkiller, keine Frage. Das hat zuallererst körperliche Gründe, denn die Ausschüttung von Stresshormonen im menschlichen Körper hat eine wichtige Funktion: Diese Hormone stimmen uns darauf ein, zu kämpfen oder zu flüchten. Aber garantiert nicht auf Sex.

Heute gibt es für die meisten von uns mehr Stress, als uns lieb ist. Und wir gehen außerdem mit Stress falsch um und verhindern so, dass wir entspannt die gemeinsame Sexualität genießen können. So wie die 36-jährige Manuela und ihr Mann Holger. Er steht beruflich derart unter Druck, dass er den aufgestauten Stress mit nach Hause nimmt, an ihr und den Kindern abreagiert und dafür auch noch Verständnis verlangt. Zu Sex kommt es nur noch selten bei den beiden. Was kann sie da tun? Dies ist eine typische Frage, wie sie mich als Paarberater oft erreicht.

Stress ist auch ein Partnerschaftskiller. Wenn Manuelas Mann eine stabile Partnerschaft möchte, dann muss er sich einen anderen Umgang mit dem beruflichen Stress angewöhnen. Und Manuela muss sich angewöhnen, das von ihm zu verlangen. Ich mache den beiden hierzu drei Vorschläge.

1. Manchmal hilft eine *Auszeit* nach der Arbeit. Das würde bedeuten, dass Holger nicht gleich nach der Arbeit nach Hause fährt, sondern zunächst einmal einen Kaffee trinken geht, einen Spaziergang macht oder was auch immer ihm gut tut. Danach kommt er dann nach Hause und hat den Stress schon ein Stück weit hinter sich gelassen.

2. Die wichtigste Strategie, um Stress zu reduzieren, ist das *Gespräch*. Holger mag gestresst sein, wenn er nach Hause kommt. Durch sein Verhalten vergrößert er aber den Stress noch weiter. Klingt nicht sinnvoll – und ist brandgefährlich. Denn natürlich wird er die »Schuld« für die großen Spannun-

gen in der Beziehung bei Manuela suchen. Und sie bei ihm. Das ist genau das, was ich mit der *glitschigen Ebene* meine: Bleiben die beiden bei dieser Haltung, dann gleiten sie langsam, aber sicher auf den Abgrund zu. Dabei ist es einfach, das zu verhindern. Statt an Manuela herumzunörgeln, sollte Holger mit ihr reden – und zwar über seinen Tag. Auf diese Art kann er den Stress mit ihr teilen. Wenn Partner sich am Ende eines Tages, wenn sie wieder aufeinandertreffen, über die Erlebnisse des Tages austauschen, dann sinkt ihr Stresspegel steil nach unten (▶ Irrtum Nr. 18: Paare, die viel gemeinsam unternehmen, stärken so ihre Partnerschaft). Und damit steigt die Wahrscheinlichkeit stark an, dass es zwischen den Partnern zu Sex kommt, sobald die Kinder im Bett sind und Holger und Manuela sich allein und entspannt auf dem Sofa wiederfinden. Aber da ist ja noch der Fernseher! Sie haben Recht! Den müssen die beiden jetzt noch ausschalten, sonst wird es nichts mit dem leidenschaftlichen Sex. Und der wäre so gut – denn Sex reduziert Stress noch einmal radikal.

3. *Handeln*. Manchmal sehen Männer schlicht nicht ein, dass sie völlig geladen nach Hause kommen, und leugnen, überhaupt gestresst zu sein. Wenn ihr Mann also uneinsichtig sein sollte, dann muss Manuela die Notbremse ziehen. Sie will keinen Ehemann, der bei der geringsten Kleinigkeit ausrastet. Das ist ihr gutes Recht und das darf sie auch von ihm einfordern. Möchte er denn eine Frau, die immerzu nörgelt und schimpft? Sicher nicht. Sie sollte ihm also klarmachen, dass sie beim nächsten Mal weder verbale Übergriffe gegenüber den Kindern noch genervte Auftritte ihr gegenüber akzeptieren wird. Sie kann zum Beispiel beim nächsten Mal die Kinder ins Auto packen und mit ihnen ohne Holger zum Essen gehen. Sein Verhalten zu tolerieren ist die schlechteste aller Möglichkeiten. Es ramponiert die Gefühle und schädigt die Sexualität. Und das ruiniert wiederum ihre Beziehung auf Dauer mit hoher Wahrscheinlichkeit.

MEHR SEX DURCH JOGGEN UND YOGA

Stress ist eine völlig normale körperliche Reaktion auf starke see-lisch-geistige Anspannung. Und keine Lust auf Sex zu haben, ist eine übliche körperliche Reaktion auf Stress. Beides ist also nor-mal. Das bedeutet nicht, dass wir nichts dagegen unternehmen können. *Sport* beispielsweise ist ein hervorragender Stresskiller. Bewegung baut Stresshormone ab und gibt uns ein gutes Gefühl. Das liegt daran, dass unser Körper nach einem langen, anstren-genden Arbeitstag oft regelrecht nach Bewegung dürstet. Ganz nebenbei verbessert Sport auch die körperliche Fitness eines Menschen – was für den Sex wiederum vorteilhaft ist.

Jogger haben deshalb den besseren Sex! Sie laufen zudem meist auch noch im Grünen. Allein der Aufenthalt in der Natur vermag zum Wohlbefinden beizutragen. Es ist deshalb gut möglich, dass das alles zusammen dazu führt, dass Jogger häufiger Sex haben.

Auch Yoga ist in dieser Hinsicht völlig unterschätzt: Indische Yogis sind eher für die sexuelle Enthaltsamkeit bekannt. Aber seit einiger Zeit betonen manche Yoga-Experten auch die posi-tiven Effekte von Yoga für die Sexualität. Der Zusammenhang zwischen Yoga und Entspannung ist wissenschaftlich nachgewie-sen. Wer Yoga praktiziert, der ist weniger angespannt, fühlt sich sicherer, hat mehr Zuversicht, mehr Energie in anstrengenden Situationen und insgesamt ein erhöhtes Wohlbefinden. Die psy-chischen Effekte von Yoga sind sogar noch deutlich ausgeprägter als etwa bei anderen körperlichen Aktivitäten, wie zum Beispiel dem Joggen. Wer Yoga praktiziert, der ist also nachweislich gelas-sener. Kein Wunder, dass er dann auch den besseren Sex hat.

Stress durch Sport abzubauen oder Entspannung durch Yoga ist für Paare aber nur eine Möglichkeit, wieder öfter Sex zu haben. Eine weitere: Sie können sich in Zukunft öfter einmal zum Sex verabreden. Auf diese Weise können Sie dem Stress ein Schnippchen schlagen. Sex nach Terminkalender, das klingt in Ihren Ohren nicht sehr erotisch? Das Gute ist aber: es funktio-niert (▶ Irrtum Nr. 12: Erst kommt die Lust und dann der Sex).

IRRTUM **NR. 6**:

»WENN EIN PARTNER MEHR SEX WILL ALS DER ANDERE, DANN KANN MAN NICHTS MACHEN.«

Wieso es gut ist, auf eine Ablehnung mit einer Belohnung zu reagieren

Ines und Ralf sind seit vier Jahren ein Paar. Beide sind der festen Überzeugung, mit dem jeweils anderen auf den Partner fürs Leben getroffen zu sein. Es gibt nur ein Problem: Ihre erotischen Bedürfnisse und die Intensität des Begehrens sind sehr unterschiedlich – Ralf will immer. Fünfmal pro Woche Sex wäre toll. Ines dagegen will fast nie. Sie fühlt sich bedrängt durch Ralfs erotische Avancen. Einmal im Monat gibt sie zurzeit nach, sagt sie, vor allem dann, wenn sie besonders entspannt ist. Da sie hinter jeder von Ralfs zugewandten Gesten einen erotischen Annäherungsversuch vermutet, ist sie in den vergangenen Monaten aber nur sehr selten entspannt gewesen. Mehrfach schon hat er Erektionsprobleme gehabt, wenn es dann doch zum Sex kam, und hat mit Viagra nachgeholfen, was wiederum Ines stört, da der Sex dann ganz anders ist, als sie ihn mag – Tabletten-Sex ist für sie unangenehm. Ralf ist völlig genervt von der Situation. »Meine Frau hat ein Verhaltensproblem«, analysiert er seine Situation – und schiebt damit ihr die Schuld für die Situation zu.

Der Fall erscheint auf den ersten Blick unlösbar. Die Interessen, Wünsche und Bedürfnisse der beiden liegen einfach zu weit auseinander. Doch es gibt auch Anhaltspunkte für eine Lösung.

Denn anfangs, in der Zeit der Verliebtheit, war alles in Ordnung mit dem Liebesleben der beiden. Drei- bis viermal in der Woche fielen sie übereinander her. Keiner wollte offenkundig mehr. Und keiner weniger. Nach neun Monaten aber kippte die Stimmung – sagt Ines. Nach sechs Monaten – sagt Ralf. Was als ein aussichtsloser Fall erschien, wird unversehens zu einem Detektivspiel: Was ist nur passiert nach sechs oder nach neun Monaten? Spannende Frage. Doch auf die Antwort müssen Sie jetzt noch ein wenig warten. Gehen wir erst ein wenig auf die Hintergründe ein.

In den meisten Partnerschaften gibt es ein *Gefälle des Begehrens*. Manchmal will der Mann öfter Sex, manchmal die Frau. In einigen Beziehungen wechseln sich die Partner auch in diesen Rollen ab, je nachdem, wie viel Stress er oder sie gerade hat oder in welcher Lebensphase die beiden sind. Bei Männern nimmt beispielsweise das sexuelle Begehren aus hormonellen Gründen schon in der Zeit zwischen dem 30. und 40. Lebensjahr ab, während es bei Frauen genau in diesem Alter zunimmt. In der Regel führt solch ein Unterschied im Begehren in der Beziehung nicht zu Problemen. Beide Partner einigen sich ohne Schwierigkeiten – im Idealfall.

In manchen Partnerschaften gelingt es den Beteiligten aber nicht, ihre sexuellen Bedürfnisse in Einklang zu bringen. Die unterschiedlichen sexuellen Bedürfnisse werden zu einem Streitthema. Findet das Paar jetzt keine Lösung, mit der beide gut leben können, droht ein Dauerstreit. So wie bei Ines und Ralf.

Nötig ist ein solcher Zwist aber ganz und gar nicht. Sind die sexuellen Bedürfnisse unterschiedlich, dann entscheidet maßgeblich die Reaktion *des Zurückgewiesenen* darüber, ob es zum Dauerclinch kommt – oder nicht. Will einer der beiden Partner häufig Sex, dann sollte er auf eine Zurückweisung nicht mit Ärger oder gar bestrafend reagieren. Ja, noch mehr: Sagt einer der Partner Nein, dann muss er sogar *eine kleine Belohnung* bekommen.

Eine Belohnung für sexuelle Zurückweisung – das erstaunt viele Paare. Dabei ist dieses Verhalten der Königsweg zu häufigem Sex.

Wenn nämlich *der Zurückgewiesene* auf diese Weise dem Partner (oder der Partnerin) seine Sympathie signalisiert, dann steigt die Wahrscheinlichkeit, dass es in Zukunft häufiger zu Sex kommt.

ZWEI PAARE – ZWEI LÖSUNGEN

Werfen wir einen Blick auf die Realität und schauen, welche Folgen unterschiedliche Reaktionen ganz konkret haben.

Das erste Beispiel: Monika und Stefan. Stefan hat Lust, Monika aber nicht. Für Stefan ist das alles andere als in Ordnung. Er findet, dass ihm Sex zusteht und dass Monika ihm etwas vorenthält. Er reagiert mit Unmut und Ärger. Hier ihr Dialog:

Stefan: ... (grummel, grummel) ... gemein ... nie hast du Lust ...

Monika: ... musst du denn immer ...

Stefan: (verlässt türenschlagend die Wohnung)

Monika: (leise, enttäuscht) Bleib doch, wo der Pfeffer wächst!

Einerlei, was Stefan tut – ob er mit Monika diskutiert, ihr Vorwürfe macht oder beleidigt von dannen zieht und mit Freunden ein oder zwei Bier trinkt – in jedem Fall signalisiert er ihr, dass ihr Verhalten für ihn nicht in Ordnung ist. Sein Verhalten führt deshalb nicht dazu, dass er das bekommt, was er gern möchte. Das Gegenteil ist der Fall: Seine harsche Reaktion verschärft die Spannung zwischen ihm und Monika. Dadurch wird es wahrscheinlicher, dass Monika in Zukunft noch weniger Interesse an Sex hat. Stefan wird immer öfter mit Monika diskutieren. Er wird ihr noch häufiger Vorwürfe machen und beleidigt davonziehen. Und seine Freunde werden ihn häufiger bei ihren geselligen Zusammenkünftigen begrüßen können. Bald können sie ihn möglicherweise schon als Single empfangen, denn wenn die Sexualität zwischen Partnern immer seltener wird, verschärfen sich meist auch andere Konflikte. Ungeschickter Stefan! Arme Monika.

Unser zweites Beispiel: Jens und Nina. Jens hat heute keine Lust auf Sex. Davon ist Nina nicht begeistert, sie kann es aber akzeptieren. Jens bekommt für seine Absage sogar noch eine kleine Zuwendung. Auch ihren Dialog finden Sie hier:

Jens: Nicht heute. Ich bin völlig kaputt von dem Tag.

Nina: Armer Schatz. Das kann ich verstehen. Ich liebe dich. Soll ich dir Wasser in die Badewanne einlaufen lassen?

Nun könnte man denken, Ninas Reaktion sei sehr einfühlsam und selbstlos. Einfühlsam ist sie in der Tat, selbstlos aber nicht unbedingt. Will Nina möglichst oft ein »Ja« auf eines ihrer Angebote, dann ist ihre Reaktion auf sein »Nein« vor allem sehr *effektiv.* Denn Jens fühlt sich durch Ninas Worte verstanden und akzeptiert. Das vertieft seine Gefühle für Nina und macht es wahrscheinlich, dass er beim nächsten Mal nicht wieder »Nein« sagt. Und auch, dass er Nina morgen oder in ein paar Tagen von sich aus ein erotisches Angebot macht.

Herrscht eine zugewandte Atmosphäre in der Partnerschaft, dann wird Sex häufiger. Nina hat durch ihre verständnisvolle Reaktion also nicht nur Jens glücklich gemacht, sondern auch ihr eigenes zukünftiges Glück vergrößert.

Kluge Nina! Glücklicher Jens.

EIN LOB DER FORSCHUNG

Es war der bekannte amerikanische Partnerschaftsforscher John Gottman, der das ungleiche Begehren in der Partnerschaft mit Hilfe eines mathematischen Modells aus der Spieltheorie durchgerechnet hat. Die Spieltheorie in ihrer heutigen Form geht in weiten Teilen auf den Mathematiker John Nash zurück. Sie diente in den Zeiten des Kalten Krieges dazu, mögliche Spielzüge der Gegenseite zu kalkulieren und die eigenen Reaktionen darauf zu optimieren. Auch Wirtschaftswissenschaftler stützen sich auf sie. John Nash bekam deshalb im Jahr 1994 den Nobelpreis für Wirtschaftswissenschaften zuerkannt. Dass einmal jemand seine in den 1940er- und 1950er-Jahren entwickelten Theorien auf die Sexualität von Paaren anwenden könnte, damit hatte John Nash bestimmt nicht gerechnet. Und dann passierte es doch – dank John Gottman, der ein Faible für Mathematik hat. Er hat die Spieltheorie auf die Partnerschaft angewendet. Ich erspare Ihnen an dieser Stelle den genauen Lösungsweg und zeige hier als Beleg und für alle Anhänger der Spieltheorie nur die Schlussformel. Sie lautet:

$$5\sigma_{Agree} + (r)(1 - \sigma_{Agree}) = (r)(\sigma_{Agree}) + (0)(1 - \sigma_{Agree})$$
$$\sigma_{Agree}(5 - 2r) = r$$
$$\sigma_{Agree} = r/(5 - 2r)$$

Wie ich werden sicher auch Sie auf den ersten Blick erkennen, was das klare Ergebnis dieser Formel ist. Richtig: Der Zurückweisende sollte eine kleine Belohnung vom Zurückgewiesenen bekommen. Fällt sie großzügig aus, dann steigt die Häufigkeit der Sexualität stärker, als wenn sie allzu klein ist.

Kurzum: *Sie wollen viel Sex – dann loben Sie den abweisenden Partner!* Dass das funktioniert, ist an sich gar nicht so erstaunlich: Ein freundliches Miteinander in einer Partnerschaft führt zu einer positiven Grundstimmung und damit zu mehr Sex, das wissen wir alle. Und dass langes Schmollen des Zurückgewiesenen die Probleme nur vergrößert, ist auch klar. Erstaunlich ist aber das *Ausmaß*, in dem der Sex häufiger wird, denn die Wahrscheinlichkeit, dass es zu Sexualität kommt, verdoppelt und verdreifacht sich.

Sie erinnern sich an Ines und Ralf? Ich habe ihnen vom Zusammenhang zwischen Zurückweisung und belohnenden Verhaltensweisen erzählt. Ines, die zuvor unsicher auf der vorderen Kante ihres Sessels gesessen hatte, sieht jetzt entspannt und glücklich aus. Sie lächelt nicht nur, sie strahlt. Ralf ist still geworden. Er scheint zu ahnen, was es war, das nach *sechs* oder *neun Monaten* dazu führte, dass der Sex zwischen den beiden zu einem Problem wurde. Wie hat er wohl reagiert, als Ines zum ersten Mal keinen Sex wollte? Ralfs Blick geht zu seinen Schuhen. Er murmelt leise: »Na ja, begeistert war ich bestimmt nicht, das gebe ich ja zu.«

IRRTUM **NR.7**:

»EREKTIONSPROBLEME HABEN HAUPTSÄCHLICH KÖRPERLICHE URSACHEN.«

Wieso der Sex in Partnerschaften oft ganz versiegt – und was das alles mit seinem »besten Stück« zu tun hat

Hans (62) hat Erektionsprobleme. Seit einem halben Jahr schon hat er beim Sex keine Erektion mehr. Sein Penis schwillt zunächst zwar an, wird dann aber, bevor er richtig steif werden kann, schon wieder schlapp. Zunächst hat Hans versucht, seine neue Freundin Monika (58) davon zu überzeugen, dass eine Partnerschaft auch ohne Sex eine ganz schöne Sache sein kann. Sie hat sehr ablehnend auf diese Idee reagiert. Sie hat stattdessen darauf bestanden, dass Hans zum Arzt geht. Und so sitzt er jetzt im Wartezimmer einer urologischen Praxis, die auf Erektionsprobleme spezialisiert ist.

Für die Pharmaindustrie ist die Sache völlig klar: Bekommt ein Mann über einige Zeit keine Erektion mehr, dann hat das körperliche Gründe. Durchblutungsstörungen. Männer, die keine Erektion mehr bekommen oder eine sehr unvollständige, nehmen diese Erklärung dankbar an – denn nichts fürchten sie mehr, als zu hören, dass ihr Problem psychische Ursachen hat. Kommen sie zu einem Spezialisten, zum Beispiel einem Urologen, dann hoffen sie, es solle bitte, bitte eine körperliche Ursache geben. Und am liebsten auch eine Tablette, die dem ganzen Spuk ein schnelles Ende bereitet. Hier treffen sich die Bedürfnisse von Pharmaunternehmen und Männern, die das Nachdenken scheuen: Eine Tablette muss her!

So eine Erektion ist schon eine wundersame Sache. Wie aus dem Nichts schwillt der Penis an. Und angeblich geschieht das bei allen Männern problemlos. Immer. Wenn nicht, dann nimmt das Ego des Mannes schweren Schaden. So gesehen ist die Pharmaindustrie ein wahrer Segen für das männliche Selbstwertgefühl. Schafft sie doch unablässig neue Erkenntnisse herbei für die angeblich körperlichen Ursachen von Erektionsproblemen. Keine Frage: Es gibt sie, Männer, die aufgrund von Erkrankungen wie zum Beispiel Diabetes, Bluthochdruck und Adipositas auch körperlich Schwierigkeiten mit der Erektion bekommen. Das ist unstrittig. Klar ist aber auch, dass die Pharmaindustrie kein glaubwürdiger Lieferant ist für Zahlen über die körperlichen oder seelischen Gründe von Erektionsproblemen. Sie hat erkennbar ihre eigenen Interessen.

Wie stellt sich das alles nun für Paar- und Sexualberater dar? Die bekommen in der Regel nur Männer zu Gesicht, denen körperlich nichts fehlt, jedenfalls nichts, was einer Erektion im Wege steht. Und da diese Männer immerhin schon mal den Weg in die Beratung gegangen sind, sind sie durchaus bereit zu hören, dass ihr Erektionsproblem keine oder nur geringe körperlichen Gründe hat. So wie der 32-jährige Gunnar. Seine Frau Rieke ist 30 Jahre alt, die zwei sind seit knapp fünf Jahren ein Paar. Rieke ist verzweifelt, denn sie haben keinen Sex mehr. Seit wann?

»Seit wir unsere Tochter Merle gezeugt haben«, sagt Rieke traurig. Danach hat Gunnar den Sex verweigert, anfangs mit der Begründung, sein Kind solle von ihm nicht als Erstes »seinen Penis sehen«. Schon dieser Gedanke allein reichte aus, um seine Erektion zu beenden. Hier deutet sich an, dass für Gunnar Sex und Elternschaft nicht zusammenpassen. Die Schwangerschaft, für viele Paare eine hohe Zeit ihrer Sexualität – bei Rieke und Gunnar wurde sie zu einer sehr lieblosen und einsamen Phase. Die Zeit der Schwangerschaft ohne Sex zu verbringen und ohne

Zärtlichkeiten (denn Zärtlichkeiten ohne Sex, davon hält Gunnar nichts), das allein kann ein Paar seine Beziehung kosten. Wie viele Abende hat Rieke sich nach Gunnars Händen auf ihrem Körper gesehnt? Wie oft lag sie abends noch traurig wach und lauschte seinen gleichmäßigen Atemzügen? Oft, sehr oft. Und manchmal hat sie sich in den Schlaf geweint und doch immer wieder gehofft, dass dieser Albtraum einfach vorbei ist – nach der Geburt. Doch auch danach änderte sich nichts. Gunnar will bis heute keinen Sex – mit wechselnden Begründungen.

Bleibt noch die Frage: Wie lange geht das schon so? Oder in anderen Worten: Wie alt ist Merle? Die Antwort: zweieinhalb. Gunnar und Rieke haben also bereits seit über drei Jahren keinen Sex mehr. Gunnars Verweigerung vom Beginn der Schwangerschaft an hat wahrscheinlich auch mit unserem Bild von Sexualität zu tun. Unsere Vorstellung von Sex verknüpft Erotik in der Regel mit der jungen, kinderlosen Frau. Mit ihr ist hemmungslose Sexualität möglich – nicht aber mit »der Mutter der eigenen Kinder«. Und so trat Gunnar den Rückzug von der Sexualität an.

Noch ein weiterer Aspekt spielt bei den beiden eine Rolle: Sexualität ist auch ein Akt des Gebens und des Füreinander-da-Seins. Wir verschenken Lust, Freude. Wir wenden uns einander zu. Beides hält ein Mann wie Gunnar nicht wirklich für nötig. Er ist ein Nehmer, kein Geber. Und er denkt vielleicht: Habe ich einmal eine Beziehung, dann hält die auch. Da irrt Gunnar. Nur wenn die beiden sich wieder öfter einander zuwenden, auch in der Sexualität, hat ihre Beziehung eine Chance, dauerhaft zu halten. Bleibt es aber dabei, dass er keinen Sex will, dann werden sich Gunnar und Rieke trennen.

WIE HÄUFIG SIND EREKTIONSPROBLEME?

Das kommt darauf an, wie man ein Erektionsproblem definiert. Umgangssprachlich ist die Sache klar: Hat ein Mann *Probleme*, eine *Erektion* zu bekommen, dann hat er ein *Erektionsproblem*. Nun ist aber nichts so leicht zu irritieren, wie eine Erektion. Schon allein der Gedanke »Hoffentlich klappt es diesmal!« reicht aus – und die schönste Erektion ist wieder weg. Der Kopf ist ja immer mit von der Partie beim Sex. Bei Erektionsproblemen ist er der wichtigste Störenfried. In diesem Sinne hat nahezu jeder Mann im Laufe seines Lebens irgendwann einmal Probleme mit der Erektion. Er möchte gern eine haben – aber sein Körper tut ihm nicht den Gefallen. Versagt ein Mann mehrfach hintereinander, dann ist die Wahrscheinlichkeit groß, dass sich seine Versagensängste so sehr vergrößern, dass die Erektion dauerhaft ausbleibt. Ein Misserfolg sorgt für den nächsten.

Und was ist mit Hans? Der sitzt mittlerweile schon im Sprechzimmer des Arztes. Dieser hat ihm einige Fragen gestellt und erfahren: Manchmal hat Hans morgendliche Erektionen, wenn er aus dem Schlaf erwacht. Ein biologischer Grund für seine Erektionsprobleme ist also eher unwahrscheinlich. Dann hat der Arzt noch versucht herauszufinden, was vor einem halben Jahr im Leben von Hans los war, in der Zeit also, als die Erektionsprobleme begannen. Hans ist damals mit Monika zusammengezogen. Hans sehnte sich sehr danach, wieder in einer festen Partnerschaft zu leben, abends neben ihr einzuschlafen und morgens gemeinsam zu frühstücken, bevor er zur Arbeit geht. Vor dem Zusammenzug gab es keine Probleme mit der Erektion. Die stellten sich erst danach ein, zwei Monate nach dem Umzug.

Der Arzt hat Hans etwas länger in die Augen geschaut und hat ihn dann gebeten, einen Termin mit einer Psychologin zu vereinbaren, die gleich nebenan ihre Praxis hat. Gut möglich, dass Hans sich von Monika zu oft kritisiert fühlt. Oder dass sie nicht besonders einfühlsam reagierte, als er zum ersten Mal keine Lust auf Sex hatte, sie aber schon – das sind zwei der wichtigsten Gründe, weshalb Männer die Sexualität insgesamt meiden (▶ Irrtum Nr. 14: Männer können und wollen immer). Und auch bei Erektionsproblemen spielen sie oft eine Rolle. Hans' Probleme mit der Erektion sind in einer guten Beratung zu lösen, möglicherweise zusammen mit Monika. Im Gespräch – und ganz ohne Tabletten.

IRRTUM **NR. 8**:

»DIE KURVE DES BEGEHRENS FLACHT IN LANGJÄHRIGEN PARTNERSCHAFTEN UNWEIGERLICH AB.«

Wieso es möglich ist, auch nach Jahren des Zusammenseins noch Sex wie frisch Verliebte zu haben

Bei einem Treffen bekannter Paartherapeuten Deutschlands erklärte einer der Experten, nichts falle während einer Partnerschaft so steil ab wie »die Kurve der partnerschaftlichen Sexualität«. Doch das stimmt einfach nicht! Die Kurve der partnerschaftlichen Sexualität sinkt nur sehr, sehr langsam. Und auch das ist beileibe kein Naturgesetz. Bei vielen Paaren steigt sie im Verlauf einer längeren Partnerschaft sogar wieder an, zum Beispiel, wenn die Kinder größer werden und die Partner wieder mehr Zeit füreinander haben. Und bei anderen Paaren strebt sie nach einigen Beratungen sogar sehr steil nach oben.

Nichts fällt so steil ab wie die Kurve der partnerschaftlichen Sexualität? Viele Berater hierzulande stoßen gern ins Horn des Pessimismus, statt Paaren klipp und klar zu sagen, wie sie ihre Sexualität in der Beziehung nicht nur lebendig erhalten, sondern mit der Zeit sogar besser und intensiver machen können.

DER SEX IN DER PHASE DER VERLIEBTHEIT
Erinnern Sie sich noch daran, wie häufig und intensiv die Sexualität in Ihrer Partnerschaft war, als Sie beide verliebt waren?

Wahrscheinlich hatten Sie sehr häufig Sex. Die meisten frisch Verliebten können die Finger nicht voneinander lassen, sie denken ununterbrochen aneinander, sehnen sich nach dem nächsten Treffen, sie wollen unbedingt wieder die Sexualität mit dem anderen genießen Wie kommt das? Das hat zunächst einmal hormonelle Gründe. Gleich drei Hormone spielen hierbei eine große Rolle:

- Für die Bindung eines Paares aneinander sorgt das recht bekannte *Oxytocin*.
- Außerdem werden große Mengen an *Dopamin* ausgeschüttet, das auch als »Glückshormon« bezeichnet wird.
- Dazu kommt noch *Testosteron*, vielen vor allem als »männliches« Hormon bekannt, das aber beim Sex *bei Männern wie Frauen* ausgeschüttet wird und Selbstbewusstsein, Zuversicht und Tatkraft stärkt.

Oxytocin, Dopamin und Testosteron – diese drei Hormone verursachen unsere Hochgefühle in der Zeit der Verliebtheit und prägen unseren Blick auf den anderen. Und sie prägen auch die Sexualität und die übergroße Freude daran in den ersten Monaten der Verliebtheit.

Hormone sorgen jedoch nur für den einen Teil der Glücksgefühle, die uns in der Zeit der Verliebtheit überfluten. Den Rest tun wir selbst: *durch unser Verhalten zueinander.* Wir selbst sorgen dafür, dass permanent diese Hormone im Körper des Partners zirkulieren. Denn wir sind in dieser Zeit der Verliebtheit unentwegt dem anderen zugewandt:

- Wir hören dem Partner aufmerksam zu.
- Wir sind wirklich interessiert an dem, was er zu sagen hat, sind aufmerksam und stellen Fragen.
- Wir berühren einander gern und oft.
- Wir begrüßen einander mit einem leidenschaftlichen Kuss und einer langen Umarmung.

- Wir schreiben uns liebevolle SMS und leidenschaftliche Mails.
- Wir denken unentwegt aneinander.

EINE ÜBUNG MIT FOLGEN

An dieser Stelle schlage ich Ihnen eine kleine Übung vor: Bitte nehmen Sie Stift und Papier zur Hand, um eine Liste anzufertigen. Schreiben Sie sich bitte auf, was bei Ihnen in der Zeit der Verliebtheit anders war, als es heute ist. Gehen Sie dabei bitte auf drei Fragen ein:

1. Was war anders in der Erotik und in der Sexualität? Waren Sie vielleicht viel einfallsreicher als heute? Haben Sie zu sehr verschiedenen Zeiten Sex gehabt, anders als heute?
2. Und wie sah es aus im Bereich der körperlichen Verbundenheit – also beim Küssen, Umarmen, den ganzen alltäglichen Zärtlichkeiten?
3. Schauen Sie nun auf den Bereich der geistigen Verbundenheit: Was war in der Zeit der Verliebtheit in diesem Bereich anders? Haben Sie viel mehr miteinander gesprochen, häufiger telefoniert, häufiger einfach kurze, nette SMS ausgetauscht?

Mit dieser Liste haben Sie einen wichtigen Anhaltspunkt dafür, wie auch heute für Sie eine Veränderung möglich sein könnte – eine Veränderung hin zu häufigerem Sex. Mit Hilfe dieser Liste können Sie ein präzises Bild davon gewinnen, *welche Handlungen Sie und Ihr Partner damals ganz besonders glücklich gemacht haben.* So glücklich, dass Sie vor lauter Verliebtheit nur selten Hunger hatten, dafür aber sehr oft Appetit auf Sex miteinander bekamen.

Diese Liste von Handlungs- und Verhaltensweisen ist Ihre ganz persönliche »Liebesliste«. Sie ist ein Profil der Aktivitäten, die damals sehr zu Ihrem Wohlbefinden beigetragen haben. Und was früher gut war, hilft Ihnen auch heute. Nehmen Sie die schönen Dinge wieder in Ihr Verhaltensrepertoire auf. Sprechen

Sie auch mit Ihrem Partner über Aspekte, die Sie gern wieder in Ihrer Partnerschaft hätten.

Die Erinnerung an die Zeit der Verliebtheit kann einen Beitrag leisten, die Sexualität eines Paares lebendig zu erhalten oder wieder lebendiger werden zu lassen. Damals haben wir uns wenig darum gekümmert, auftretende Probleme zu lösen, anstrengende Paargespräche zu führen oder über Schwierigkeiten zu diskutieren (▶ Irrtum Nr. 16: Man muss jedes Problem ausdiskutieren). Stattdessen haben wir die angenehmen Seiten unserer Beziehung genossen. Und wir haben uns unglaublich oft dem anderen positiv zugewandt. Der Schlüssel zu einer guten Sexualität ist *Positivität*. Wir müssen oft und gern füreinander da sein, dann – und nur dann – fällt die »Kurve der partnerschaftlichen Sexualität« nicht ab. Weder steil noch langsam. Sie bleibt konstant, bietet möglicherweise auch immer wieder neue Höhepunkte.

IRRTUM **NR.9**:

»MIT SEX KANN MAN KEINE PROBLEME LÖSEN.«

Wieso es hilfreich ist, Paargespräche
nach dem Sex zu führen

Eine weit verbreitete Ansicht: Probleme löst ein Paar im Gespräch, nicht beim Sex. Man muss miteinander reden, muss Kompromisse finden, sich einigen ... Und wenn die Lösung dann da ist, steigt die Stimmung, es wächst die Lust aufeinander – und jetzt erst kommt der Sex.

Viele Paare haben das aber auch schon umgekehrt erlebt: Ein Problem ließ sich beim besten Willen nicht lösen. Es gab Streit und schlechte Stimmung, anschließend noch mehr Streit und noch mehr schlechte Stimmung Eine Lösung lag bei der verfahrenen Lage schließlich ferner denn je. Wenn am Ende beide Partner entnervt von der anhaltend miesen Stimmung die Problemgespräche einstellten und sich den angenehmen Seiten der Partnerschaft zuwandten, sodass es endlich, endlich wieder zu Sex kam, fiel ihnen plötzlich eine Lösung für das ursprüngliche Problem ein. Eine Lösung, mit der beide gut leben konnten.

Warum funktioniert das manchmal? Schon lange vermuten Wissenschaftler, dass das an einem Hormon liegen könnte, das beim Sex in großen Mengen ins Blut gelangt: Oxytocin. Was also lag näher, als zu prüfen, ob Paare sich besser auf Lösungen verständigen können, wenn sie viel Oxytocin im Blut haben. Durch einen Versuch wiesen Forscher der Universität Zürich die Folgen eines erhöhten Oxytocingehalts im Blut eindrucksvoll nach.

Sie verabreichten einigen der untersuchten Paare Oxytocin in Form eines Nasensprays. Die anderen Paare gingen dagegen leer aus. Anschließend mussten sich die Paare zu einem schwierigen Thema ihrer Partnerschaft einigen. Sie ahnen, was passierte? Richtig! Die Paare mit dem erhöhten Oxytocinspiegel konnten sich leichter verständigen. Kein Wunder: Oxytocin stimmt uns sanfter und kompromissbereiter.

Die Schlussfolgerung hieraus ist klar: Hormonell sind beide Partner ausgesprochen positiv eingestellt, wenn es oft zu Sex kommt. Sex versorgt uns mit einem Hormoncocktail, der es in sich hat. Oxytocin, Dopamin und Testosteron – unter dem Einfluss dieser Hormone verändert sich unser Umgang miteinander (siehe Seite 49). Nach dem Sex sind deshalb die Aussichten, einen Kompromiss für ein schwieriges partnerschaftliches Problem zu finden, deutlich größer als vorher – *Sex kann Probleme lösen*. Das gilt übrigens nicht nur für konkrete Auseinandersetzungen in der Beziehung, sondern auch für die Grundstimmung in einer Partnerschaft. Auch die kann sich durch häufigen Sex grundlegend ändern – zum Positiven.

WER TUT DEN ERSTEN SCHRITT?

Lea und Antonio streiten sich schon seit Monaten. Lea findet, dass Antonio sich mehr an der Hausarbeit beteiligen sollte. Außerdem, so sagt sie, könne man sich nicht mit ihm unterhalten. Er sei schweigsam, erzähle nie etwas von der Arbeit. Beide leben mehr oder weniger aneinander vorbei. Soweit Leas Klagen.

Antonios Version hört sich etwas anders an. »Sie nörgelt wirklich ständig an mir herum«, moniert er. Nach einer Weile setzt er noch hinzu: »Und es gibt viel zu selten Sex.« Ja, er könne sich mehr am Haushalt beteiligen, gibt er zu, aber da Lea so viel nörgele, habe er dazu einfach keine Lust.

Lea und Antonio befinden sich in einer Sackgasse. Jeder will, dass der andere etwas verändert – dann wäre man selbst auch zu Zugeständnissen bereit. Anfangen soll aber der andere. Die

Diskussionen der beiden erinnern mich an den bekannten Paartherapeutenwitz, in dem eine Frau viel mit ihrem Mann nörgelt. Warum sie denn so unzufrieden sei, will der Therapeut wissen. »Weil er nie Zeit für mich hat«, erklärt sie. Und als der Therapeut den Mann fragt, warum er so wenig Zeit mit seiner Frau verbringe, da zieht dieser die Augenbrauen hoch und sagt: »Na, weil sie ständig meckert. Das hält doch niemand aus.«

Wie aber gelang es Lea und Antonio, aus ihrer »Ich-will-aber-nicht-anfangen-Falle« herauszukommen? Eigentlich durch einen glücklichen Zufall: Lea hat von ihrer Freundin Claudia von einem amerikanischen Bestseller gehört. In dem Buch beschließt eine Frau, einen Monat lang jeden Tag mit ihrem Mann zu schlafen. Nach einigen Wochen erkennt die Frau ihren Mann und ihre Beziehung nicht mehr wieder. Die Stimmung ist so gut wie ewig nicht mehr. Und was das Allerbeste ist: Sie kann sich gar nicht mehr erinnern, worüber ihr Mann und sie sich zuvor so oft gestritten haben.

Lea hörte diese Geschichte zunächst etwas ungläubig, war aber doch interessiert. Und dann beschloss sie, es auch mit dieser Methode zu versuchen. Was hatte sie schon zu verlieren! Und ein wenig mehr Spaß im Bett, der könnte auch ihr gefallen.

Lea beginnt also mit ihrem »Sex-Monat«. Jeden Abend Sex, das fällt ihr leichter als erwartet. Das kommt auch daher, dass sie schon am dritten Morgen feststellt, dass ihr Morgenmuffel von Ehemann sie freudestrahlend und mit einem langen Kuss begrüßt. So etwas hat sie schon lange nicht mehr erlebt. Am fünften Tag bringt Antonio ihr einen Strauß Blumen mit. Mitten in der Woche – ohne jeden Anlass! Was ist nur los mit Antonio? Am Freitag holt Antonio ganz selbstverständlich den Staubsauger aus dem Besenschrank. Und nach dem Abendessen erledigt er nicht nur ungefragt den Abwasch, sondern will sich anschließend beim Spaziergang im Park auch unbedingt mit ihr unterhalten. Unterhalten! Lea ist fassungslos. Als sie am Wochenende mit ihrer Freundin Claudia telefoniert, weiß Lea nur noch ungenau, warum sie bis vor kurzem noch so unzufrieden mit Antonio war. Was ist das nur für ein liebevoller und aufmerksamer Antonio.

»Er ist so ganz anders, völlig verändert«, sagt sie zu Claudia. Aber wenn sie es sich genau überlegt, dann ist auch sie ganz anders: viel liebevoller und nicht so grantig, wie sie es in den Wochen und Monaten zuvor oft war. Und wenn sie ganz ehrlich zu sich selbst ist, kennt sie »diesen« Antonio und »diese« Lea schon. Sie kennt sie aus der Zeit, als die beiden frisch verliebt waren und oft sogar zweimal am Tag Sex hatten.

Dass es durch Sex gelingt, die Stimmung in einer Partnerschaft zu verbessern, das hat allerdings nicht nur hormonelle, körperliche Gründe, sondern auch psychologische. Beide Partner spüren nämlich unterschwellig, dass eine Beziehung mit wenig Sex eine gefährdete Beziehung ist. Sie haben deshalb nur ein geringes Vertrauen in die Zukunft ihrer Partnerschaft. Häufiger Sex stärkt dagegen unseren Optimismus, mit dem richtigen Partner oder der richtigen Partnerin einer gemeinsamen Zukunft entgegenzugehen. Und das erst gibt uns das Gefühl von Sicherheit, Geborgenheit und Heimat.

RISIKEN UND NEBENWIRKUNGEN VON HÄUFIGEM SEX

Viel Sex ist dennoch kein Allheilmittel in Partnerschaften. Bei Medikamenten ist es seit vielen Jahren üblich, auch auf die Risiken und Nebenwirkungen hinzuweisen. Ich habe jetzt so sehr für häufigen Sex geworben, da ist ein warnender Hinweis angebracht, wann dieser Tipp Ihnen und Ihrer Beziehung auch schaden kann. Häufiger Sex vermag in einer Partnerschaft viel zu verändern – aber nicht alles.

Häufige Nebenwirkung: Zunächst einmal kann ich Sie nur davor warnen, dieses Kapitel über Sexualität Ihrem Partner oder Ihrer Partnerin unter die Nase zu halten und triumphierend auszurufen: *Ich habe es dir doch schon immer gesagt.* In diesem Fall besteht ein erhebliches Risiko, dass er (oder sie) Ihnen dieses

Buch an den Kopf wirft (Achtung! Verletzungsgefahr!). Sollten Sie diese Versuchung in sich verspüren, dann geben Sie ihr bitte nicht nach. Verzichten Sie auf Rechthaberei, bleiben Sie höflich und lesen Sie zunächst einmal das Kapitel darüber, wie es möglich ist, den Partner zu verändern (▶ Irrtum Nr. 20: Den Partner kann man nicht ändern). Eines kann ich Ihnen aber schon an dieser Stelle verraten: Wenn Sie wirklich häufigen Sex mit Ihrem Partner wollen, dann sollten Sie bei ihm liebevoll für dieses Vorhaben werben. Mit der Haltung »Ich bin im Recht – sieh das doch endlich ein!« erreichen Sie nichts. Jedenfalls nichts Gutes.

Weitere mögliche Nebenwirkung: Gibt es in Ihrer Partnerschaft ein massives Vertrauensproblem, zum Beispiel weil einer von Ihnen untreu war oder weil Sie in eine andere gravierende Beziehungskrise verstrickt sind, kann der Versuch, Ihre Probleme mit häufigem Sex zu lösen, Ihre Partnerschaft sogar negativ belasten. Gehen Sie in diesem Fall lieber in eine Paarberatung. Dort wird Ihnen geholfen, Schritt für Schritt zunächst die große Distanz zwischen Ihnen zu verringern. Wenn die Stimmung dann wieder vertrauensvoller ist, können Sie gern versuchen, die positive Entwicklung mit häufigem Sex weiter zu verstärken.

IRRTUM **NR. 10**:

»EINE AFFÄRE KANN EINE BEZIEHUNG BELEBEN.«

Wieso Untreue oft allen
Beteiligten schadet

An den Abend, an dem Marina ihrem Jugendfreund Georg wiederbegegnete, erinnert sie sich noch ganz genau: Sie hatte sich beim Klassentreffen super unterhalten mit zwei Freundinnen von damals. Und dann stand plötzlich Georg in der Tür – und sein Blick fiel gleich auf sie. Georg strahlte sie an. Marina strahlte zurück. Drei wunderbare Stunden später hatte sie mit ihm das Klassentreffen verlassen.

Vielleicht brauchen wir ja ab und an nur mal etwas Abwechslung und schon läuft das eheliche (oder partnerschaftliche) Sexualleben wieder ohne Probleme? *Eine kleine Affäre – und schon ist die Zufriedenheit wieder wie zuvor.* So denken viele Menschen. Doch diese Ansicht ist falsch. Eine Affäre belebt die Sexualität eines Paares nur *sehr, sehr selten*. Sie kann sich allerdings so zerstörerisch auf eine Partnerschaft auswirken, dass die Beziehung nach der Untreue nicht mehr zu retten ist. Und dieser Fall wiederum tritt *sehr, sehr häufig* ein.

Was ist so schädlich an einem Seitensprung? Einer der größten Negativposten bei Untreue ist der *Vertrauensverlust*. Viele Menschen nach einer Affäre sind nicht mehr in der Lage, ihrem untreuen Partner zu vertrauen, und beenden deshalb die Beziehung. Manchmal sogar direkt und auf der Stelle. Ich habe schon mal von einem Mann gehört, der seiner Frau seine Untreue gestand, und als er am nächsten Tag von der Arbeit kam, standen zwei Koffer vor der Haustür. Ins Haus kam er nicht mehr, denn die Schlösser waren ausgetauscht.

Die meisten Menschen halten eine Affäre allerdings geheim. Kann eine Affäre auch dann schaden, wenn der andere gar nicht von ihr erfährt? Die Antwort lautet: *Ja.* Sie kann das nicht nur, sie tut das auch. Und sie tut es sogar beinahe immer.

UNZUFRIEDENHEIT BEFEUERT UNTREUE

Es gibt eine ganze Reihe von Gründen, die zu einem Seitensprung oder einer lange andauernden Affäre führen. Sehr narzisstische Partner neigen zum Beispiel zu Affären. Und je höher die berufliche Position und das Einkommen eines Mannes sind, desto wahrscheinlicher ist es, dass er fremdgeht. Er ist ja so wichtig!

Der Hauptgrund für Untreue ist allerdings ein anderer: Zumeist ist der untreue Partner in seiner Partnerschaft nicht wirklich zufrieden. Wissenschaftliche Untersuchungen belegen, dass Unzufriedenheit in der Partnerschaft zwar nicht das einzige, aber doch das wichtigste Motiv für eine Affäre ist – für einen Seitensprung übrigens auch. In der Regel kommt es also nicht deshalb zu einer Affäre, weil jemand ein erotisches Angebot erhalten hat. Am Beginn der meisten Affären steht vielmehr das Interesse am Gegenüber. Der oder die »andere« hört aufmerksam und neugierig zu, ist ein guter Gesprächspartner, der Zuwendung gibt und Bestätigung. Das macht den Kontakt zu ihm so unwiderstehlich interessant. Der Sex kommt bei den meisten Affären erst viel später ins Spiel.

Ist ein Partner in der Beziehung unzufrieden, dann ist es seine Aufgabe, seine Beziehung zu verbessern. Wer fremdgeht, der tut genau das aber nicht. Er flüchtet sich stattdessen in die Arme eines anderen. So weicht er der nötigen Auseinandersetzung mit der Frage aus, wie er in seiner aktuellen Beziehung glücklicher oder zufriedener werden kann. Und die wird dadurch logischerweise nicht besser. Möglicherweise wird sie sogar schlechter.

Kein Wunder: Wenn sich jemand einem Dritten zuwendet, dann bekommt sein Partner oft noch weniger Aufmerksamkeit und Zuwendung als zuvor. Und die Beziehung leidet noch stärker.

DIE UNTREUE SCHADET AUCH DEM UNTREUEN PARTNER

Oft wird allerdings der untreue Partner zufriedener *mit sich und seinem Leben*. Auch kein Wunder, bekommt er doch Anerkennung und Bestätigung durch seine Außenbeziehung. Er hat also seine eigene Lebenszufriedenheit verbessert – auf Kosten der Überlebenschancen seiner langjährigen Partnerschaft. Langfristig kein guter Tausch, meine ich!

Das Doppelleben des untreuen Partners hat auf lange Sicht gravierende Nachteile – auch für ihn selbst. Wer untreu ist, der führt ein Doppelleben, das keine innere Heimat bietet. Ich erlebe diesen Effekt oft in der Beratung, wenn untreue Partner erzählen. *Zwei Männer sind weniger als einer; zwei Frauen sind weniger als eine* – diese Weisheit bewahrheitet sich sehr oft.

Dazu kommt noch, dass Untreue für den fremdgehenden Partner oft nicht gut ausgeht: Viele untreue Menschen stehen am Ende mit leeren Händen da. Die Beziehung löst sich auf, weil sie vernachlässigt wurde oder weil die Affäre auffliegt. Und die neue Nebenbeziehung erfüllt die in sie gesetzten Erwartungen meist auch nicht. Nur in drei Prozent der Fälle wird aus einer Affäre am Ende eine stabile Partnerschaft. Ehen, die aus einer Affäre hervorgegangen sind, haben darüber hinaus auch eine extrem hohe Scheidungswahrscheinlichkeit.

Untreue schadet darüber hinaus auch dann, wenn niemand hintergangen wird. Das liegt an den mittel- und langfristigen Konsequenzen der Untreue und daran, dass wir nicht in der Lage sind, die Untreue und was sie nach sich zieht zu steuern. Schauen wir uns so einen Fall einmal genauer an: Karen (35) hat schon lange kaum noch Sex mit ihrem Mann Lars (38). Lars ist ein erfolgreicher Manager, hat selten Zeit für sie und findet, seine

Frau soll sich für den Sex einen Lover zulegen. Sie sehen, Lars ist ein moderner Mann. Karen ihrerseits ist eine moderne Frau. Was hat sie früher, vor der Ehe, nicht für ein bewegtes Liebesleben gehabt! Deshalb denkt auch sie: Warum soll ich nicht einen Lover haben? Und so nimmt das Verhängnis seinen Lauf.

Nun hat man ein tolles Haus, zwei Kinder (acht und sechs Jahre alt), drei Autos – und einen – einvernehmlich ins Spiel geholten – Lover. Auf den ersten Blick scheint alles einwandfrei. Karens Mann weiß zwar nichts von dem Liebhaber, kann aber wohl kaum als hintergangener Ehemann gelten. Er hat die »Lösung« immerhin vorgeschlagen. Eine Weile geht das Arrangement gut. Nach fünf Monaten aber verliebt sich Karen in ihren Liebhaber. Dumm gelaufen! So etwas war im Drehbuch von Lars und Karen nicht vorgesehen. Sie sollte mit einem Lover ein wenig Spaß haben – mehr aber auch nicht.

Schon bald sind die Abende und Nächte mit ihrem Mann für Karen eine nervenaufreibende Qual. Sie denkt unaufhörlich an ihren Liebhaber David, sehnt sich nach seinem Körper und den intensiven Gesprächen mit ihm. Außerdem kann sie Berührungen durch ihren Mann kaum noch ertragen. »Ehemann + Lover = Zufriedenheit« – diese Gleichung geht bei Karen ganz offensichtlich nicht auf. Das Schlimmste daran: Auch Karen weiß, dass David zwar ein toller Lover ist, sich aber für eine feste Beziehung nicht eignet. Und trotzdem ist sie außerstande, ihm »Ade!« zu sagen und sich für ihren Mann zu entscheiden. Verständlich. Denn gegen die Macht der Verliebtheitshormone kommen wir Menschen in der Regel nicht an. Sex führt beim Menschen immer auch zur Ausschüttung von Bindungshormonen. Und die tun ihre Arbeit ausgesprochen gründlich und gewissenhaft.

Viele untreue Partner verlieben sich deshalb in den Geliebten oder die Geliebte. Insbesondere Frauen, die mit dem Sex in der Partnerschaft unzufrieden sind, verlieben sich oft in ihre außereheliche Affäre. Möglicherweise sind sie ja wirklich nur mit dem Mangel an Sex unzufrieden, so wie es Karen anfangs auch war. Vielleicht fehlt ihnen aber doch mehr. Erst nach und nach hat Karen gespürt, wie wohl ihr Davids Zuwendung und sein Interesse taten. David hatte Zeit für sie. Und er hörte ihr aufmerksam zu. David erwartet sie schon voller Sehnsucht, ein leidenschaftlicher Kuss, eine enge Umarmung, bei der sie seinen Körper fühlt, seinen Geruch wahrnimmt und seine Erregung spürt. Welch ein Kontrast zur ehelichen Routine von Karen und Lars – mit flüchtigem Kuss zum Abschied und zur Begrüßung, ohne die innige Verbundenheit, die in der Anfangszeit der Verliebtheit vorherrschte.

Und das ist der zweite Grund, warum Karen in der Tat kaum eine Chance hat, sich gegen ihren Lover zu entscheiden. Es sind ja nicht nur die Hormone, sondern auch Davids Verhalten. Nichts von dem, was er tut, ist ungewöhnlich für frisch verliebte Paare oder für einen Lover, der ganz zufrieden damit ist, nur ein Lover zu sein. Aber Karen spürt dadurch auch, wie schmerzlich sie die Leidenschaft einer Umarmung oder eines Kusses vermisst hat. Das starke Begehren von David – wie lange schon gab es so etwas nicht mehr mit Lars? Dass Karen Lars und David vergleicht, das ist unausweichlich. Und dass Lars bei diesem Vergleich schlecht abschneidet, ist ebenfalls nicht zu verhindern.

Dieser Schmerz über das, was Karen mit Lars fehlte, wird schon bald Folgen haben. Sie wird nicht sich selbst anklagen, dafür dass sie und Lars so lieblos nebeneinanderher gelebt haben. Stattdessen wird sie ihre Wut und ihren Ärger gegen Lars richten. Das ist selbstgerecht, keine Frage. Aber es ist auch menschlich. Ihre Wut auf Lars wird am Ende entscheidend zur Trennung beitragen.

Was für Karen als unverbindliche Liebesaffäre begann, entpuppt sich als ernste Liebeskatastrophe. Schon bald nachdem sie sich verliebt hat, kann sie neben ihrem Mann kaum noch schlafen. Ihr Herz pocht laut, sie kommt nicht mehr zur Ruhe, hat Schweißausbrüche. Die anhaltende nächtliche Panik zieht Schlaflosigkeit nach sich. Und der Mangel an Schlaf führt zu einer psychischen Destabilisierung. Karen schreit die Kinder an, ist beim

Autofahren unkonzentriert und hat beinahe einen schweren Unfall. Nach zwei Wochen ist sie völlig erschöpft und bittet ihren Mann auszuziehen. Eine andere Möglichkeit gibt es zu diesem Zeitpunkt nicht mehr. Leider.

DIE VERPASSTE CHANCE, DIE PARTNERSCHAFT ZU SCHÜTZEN

Karen und Lars haben die Chance nicht genutzt, ihre Partnerschaft zu erhalten. Beide haben den Sex nicht wirklich ernst genommen. Sie haben nicht gesehen, dass Sex und Bindung beim Menschen zusammengehören. Alles andere war ihnen wichtiger. Der Job. Das viele Geld, das Lars verdiente. Die Verabredungen mit einflussreichen Arbeitskollegen. Das Haus. Die Kinder. Das alles hatte Priorität. Nur Sex war angeblich nicht nötig, um eine glückliche und stabile Partnerschaft zu haben. Sex war ja nur Fun – und Fun, das war gestern. Beide Partner haben sich in diesem Fall grob fahrlässig verhalten. Den Sex aus der Beziehung auszulagern, das ist eine abseitige und destruktive Idee. Sex lässt sich nicht gefahrlos und ohne jede Folgen an einen Lover delegieren. Karen und Lars haben das sehr schmerzhaft erfahren.

Die Alternative liegt auf der Hand: Dass Lars diesen Vorschlag überhaupt gemacht hat, war absolut inakzeptabel! Karen hätte ihn sofort zurückweisen müssen. Und sie hätte ihrem Mann deutlich machen müssen, dass sie *ihn* braucht, *seine* Zeit, *seine* Aufmerksamkeit. Und Sex mit ihm. Sie hätte ihm ihre Bedürfnisse nach Sexualität, nach Zärtlichkeiten und körperlicher Nähe deutlich machen müssen. Ohne Wenn und Aber. Karen hätte stattdessen einen *Warnschuss* abgeben sollen. Sie hätte ihre Unzufriedenheit in aller Deutlichkeit vortragen sollen. Ohne Vorwürfe. Sie hätte von sich und ihren Wünschen sprechen sollen. Von ihren Wünschen nach körperlicher Nähe, nach Intimität und nach Sexualität. Sie hätte deutlich machen müssen, dass sie ohne diese Intimität nicht in der Partnerschaft bleiben kann und wird. Und dann hätte sie schauen müssen, was passiert.

WARNHINWEISE SIND NICHT UNFAIR –
EINE HEIMLICHE AFFÄRE ABER SCHON

Ich fordere in der Beratung Partner immer wieder auf: Geben Sie Ihrem Partner oder Ihrer Partnerin durch eine deutliche Ansage die Gelegenheit, sich zu besinnen und etwas zu tun, damit Sie zufriedener werden. Ein derartiger *Warnschuss* ist keine böse Drohung und keine Erpressung. Sie setzen Ihren Partner auf diese Weise auch nicht unfair unter Druck. Sie weisen ihn (oder sie) vielmehr auf die Realitäten hin. Wenn er (oder sie) eine echte Chance haben soll, dass die Beziehung Bestand hat, dann sollten Sie rechtzeitig und deutlich sagen, was in einer Beziehung mit Ihnen geht – und was nicht. Und der andere sollte die Gelegenheit haben, darauf zu reagieren.

Manchmal sind unzufriedene Ehepartner regelrecht schockiert, wenn ich ihnen zu so einer drastischen Vorgehensweise rate. Und möglicherweise denken Sie ähnlich. Vielleicht vermag Sie der Brief eines Mannes umzustimmen, der nie wirklich begriffen hat, wie unglücklich seine Frau an seiner Seite war. Erst als sie einen anderen Mann kennengelernt hatte, erkannte er den Ernst der Lage – zu spät.

Liebe Unbekannte, lieber Unbekannter,
falls du darüber nachdenkst, deinen Partner zu betrügen, oder resigniert bist, weil der Sex in deiner Beziehung nicht so ist, wie du ihn dir wünschst, bitte ich dich: Sag deinem Partner oder deiner Partnerin, wie ernst es dir mit deiner Unzufriedenheit ist, bevor du alles mit einer Affäre noch komplizierter machst. Bitte unternimm wirklich alles, was in deiner Macht steht, um deinem Partner oder deiner Partnerin klarzumachen, was passieren wird, wenn sich zwischen euch beiden nichts ändert.

Wahrscheinlich denkst du, dass du ihm oder ihr doch bereits alles gesagt hast. Aber ich denke, dass er oder sie wissen sollte, wie wichtig dir eine sexuell lebendige Beziehung ist und dass eure Ehe oder Beziehung in großer Gefahr ist, zu zerbrechen.

Bitte sag es ihm ganz direkt, dass du ernsthaft darüber nachdenkst, dir einen Menschen zu suchen, der dir die Art von Liebe und von Zuwendung gibt, die du verdienst – und die du von deinem Partner nicht bekommst. Bitte tu es um deinetwillen und seinetwillen, gib ihm die Möglichkeit, etwas zu ändern.

Wenn er das nicht kann oder nicht will und du in der Tiefe deines Herzens spürst, dass du alles getan hast, was du kannst, um eure Beziehung lebendig zu erhalten, dann geh und verlasse ihn. Oder bitte ihn auszuziehen. Aber beginn bitte keine Affäre.

Ich würde alles darum geben, meiner Frau sagen zu können, wie tief meine Gefühle für sie sind. Wie sehr ich sie liebe. Ich würde alles darum geben, wenn ich sie um Verzeihung bitten und ihr sagen könnte, was für ein kompletter Idiot ich war, da ich ihr das alles nicht gezeigt habe, als ich noch die Gelegenheit dazu hatte.

Sie hat versucht, mir zu sagen, was ihr fehlte. Aber ich habe es nicht verstanden. Jetzt verstehe ich es! Jetzt, wo sie sich einem anderen zugewandt hat und ich ihr Herz nicht mehr erreichen kann. Ich war ein Idiot, ein Volltrottel. Aber was hilft mir das jetzt noch? Nichts.

Mich hat dieser Brief sehr berührt. Das liegt sicher auch daran, dass er von einem Mann ist. Einem Mann, der den Sex in seiner Partnerschaft als unwichtig ansah. Einem Mann, der nicht verstand, warum seine Frau den Sex, diese Königsdisziplin einer jeden Partnerschaft, ebenso dringend brauchte wie Umarmungen und Küsse. Einem Mann, der am Ende traurig und mit leeren Händen dasteht – weil er das Wichtigste verloren hat, was seinem Leben Halt, Bedeutung und Sinn verlieh: die Beziehung zu seiner Frau.

IRRTUM **NR. 11:**

»ÜBER SEX MUSS MAN NICHT REDEN.«

Wieso das Gespräch über Sex
der beste Weg zu mehr und
zu besserem Sex ist

Die meisten Paare scheuen das Gespräch über ihre Sexualität.
Es ist ihnen peinlich, ihre Wünsche und Bedürfnisse auszuspre-
chen. Oder sie denken, dass man über Sex nicht reden muss. Man
hat Sex – aber man spricht nicht darüber, weil der andere von
allein merken soll, was einem gefällt.

Maren und Jakob machen es anders. Sie liegen im Bett und
unterhalten sich. Über Sex. Die beiden lieben das Gespräch über
ihren Sex. Sie reden gern über ihre sexuellen Vorlieben. Und auch
über ihre Abneigungen. Aber zumeist reden sie über ihre Vorlieben. Diese Gespräche führen die beiden noch nicht lange. Noch
vor einem Jahr hatten sie einfach so Sex miteinander. Der war
mal besser und mal schlechter, ganz wie das Leben eben so spielt.
Darüber haben sich die beiden auch nicht unterhalten. Es war
einfach so, wie es war.

Dann war Maren eines Tages bei einem Vortrag über Sexualität. In der Fragerunde am Ende des Vortrags fragte Maren den
Referenten, einen Sexualwissenschaftler, was denn die Wissenschaft darüber weiß, welche Paare guten Sex haben und welche
mittelmäßigen. Oder schlechten. Der Referent hat sich ein paar
Sekunden zum Nachdenken genommen. Und dann hat er gesagt:
»Paare mit gutem Sex reden gern über ihre Sexualität.«

FASSEN SIE SICH EIN HERZ

Bis dahin war Maren davon ausgegangen, dass das nicht nötig ist und dass ein Partner einfach spüren sollte, was der andere mag – und was nicht. Dass Gespräche über Sex zu besserem Sex führen sollten, das war ihr neu und auch ein wenig fremd. Trotzdem hat sich Maren am nächsten Tag ein Herz gefasst und mit Jakob ein Gespräch über Sex begonnen. Und seither reden die beiden immer mal wieder so miteinander. Ihrer Sexualität sind diese Gespräche gut bekommen. Jakob weiß jetzt viel genauer als zuvor, was Maren beim Sex ganz besonders mag. Umgekehrt ist es ebenso. Und so genießen Maren und Jakob viel häufiger das, was ihnen gefällt.

Stellen Sie für Ihre Partnerschaft sicher, dass Ihr Partner weiß, was Sie sich wünschen. Sie haben keine große Chance, in der Sexualität das zu bekommen, was Sie sich wünschen, wenn Sie nicht deutlich sagen, was das genau ist. Stellen Sie sicher, dass auch Sie wissen, was Ihre Partnerin oder Ihr Partner sich wünscht, was er (oder sie) beim Sex ganz besonders schön findet – und was ihm (oder ihr) weniger Freude macht. Meiden Sie bei solchen Gesprächen unbedingt jede Form der Diskussion. Wenn ein Paar diskutiert, dann ist es im Wer-hat-Recht-Modus. Damit schadet es der Intimität. Denken Sie immer daran, dass wir alle in einer Partnerschaft vor allem eines möchten: *Wir wollen verstanden werden.* Sinnvolle Paargespräche drehen sich um die Gefühle, Wünsche und Hoffnungen der beiden Beteiligten.

Stellen Sie also Fragen. Seien Sie neugierig. Versuchen Sie herauszubekommen, wie Ihr Partner die Dinge sieht. Ein Partner, der den Eindruck hat, dass Sie ihn und seine Sicht der Dinge verstanden haben, ist eher bereit, auch Ihre Sicht der Dinge anzuhören und zu verstehen, was Sie sich wünschen. Und so werden Sie beide zufriedener mit Ihrer Sexualität.

Wie die Gespräche über Sex bei einem Paar ablaufen, kann ganz unterschiedlich sein. Auch Jens und Nina unterhalten sich gern über Sex, aber ganz anders als Maren und Jakob. Hören wir ihnen einmal zu. Um nicht allzu aufdringlich zu sein, kommt dieser voyeuristische Blick in das Intimleben dieses Paares jetzt nicht als Video-Link zu Ihnen. Sie bekommen diesen Sextalk stattdessen schwarz auf weiß hier zu lesen:

Jens (legt sich nackt in Ninas Rücken)

Nina: Ah, das ist schön! Ich mag das so sehr, einfach nur in deinen Armen zu liegen und dich zu spüren.

(Etwas später)

Jens: Rückenkraulen liebe ich sehr!

(Viel später)

Nina: Wow, warst du gut.

Jens: Kein Wunder. Bei so einer feurigen Liebhaberin!

Nina: Wir waren gut. Schön, dass wir jetzt so oft tollen Sex haben.

Und am nächsten Morgen – die beiden verabschieden sich mit einer langen, engen Umarmung und einem beinahe ebenso langen Kuss:

Jens: Sex mit dir ist einfach klasse!

(Nina strahlt)

Nina und Jens werden schon bald wieder Sex haben, wahrscheinlich schon heute Abend. Dafür sprechen drei Faktoren.

Erstens die positive Art, in der die beiden über ihren Sex reden. Sie bestätigen einander gern und oft, dass sie den Sex genießen.

Zweitens die Umarmung, mit der sich die beiden verabschiedet haben und mit der sie sich am Ende des Tages auch wieder begrüßen werden.

Und *drittens* liegt es an dem Kuss – genauer gesagt daran, wie lange er dauert.

Sagen Sie Ihrem Partner, wie sehr Sie den Sex mit ihm mögen. Durch positive Äußerungen verstärken Sie in Ihrer Beziehung das entsprechende Verhalten des Partners. Nutzen Sie die Chance, den anderen durch Lob und positive Zuwendung zu bestärken.

Dieser Sex-Tipp funktioniert übrigens nicht nur, wenn Sie wollen, dass es häufiger Sex gibt. Sie können durch positive Äußerungen auch erreichen, dass Ihre ganz konkreten sexuellen Wünsche umgesetzt werden. Wenn Sie sich also zum Beispiel mehr Oral-sex wünschen (oder mehr Zärtlichkeiten), dann ist der effektivste (und höflichste!) Weg zu Ihrem Ziel ganz klar das *Lob*. Sie sagen Ihrem Partner, wie sehr Sie es mögen, wenn er Sie oral befriedigt (oder zärtlicher zu Ihnen ist).

Wenn Sie noch eins draufsetzen wollen, dann dürfen Sie sich nach dem Sex sogar dafür bedanken, dass der andere Ihrem Wunsch entgegengekommen ist. Wenn Sie genau wissen, dass Ihr Partner nicht so sehr für Oralsex zu haben ist (oder für mehr Zärtlichkeiten – ja, auch das gibt es) und er das nur Ihnen zuliebe tut, dann ist ein solcher Dank besonders wichtig. Durch positive Äußerungen das entsprechende Verhalten des Partners zu bestär-ken, das klappt natürlich nicht nur im Bereich der Sexualität. Es funktioniert auch im sonstigen Leben eines Paares wunderbar (▶ Irrtum Nr. 20: Den Partner kann man nicht ändern).

IRRTUM **NR. 12**:

»ERST KOMMT DIE LUST UND DANN DER SEX.«

Wieso die Verabredung zum Sex eine gute Idee ist

Wer heutzutage etwas auf sich hält, der plant alles Wichtige stundengenau ein. Was aber ist wichtig? *Berufliches* ist wichtig: Konferenzen, Meetings, Geschäftsreisen. Auch der Besuch bei den Schwiegereltern über Pfingsten und ähnliche Verpflichtungen müssen fest eingeplant werden. Was aber ist mit den wirklich wichtigen Dingen im Leben – wie beispielsweise dem Sex? Darf Sex geplant werden?

Die meisten Menschen denken, dass die Antwort auf diese Frage »Nein« lautet. Doch das ist ein Irrtum. Wenn der Sex wichtig ist, darf er ruhig auch einen Termin bekommen. Und bei vielen Paaren *darf* er das nicht nur, sondern *muss* es sogar – zumindest dann, wenn sie viel Stress haben und auch nach dem Ende der Verliebtheit noch häufig Sex genießen möchten. Sex im Kalender – das ist *Sextiming*. Und da ein Paar sich beim Sextiming auf ein Date für Sex einigt, gibt es auch den Begriff *Sexdating*.

PAAR- UND SEXUALTHERAPEUTEN RATEN ZU SEXDATING

Sextiming ist ein Standardtipp von Paar- und Sexualtherapeuten. Das liegt daran, dass sich Sexdating in der Praxis als sehr wirksam erwiesen hat. Das habe auch ich als Berater schon oft erlebt. Viele Paare, die bereits seit Wochen keinen Sex mehr hatten, haben mit diesem Tipp meine Praxis verlassen und ich ahnte: Heute Abend werden sie es damit versuchen. Sie werden sich zum ersten Mal in ihrem Leben zum Sex verabreden. Erfolgreich. Ob dieses Date tatsächlich auch im Kalender steht, das ist mir einerlei. Ich freue mich über den schnellen Erfolg der Beratung.

Trotz seiner Wirksamkeit ist das *Sextiming* oder *Sexdating* bislang noch nicht populär geworden und wird auch nur von wenigen Paaren praktiziert. Denn Sex nach Verabredung oder gar nach Terminkalender, das klingt in den Ohren vieler Paare einfach zu unromantisch. Es klingt nach »Sex auf Befehl«, nach einem bemühten und wenig gefühlvollen Miteinander – statt nach rauschender Leidenschaft und zerwühlten Laken. Da sind noch ein paar Vorurteile abzubauen – und einige Irrtümer über die Biologie des menschlichen Begehrens.

WAS IST DRINGEND – WAS IST WICHTIG?

Die Kernidee von Sexdating lautet: Ist der Stress eines Paares groß, dann fällt die Sexualität bei all den vielfältigen Anforderungen des Berufs und der Familie schnell hinten runter. Das hat auch damit zu tun, dass wir zwischen *dringenden* und *wichtigen* Anforderungen, Aufgaben und Wünschen unterscheiden. Dringende Dinge werden sofort erledigt. Weniger dringende – aber dennoch wichtige – werden dagegen aufgeschoben. Wer so vorgeht, der kann große Probleme bekommen, beruflich wie privat. Auch beruflich ist es wichtig, sich Freiräume für die nicht dringenden, aber wichtigen Angelegenheiten zu schaffen. Bei all den dringenden Entscheidungen, die Tag für Tag getroffen werden müssen, geraten sonst die mittel- und langfristigen Chancen und Perspektiven eines Unternehmens oder einer Organisation schnell aus dem Blick. Die vielen dringenden Angelegenheiten verhindern, dass die wirklich wichtigen angegangen werden.

Privat ist das ganz ähnlich: Sex ist selten wirklich dringend. Nur frisch Verliebte neigen dazu, das so zu empfinden. Für alle anderen gilt: den Sex aufzuschieben, das geht immer. Und so wird in vielen Partnerschaften in Stresszeiten aufgeschoben was das Zeug hält. Dieses Phänomen lässt sich vor allem bei jungen Eltern beobachten. Das Neugeborene fordert – viel Zeit und viel, viel Energie. Und seine Eltern haben schnell ein echtes Zeitproblem und ein Energieproblem dazu. Etwas so wichtiges wie eine lebendige Sexualität – die beste Zukunftsinvestition, die ein Paar tätigen kann – fällt dabei leicht unter den Tisch. Das geht, wie wir bereits gesehen haben (▶ Irrtum Nr. 5: Sex geht immer, auch bei Stress), nicht nur Eltern so: Auch kinderlose Paare geraten in die Falle namens »Wir-schaffen-nur-noch-das-Dringende«. Zwei anstrengende Jobs, Freunde, Bekannte, Verwandte, Hobbys, Sport. Das alles zusammen kann auch eine Menge Stress ergeben.

UND SO FUNKTIONIERT SEXDATING

Ein Paar verabredet einen Zeitpunkt für den gemeinsamen Sex. Wenn Sie möchten, können Sie sich natürlich auch erst einmal »zum Kuscheln« verabreden, dann sind Sie möglicherweise entspannter. Ist der Termin dann da, heißt es: Jetzt ist Zeit für Sex. Und die sollte das Paar auch nutzen. Wenden Sie sich körperlich einander zu, küssen und streicheln Sie einander, schmiegen Sie sich an den Partner – und dann schauen Sie, was passiert. Bleibt es beim Küssen, beim Streicheln und beim Kuscheln? Oder wird vielleicht doch mehr daraus? Was glauben Sie?

Joggen oder Yoga nach Kalender, das leuchtet uns allen ein. Aber Sex nach Kalender, das ist für die meisten Menschen schwer vorstellbar. Dabei ist es mit dem Sex ganz ähnlich wie mit dem Joggen oder dem Yoga. Die Lust kommt in den meisten Fällen beim Tun. Nach zwei Runden durch den Stadtpark fühlt sich der Körper einfach gut an und die anfängliche Unlust ist vergessen. Nach 20 Minuten Yoga ist die Unlust (»Soll ich mich heute wirklich aufraffen?«) vergessen. Das ist beim Sex nicht anders. Auch da entsteht die Lust beim Tun, auch wenn vorher die Stimmung gar nicht danach ist: Einmal dabei, entsteht oft Lust auf mehr.

Sex nach Terminkalender beziehungsweise Sex auf Verabredung ist für die meisten Paare, die es ausprobieren, eine sehr gute Erfahrung. Allerdings gibt es einige Regeln. Die wichtigste lautet: Alles *darf* sein, nichts aber *muss*. Ob beim Küssen und Streicheln auch die Lust auf mehr entsteht, dass wird sich zeigen. Wenn ja – gut. Wenn nicht – auch gut.

WARUM FUNKTIONIERT SEXDATING SO GUT?

Erstens muss beim Sexdating niemand den Anfang machen. Bei vielen Paaren ist es sonst so, dass einer von beiden häufiger den Anstoß zum Sex gibt und sich über die mangelnde Bereitschaft des anderen beklagt – denn er möchte auch ab und an das Gefühl genießen, begehrt zu werden. Verständlich. Ein Date für einen Zeitpunkt für Sex zu vereinbaren, kommt deshalb Paaren entgegen, bei denen einer der Partner zurückhaltender mit seinen Avancen ist.

Zweitens muss keiner von beiden »in der Stimmung« sein. Das macht Sex sehr viel einfacher – und sehr viel wahrscheinlicher. Ab einem bestimmten Level an Stress und an Müdigkeit haben die meisten Menschen keine spontanen erotischen Regungen mehr (▶ Irrtum Nr. 5: Sex geht immer, auch bei Stress). Deshalb eignet sich Sexdating für alle Paare mit viel Stress, egal ob sie Kinder haben oder nicht. Beim Streicheln, Küssen und Einander-nahe-Sein stellen sich in der Regel erotische Gefühle wie von selbst ein. Gefühle, von denen vorher nichts zu spüren war.

Drittens muss ein Mann bei dieser Form der Sexualität weder erregt sein noch muss er überhaupt eine Erektion bekommen. Männer haben dadurch weniger Versagensängste – und die gehören zu den wichtigsten Gründen, weshalb Männer Sex meiden, obwohl sie gern welchen hätten (▶ Irrtum Nr. 14: Männer können und wollen immer).

Allein das Sexdating kann deshalb einem Paar zu sehr viel mehr Sex verhelfen. Und häufiger Sex ist für die allermeisten Menschen auch besserer Sex.

IRRTUM **NR.13**:

»BEIM SEX KOMMT ES AUF DIE QUALITÄT AN.«

Wieso häufiger Sex meist auch guter Sex ist

»Die Kuh scheißt immer auf den größten Haufen« heißt ein bekannter und ziemlich derber Spruch. Eine Bauernregel eben. »Wer hat, dem wird gegeben« lautet eine andere, deutlich seriöser klingende Weisheit. Immerhin stammt Letztere aus der Bibel. Sie steht im Matthäus-Evangelium und wird deshalb auch *Matthäus-Regel* genannt. Die Wissenschaft konnte die Gültigkeit dieser Regel für so viele Lebensbereiche des Menschen nachweisen, dass sie die Bezeichnung Matthäus-Effekt bekam. Jeder von uns kennt das Phänomen: Wer eine interessante Arbeit hat und viele Freunde, der hat oft auch noch einen netten Partner an seiner Seite. Wer viel weiß, lernt Neues umso leichter. Und wer ohnehin schon in seiner Beziehung glücklich ist, der hat oft auch noch richtig guten Sex. Auch hier gilt also die *Matthäus-Regel*. Wie ungerecht das Leben sein kann!

ES SIND EINMAL MEHR – DIE HORMONE

Wer viel Sex hat, bekommt noch mehr – und auch besseren! Beim Sex spielt der Matthäus-Effekt also auch eine Rolle, und das scheint hormonell bedingt zu sein. Die Hormone, die beim Sex ausgeschüttet werden, erhöhen nämlich zum einen unsere Lust auf weiteren Sex. Und es kommt noch besser: Häufiger Sex macht das sexuelle Erleben auch intensiver. Aus diesem Grund erinnern sich viele Menschen so überaus wehmütig an die Zeit der Verliebtheit, als sie sehr häufig Sex hatten. Der Sex damals war *nicht nur* aufgrund der Verliebtheit ganz besonders schön. Er war auch *häufig* und deshalb so bezaubernd und beglückend. Das gilt natürlich nicht, wenn die Sexualität lustlos betrieben wird, unter Druck oder aus einem Pflichtgefühl heraus.

Genauso verhält es sich übrigens auch umgekehrt: So wie der Sex den Sex nährt, so nährt der Nicht-Sex den Nicht-Sex. Hat ein Paar sehr selten Sex, zum Beispiel wegen einer längeren Krankheit oder wenn Kinder kommen, dann führt der seltene Sex leider zu noch seltenerem Sex. Und dieser seltene Sex ist weniger intensiv und weniger verbindend, was zu immer mehr Frust führt.

Sie können diesen Trend umkehren, versuchen Sie es: Nehmen Sie sich die Zeit für Sex an einem kinderfreien Wochenende oder im Urlaub. Glauben Sie mir: Hat ein Paar über zwei Wochen täglich oder alle zwei Tage Sex, dann fällt es ihm anschließend schwer, nicht weiterhin häufig Sex zu haben. Und das ist die beste Versicherung gegen eine Scheidung oder Trennung, die es gibt.

So betrachtet kann man sagen, dass häufiger Sex beinahe so etwas wie eine gute Angewohnheit ist. Deshalb ist die Verabredung zum Sex auch ein so wirkungsvoller Weg, den Sex eines Paares zu beleben (▸ Irrtum Nr. 12: Erst kommt die Lust und dann der Sex).

Häufiger Sex ist ganz eindeutig auch eine Frage der Entscheidungen, die wir treffen. Denn Sex zu haben oder nicht, das ist nicht einfach nur eine Frage der Lust. Es ist auch eine Frage der Prioritäten, die wir setzen. Und wenn Sie finden, dass Sex wichtig für Ihr Leben ist, dann sollten Sie möglicherweise Ihre Prioritäten überdenken. Muss es denn wirklich der Liebesfilm im Fernsehen sein? Ist das Fußballspiel der Lieblingsmannschaft wirklich wichtiger, als leidenschaftliche Sexualität mit dem Menschen zu genießen, den Sie lieben? Sie selbst entscheiden, was Sie wichtig genug finden, um es oft zu tun.

IRRTUM **NR. 14**:

»MÄNNER KÖNNEN UND WOLLEN IMMER.«

Warum Männer – so wie Frauen – manchmal keinen Sex wollen

In meiner Praxis erlebe ich immer wieder: Männer sind keinesfalls die immer bereiten Sexmaschinen, als die dieser Mythos sie darstellen will. Die vier wichtigsten Gründe, warum ein Mann keinen Sex will, sind meiner Erfahrung nach die folgenden:

- *Erstens:* Er fühlt sich zu häufig kritisiert und zieht sich deshalb nach und nach emotional von seiner Frau zurück.
- *Zweitens:* Er hat einfach zu viel Stress, zum Beispiel im Beruf.
- *Drittens:* Seine Partnerin reagiert negativ, wenn er mal keine Lust hat. Und so verstärkt sich seine Unlust weiter.
- *Viertens:* Er lebt in einer Beziehung, in der einer der Partner – oder beide – Konflikte um jeden Preis meiden.

Zum Vergleich will ich auch gleich »meine« Liste der Gründe anführen, die einer Frau die Lust auf Sex nehmen:

- *Erstens:* Sie fühlt sich häufig kritisiert und spürt nur sehr wenig Wertschätzung.
- *Zweitens:* Sie hat sehr viel Stress, etwa im Beruf oder mit den Kindern – oder mit der Vereinbarkeit von Beruf und Familie.
- *Drittens:* Ihr Mann reagiert negativ, wenn sie mal keine Lust hat. Das verstärkt ihre Unlust weiter.

- *Viertens*: Diese Frau und/oder ihr Partner neigt zu ständiger Konfliktvermeidung.

Sie sehen, die Unlust-Gründe sind im Grunde identisch. Männer und Frauen wollen aus den gleichen Gründen heraus *keinen Sex*. Und sie sehnen sich in einer Partnerschaft exakt nach den gleichen Dingen: Nach positiver Zuwendung, nach Anerkennung und nach Wertschätzung. Sie sehnen sich nach *Positivität*.

Zusätzlich zu den vier aufgeführten Gründen ist die Sexualität von männlicher Seite sogar noch etwas mehr bedroht. Der fünfte Grund ist, dass Männer von sich selbst auch erwarten, *immer zu können und zu wollen* – es gibt schließlich ein Klischee, das bedient werden will! Haben sie dann aber zum Beispiel viel Stress und deshalb keine Lust und ihre Partnerin macht ihnen in dieser Situation ein eindeutiges Angebot, dann fühlen sie sich unmännlich – weil sie selbst von sich erwarten, dass ein Mann immer kann und immer will. Diese Gefühle können dazu führen, dass Männer die Sexualität mehr und mehr meiden.

Es gibt noch einen weiteren spezifisch männlichen Weg in die Unlust: Er startet mit seiner Partnerin ins erotische Vergnügen – bekommt dann aber keine Erektion. Das ist nicht wirklich ungewöhnlich. Es ist vielmehr normal (▶ Irrtum Nr. 7: Erektionsprobleme haben hauptsächlich körperliche Ursachen). Trotzdem kann auch das bei einem Mann zu Gefühlen der Unmännlichkeit führen – wenn er (oder seine Partnerin) erwartet, dass er immer und bei jeder sich bietenden Gelegenheit eine Erektion hat. Die Gefühle der Unmännlichkeit sind so unangenehm, dass diese Männer sich bemühen, solchen Gefühlen auszuweichen sowie den Situationen, in denen diese Gefühle entstehen.

FÜNF GRÜNDE FÜR SELTENEN SEX

Ich möchte mit Ihnen gemeinsam diese sechs Gründe für ein »Nein« zum Sex näher betrachten. Es gibt selbstverständlich noch eine Vielzahl weiterer Motive.

Erstens: Zu viel Kritik und ein Mangel an Anerkennung in der Partnerschaft sabotieren die Sexualität. Es entstehen dabei schlicht zu viele negative Gefühle (»So sollte sie nicht mit mir sprechen!«; »Ich mache hier alles – und was bekomme ich dafür: Spott und Hohn!«). Diese Gefühle machen eine leidenschaftliche Sexualität unmöglich. Die *Macht der Positivität* findet hier ihr zerstörerisches Gegenstück: die *Macht der Negativität*. Damit meine ich Verhaltensweisen wie Herabsetzung, Nörgeln und Verachtung. Sie schädigen die Gefühle eines Paares und in der Folge auch die partnerschaftliche Sexualität schwer. Sie haben sogar das Potential, das Sexleben eines Paares völlig zum Erliegen zu bringen.

Verwunderlich ist das nicht. Anerkennung, Zuwendung und Wertschätzung zu erfahren – das ist das wichtigste Motiv dafür, eine Partnerschaft einzugehen. Bleibt diese positive Zuwendung aus, dann ist eine Beziehung langfristig in Gefahr. Sie befindet sich auf der *glitschigen Ebene* und driftet in Richtung Abgrund, und die gemeinsame Sexualität ist dabei häufig das erste und auffälligste Opfer.

Zweitens: Stress als Beziehungskiller und als Störenfried der Sexualität – was sich hierzu sagen lässt und wie Paare mit zu viel Stress trotzdem häufiger Sex haben können, erfahren Sie an anderer Stelle im Buch (▶ Irrtum Nr. 5: Sex geht immer, auch bei Stress). Sie lernen dort die wichtigsten Strategien kennen, um Stress und dessen Auswirkungen auf die Sexualität begegnen zu können.

Drittens: Wenn der Partner negativ reagiert, weil man einmal keine Lust hat. Gehen Sie mit einem »Nein« konstruktiv um. Wenn Ihnen Ihr Partner oder Ihre Partnerin auf ein erotisches Angebot hin eine Absage erteilt (»Heute bitte nicht!«), dann geben Sie ihm oder ihr eine kleine positive Zuwendung. Um dieses Prinzip der positiven Reaktion auf Absagen und seine wundersame Wirkung auf die partnerschaftliche Sexualität geht es ab Seite 38 (▶ Irrtum Nr. 6: Wenn ein Partner mehr Sex will als der andere, dann kann man nichts machen).

Viertens: Ständige Konfliktvermeidung führt eine Partnerschaft beinahe immer in eine Sackgasse, aus der es kein Entrinnen mehr gibt (▶ Irrtum Nr. 17: Harmonie ist das Allerwichtigste für eine Beziehung). Und sie führt viele Paare in das große Unglück der dauerhaften sexuellen Unlust.

Fünftens: Ein Mann »muss« immer wollen und können – so lange sich an unserem gesellschaftlichen Bild von Männlichkeit nichts ändert, bleiben uns die daraus resultierenden Schwierigkeiten erhalten. Zu einer gleichberechtigten und guten Sexualität gehört, dass weder Männer noch Frauen »allzeit bereit« zu sein haben.

WER MACHT WIE VIEL IM HAUSHALT?

Einen ganz besonders spannenden Tipp für die Sexualität habe ich mir noch für den Schluss aufgehoben. Es ist ein Doppel-Tipp – ebenso interessant für Männer wie für Frauen. Es geht dabei um ein brisantes Konfliktthema in Partnerschaften, das die Sexualität stark beeinträchtigen kann, weil es zu negativen Gefühlen beiträgt: *die Verteilung der Hausarbeit zwischen den Partnern.*

Vielleicht überrascht es Sie, dass so etwas scheinbar Banales wie die Hausarbeit Einfluss auf die Sexualität eines Paares haben soll. Die Verteilung der Hausarbeit zwischen Mann und Frau ist ein Bereich der Partnerschaft, in dem Frauen heute oft besonders unzufrieden sind. Wissenschaftler kommen zu dem klaren Ergebnis: Paare mit einer gerechten Verteilung der Hausarbeit sind mit ihrer Sexualität deutlich zufriedener als Paare, bei denen die Frau den Eindruck hat, dass die Hausarbeit ungerecht verteilt ist. Entscheidend ist also nicht, ob jeder von Ihnen die *Hälfte der Hausarbeit* macht. Entscheidend ist nur, ob die Frau die Lösung für die Verteilung von Aufgaben *als gerecht empfindet.* Und das ist in der Regel schon der Fall, wenn der Anteil des Mannes an der Hausarbeit 50 Prozent noch längst nicht erreicht hat.

Männern rate ich deshalb: Fragen Sie Ihre Frau, ob sie mit der derzeitigen Aufteilung der Haushaltspflichten zufrieden ist. Fragen Sie sie, in welchem Bereich sie am dringendsten Entlastung braucht. Nehmen Sie die Antworten bitte sehr ernst. Signalisieren Sie Ihrer Frau, dass Sie bereit sind, sie zu entlasten. Sie sollten dafür sorgen, dass Ihre Frau mit der Aufteilung zufrieden ist. Dafür dürfen Sie auch in die Tasche greifen und eine Haushaltshilfe bezahlen. Oder einen Fensterputzer. Sie werden es nicht bereuen.

Und die Frauen frage ich: Empfinden Sie die Aufteilung der Hausarbeit in Ihrer Partnerschaft als gerecht? Heißt die Antwort auf diese Frage ohne Wenn und Aber »Ja«? Oder finden Sie, dass Ihr Partner mehr Verantwortung übernehmen und beim Putzen, Abwaschen, Einkaufen und Kochen öfter anpacken sollte?

Besprechen Sie das Thema der Verteilung der Hausarbeit mit Ihrem Partner. Machen Sie ihm deutlich, welche Art der Unterstützung Sie sich von ihm wünschen. Ich weiß, dass solche Gespräche oft nicht einfach sind. Vielleicht hilft es Ihnen zu wissen, wie man ein Problemgespräch beginnt (▶ Irrtum Nr. 22: Beziehungen scheitern, weil sich Paare zu viel streiten). Möglicherweise steigt Ihr Mut zu so einem Gespräch auch, wenn Sie zuvor die entscheidende Frage geklärt haben, wie es möglich ist, den Partner zu verändern (▶ Irrtum Nr. 20: Den Partner kann man nicht ändern). Lassen Sie sich also ruhig Zeit mit diesem Gespräch. Das Problem der ungerechten Verteilung der Hausarbeit in Ihrer Beziehung ist vermutlich schon älter – da kann es ruhig noch ein paar Tage oder Wochen auf eine Lösung warten. Eines zumindest sollte Sie optimistisch stimmen: Dieses Problem lässt sich tatsächlich lösen. Und das ist eindeutig nicht bei allen Partnerschaftsproblemen der Fall.

PRO
BLEME
SIND
WIE
GOLD
FISCHE:

SIE
WACHSEN,
WENN
MAN SIE
FÜTTERT.

PARTNERSCHAFT

- Jedes Problem in der Partnerschaft muss man lösen.
- Für den dauerhaften Bestand einer Partnerschaft kommt es nur auf die Intensität der Gefühle an.

Zwei Liebesmythen. Zwei von unendlich vielen. Und an welche glauben Sie? Möglicherweise denken Sie ja, dass Beziehungsgespräche eine angemessene Vorgehensweise sind, um eine Partnerschaft glücklich und haltbar zu machen. Nun ja. Auch damit liegen Sie daneben, zumindest wenn man der Wissenschaft Glauben schenkt.

Kaum ein Projekt wird mit so viel Hoffnung und Erwartungen begonnen und schlägt doch so regelmäßig fehl wie eine Liebesbeziehung. Das ist auch dem Altvater des Liebesratgebers, dem Psychoanalytiker und Soziologen Erich Fromm (Die Kunst des Liebens) aufgefallen: »Würde einem das auf einem anderen Gebiet des menschlichen Lebens widerfahren, jeder wäre begierig darauf, den Grund für die Fehlschläge zu erkennen und zu verstehen, wie sie sich vermeiden lassen. Nicht so bei der Liebe.« Sein Buch heißt ja aus gutem Grund »Die Kunst des Liebens«. Kunst kommt von Können.

Populäre Liebesmythen dagegen lassen uns glauben: Da gibt es nichts zu wissen oder zu können. Wir sollen uns verlieben – und fertig.

Die Realität der Liebe, sie ist anders. *Wissen* und *Können*, das sind für echte Liebeskunst zwei zentrale Werte. Und über die Liebe lässt sich wirklich eine Menge lernen. Darüber, was sie stärkt. Was sie schwächt. Und was sie dauerhaft lebendig erhält.

IRRTUM **NR. 15**:

»DIE LIEBE IST EIN UNER-KLÄRLICHES PHÄNOMEN.«

Wieso es die Liebe überhaupt gibt

Warum ist der Himmel blau? Warum blitzt und warum donnert es? Warum geht die Sonne morgens auf und abends wieder unter? Fragen über Fragen. Menschen versuchen schon lange, sich einen Reim auf all diese Phänomene zu machen. Das gilt selbstverständlich auch für die Liebe. Der Pfeile verschießende griechische Gott Eros spielte schon eine Rolle, lange bevor in der Antike die Philosophen damit begannen, die Naturphänomene um sich herum zu ergründen.

Die Philosophen der Antike kamen schnell darauf, dass die wohl radikalste Frage nicht die nach dem Wesen der Dinge ist, dem Wesen der Welt zum Beispiel – also dem *Wie*. Viel aufwühlender und verstörender verlief ihre Begegnung mit der Frage: *Warum* ist überhaupt etwas – und nicht einfach nichts? *Warum* gibt es die Welt, den Himmel, den Mond und die Sterne? *Warum* ist das alles überhaupt da? Diese existentielle Frage zu stellen, lohnt sich auch in der Liebe. Ehe wir uns darum bemühen, zu verstehen, *wie* die Liebe ist, ist es hilfreich, die Frage aufzuwerfen, *warum* es sie überhaupt gibt. Dazu müssen wir den Menschen und seine ganz besondere Lage in der Natur verstehen.

VON FLEDERMÄUSEN UND LIEBESGLÜCK

Wenn ich im Sommer abends aus dem Fenster schaue, huscht wieder und wieder ein kleiner Schatten blitzschnell vorbei. Es ist eine Fledermaus, die irgendwo in meiner Nähe ihre Behausung hat. Fledermäuse erscheinen uns Menschen als ausgesprochen geheimnisvolle Tiere. Aber warum eigentlich? Sie sind Säugetiere – wie wir. Und sie sind eng mit den Affen verwandt. Genau wie wir. Hier in Europa sind sie deshalb sogar das Lebewesen, das genetisch am engsten mit uns Menschen verwandt ist. Und doch sind sie ohne jede Frage ganz anders als wir.

Meine Fledermaus – nennen wir sie Marph – lebt wahrscheinlich in einem warmen Dachstuhl. Dort verbringt sie kopfunter hängend und schlafend ihre Tage, zusammen mit anderen Fledermausfrauen und deren Kindern in einer Art Wohngemeinschaft. In der Abenddämmerung ist Marph auf Futtersuche, um ausreichend Nahrung für sich und ihr jüngstes Kind zu beschaffen. In einigen Wochen ist ihr Junges – nennen wir es Rak – dann bereits groß, kann fliegen und seine eigene Nahrung suchen. Einige Zeit später fliegt es davon und lebt sein eigenes Leben – nach einer Kindheit von gerade einmal drei Monaten. Seine Mutter wird Rak nie wieder sehen. *Fledermäuse sind wirklich eigenartige Geschöpfe!*

Aber was sag ich da! Aus der Sicht der Fledermäuse ist deren Leben ganz und gar nicht eigenartig. Aus ihrer Sicht sind vielmehr wir, die Menschen, eigenartig. Ausgesprochen eigenartig sogar. Nehmen wir nur einmal die unglaublich lange Kindheit eines Menschenjungen. Gerade einmal ein knappes Prozent ihrer Lebenszeit verbringen Fledermäuse in der Kinderstube. Der Mensch bringt es auf drastisch höhere Zahlen. Das war schon früher in der Menschheitsgeschichte so – ich gehe davon aus, dass selbst in der Steinzeit ein Kind etwa zwölf von 40 Jahren von seinen Eltern abhängig war. Und auch heute sieht es noch ähnlich aus: Ein junger Mensch wird in unserer Gesellschaft knapp 20 Jahre lang von seinen Eltern umsorgt, versorgt und begleitet – also fast ein Viertel seines Lebens. Kein anderes Lebewesen ist so lange auf seine Eltern angewiesen wie der Mensch. In dieser Hinsicht sind wir wirklich einmalig. Konkurrenzlos. Unerreicht.

Die überlange Kindheit des Menschen bekäme problemlos einen Eintrag ins Guinnessbuch der Rekorde.

Das Überleben der Spezies Mensch hängt seit Hunderttausenden von Jahren davon ab, dass Menschen ihre Aufgabe darin sehen, Nahrung für den Nachwuchs zu beschaffen, rotzige Nasen zu putzen, kranke Kinder hingebungsvoll zu pflegen und sie in all den Dingen zu unterweisen, die ein Leben und Überleben als Mensch erfordert.

Ein Kind hat eine größere Überlebenschance, wenn seine Eltern – vor allem seine Mutter – eine enge gefühlsmäßige Bindung zu ihm eingehen. Es hat darüber hinaus auch eine größere Überlebenschance, wenn die Eltern zu seinem Wohl zusammenarbeiten. Auch Tiere kooperieren, um ihre Jungen aufziehen zu können. Viele Vögel tun das. Niemand aber kooperiert so lange wie der Mensch. 20 Jahre sind eine lange Zeit.

Die Liebe ist letztendlich aus dieser Notwendigkeit erwachsen. In ihrem Kern ist sie also eine ausgesprochen unromantische Angelegenheit. Menschen gingen und gehen Beziehungen zueinander ein, weil es für ihr Überleben sinnvoll und nötig ist. Daraus entstand die Liebe. Die Liebe zwischen Eltern und ihren Kindern. Und die Liebe zwischen Mann und Frau. Die partnerschaftliche Liebe soll gewährleisten, dass ein Kind neben der Mutter auch einen Vater hat, der für Nahrung sorgt und sich für viele Jahre um es kümmert. Und das gleiche Hormon, das die Bindung der Mutter an ihr Kind sicherstellt, sichert auch die Bindung der Eltern aneinander. Sein Name: Oxytocin (siehe auch Seite 24).

DIE LIEBE ALS PROBLEMLÖSUNG

Klingt Ihnen das zu nüchtern? Mögen Sie den Gedanken nicht, dass gegenseitige Anziehung, dass die Verliebtheit ganz ursprünglich solch einen profanen Sinn und Zweck hat? Das geht vielen Menschen so. Wir lieben das Bild des Gottes Eros – bei den Römern Amor – der den Pfeil verschießt, der die Herzen zweier

Menschen entflammt. Wir lieben den romantischen Gedanken, dass die Liebe etwas Übernatürliches ist. Aber das ist sie nicht.

Der Romantik der Liebe tut diese Erkenntnis keinen Abbruch. Naturphänomene wie ein Blitz und der nachfolgende Donner sind auch dann noch faszinierend, majestätisch und beeindruckend, wenn wir längst wissen, wie sich das alles erklären lässt. Sicher – wir haben weniger Angst, wenn es donnert. Wir fürchten nicht den Zorn der Götter über unserem Haupt. Und das ist auch gut so.

»Alles Leben ist Probleme lösen«, hat der Philosoph Karl Popper einmal gesagt. Die extrem lange Dauer der menschlichen Kindheit ist ein solches Problem. Die große Hilflosigkeit und Schutzbedürftigkeit des menschlichen Säuglings ebenso. Beide Probleme verlangen eine überzeugende Lösung. An der Lösung, die die Natur dafür gefunden hat, gibt es nichts auszusetzen.

Menschliche Gefühle bleiben, was sie sind und wie sie sind, auch wenn sie einen rationalen Kern haben. Unsere Gefühle sind ein Kernbestandteil unserer Persönlichkeit – und ein angenehmer noch dazu. Und sie bleiben bestehen, auch wenn die gegenseitige Zuneigung, das Begehren, der Sex miteinander heute nicht mehr zwingend nach sich zieht, dass wir Kinder bekommen. Wir können Beziehungen leben, ohne Kinder miteinander zu haben. Wir können in gleichgeschlechtlichen Partnerschaften leben. In dieser Hinsicht sind wir heute frei, das zu tun, was uns beliebt. Nicht frei aber sind wir darin, was die Bedeutung der Liebe für unser Leben angeht. Die Liebe spielt eine große Rolle, eine sehr große Rolle. Weil die Natur das so vorgesehen hat.

DIE LIEBE ALS SICHERER HAFEN

Die gelingende Liebe, sie ist etwas Wunderbares. Sie belebt uns, macht uns vital und energiegeladen. Sie gibt uns ein Gefühl der Verbundenheit. Sie ist unser sicherer Hafen, unsere Heimat (▶ Irrtum Nr. 3: Sexualität ist ein Trieb). Eine unglückliche Beziehung dagegen raubt uns Kraft, Energie und Lebenszeit. Sie ist alles andere als ein sicherer Hafen. Sie gleicht einem stürmischen Ozean, der das Schiff unseres Lebens vor sich hertreibt. Eine unglückliche Partnerschaft verkürzt unser Leben um sagenhafte vier Jahre. Durchschnittlich! Für Männer sogar um bis zu zehn Jahre. Eine unglückliche Partnerschaft schwächt unser Immunsystem und macht uns somit anfällig für Krankheiten.

Anders als frühere Generationen haben wir die Freiheit, uns aus einer unglücklichen Beziehung zu lösen. Wir haben die Freiheit und das Recht dazu, uns für unser Lebensglück zu entscheiden. Und auch wenn eine Trennung oft nur die zweitbeste Lösung ist – eine Lösung ist sie.

Wir können hier und heute selbst bestimmen, ob wir in einer glücklichen oder in einer unglücklichen Beziehung leben. Dank der psychologischen Forschung wissen wir heute viel darüber, was eine glückliche Partnerschaft von einer unglücklichen unterscheidet. Und wir wissen, wie Paare es vermeiden können, ihre Beziehung zu ruinieren.

Wir wissen, wie Paare ihre Beziehung durch Gespräche stärken können (► Irrtum Nr. 18: Paare, die viel gemeinsam unternehmen, stärken so ihre Partnerschaft).

Wir wissen, wie sie ein schwieriges Gespräch beginnen sollten und wie nicht (► Irrtum Nr. 23: Beziehungsgespräche verbessern eine Partnerschaft).

Wir wissen, ob es hilfreich ist, Probleme auszudiskutieren oder nicht. Und wir wissen, warum das alles so ist.

IRRTUM **NR. 16**:

»MAN MUSS JEDES PROBLEM AUSDISKUTIEREN.«

Probleme sind wie Goldfische –
sie wachsen, wenn man sie füttert

Die zweite Hälfte der 1960er-Jahre war eine bewegte Zeit und hat uns eine Menge hinterlassen. Wohngemeinschaften zum Beispiel. Oder Che-Guevara-Plakate. Oder den Spruch »Wer zweimal mit demselben pennt, der gehört schon zum Establishment«. Und schließlich auch den unerschütterlichen Glauben an den Sinn von Diskussionen. Daran, dass Probleme unbedingt ausdiskutiert – und gelöst – werden müssen. *Reden Sie miteinander. Klären Sie sämtliche Probleme im Gespräch.* Solche Ratschläge finden sich heute einfach überall. Dabei gibt es zahlreiche Gründe dafür, weshalb das *Ausdiskutieren* von Problemen in Partnerschaften wiederum zu Problemen führt.

DIE PERFEKTE EHE: DEN BLICK AUF DAS POSITIVE RICHTEN

Probleme in Partnerschaften sind unumgänglich. Das liegt an einem gern vernachlässigten Sachverhalt: *Zwei Menschen sind immer verschieden.* Zugegeben, es ist sehr einfach, diesen Punkt in einer Partnerschaft zu übersehen. Denn die meisten Menschen sind zu Beginn einer Beziehung dermaßen überflutet von euphorisierenden Hormonen, dass ihnen in den ersten Wochen und Monaten Unterschiede zwischen sich und dem Partner nicht einmal auffallen. Später ändert sich diese verzerrte Sichtweise – und weicht allzu oft einer anderen, ebenso verzerrten: Jetzt werden die Fehler des anderen nicht nur gesehen, allzu oft werden jetzt sogar *ausschließlich* diese Fehler gesehen. Kein Wunder – wer allzu hoch auf Wolke sieben schwebte, für den ist die Ankunft in der Realität besonders ernüchternd.

Ein arabisches Sprichwort beschreibt meiner Meinung nach sehr gut, wie man stattdessen in einer Beziehung glücklich wird: *Vor der Ehe – Augen weit offen. In der Ehe – Augen halb geschlossen.* Ich glaube, viele Paarprobleme entstehen, weil Menschen es genau umgekehrt machen: *Vor der Ehe – Augen halb geschlossen. In der Ehe – Augen weit offen.*

Da zwei Menschen verschieden sind, ist es kein Wunder, wenn sie in einer Partnerschaft mit ihren Wünschen und Interessen aneinandergeraten. Warum aber sollen sie diese nicht ausdiskutieren? Warum sollte ein harmloses Gespräch über *seine Marotten* oder *ihre Angewohnheiten* der Beziehung schaden? Ganz einfach: Über Probleme *zu diskutieren* hat einen unangenehmen Nebeneffekt. Standen in der Phase der Verliebtheit positive Gedanken und Gefühle im Mittelpunkt, so geht es jetzt immer häufiger um das Negative. Es geht nun vor allem um das, was uns am anderen *nicht* gefällt. Um bei dem arabischen Sprichwort zu bleiben: Es geht darum, *dass wir unsere Augen jetzt sehr weit aufreißen.* Wir sehen das, was wir zuvor nicht sahen. Oder wir registrieren es zumindest aufmerksamer – und bewerten es negativ. Nimmt das Negative zu viel Raum in einer Partnerschaft ein, dann leidet auch die Liebe.

Deshalb werden die Probleme durch das *Ausdiskutieren* dummerweise nicht kleiner, sondern sie wachsen unentwegt. Sie werden groß und größer. Tatsächlich ist es mit Problemen nämlich so wie mit Goldfischen: Sie wachsen, wenn man sie füttert.

Schon die 68er lernten diesen Nachteil ihrer Diskussionskultur für Partnerschaften am eignen Leibe kennen. Statt mit sexuellen Ausschweifungen mussten sie schon bald ihre Nachtstunden mit etwas ganz anderem verbringen: mit Diskussionen.

WARUM DAUERNDE DISKUSSIONEN EINER PARTNERSCHAFT SCHADEN

Paar-Diskussionen folgen dem Ich-bin-im-Recht-Modus. Das heißt, ihre Devise lautet: *Ich bin im Recht – sieh das doch endlich ein.* Will sich einer der Partner im Urlaub gern erholen, lange ausschlafen und den Tag ruhig angehen, der andere aber unbedingt viel erleben und schon früh aus dem Bett springen, dann helfen Diskussionen nach der Devise »Ich bin im Recht!« nicht weiter. Denn nichts ist richtig oder falsch am Sich-Erholen oder am Viel-Erleben.

Wenn nun jeder der beiden Partner den anderen überzeugen will, dass er im Recht ist und der andere im Unrecht, dann kann das nicht funktionieren. Der andere ist in der Regel nämlich nicht im Unrecht – er hat nur eine andere Sicht der Dinge. Er hat andere Vorstellungen vom Leben, andere Wünsche und andere Zukunftshoffnungen. Warum? Weil er anders ist! So einfach ist es. Durch Diskussionen und Überzeugungsversuche ändert sich daran wenig bis nichts. Dann was jeder der beiden sich im tiefsten Inneren wünscht, das ist Vitamin V: *Verständnis.* Der Partner soll verstehen, warum wir die Dinge anders sehen als er. Warum der andere sich Ruhe und Erholung wünscht. Warum es für ihn wichtig ist. Und es hilft auch, wenn der Partner, der sich Erholung wünscht, versteht, warum der andere im Urlaub gern viel erleben will. Er ist nun einmal so – und er möchte mit seinen Wünschen und Bedürfnissen verstanden werden.

Es hilft, wenn beide Partner sich bemühen, den Wunsch des jeweils anderen zu verstehen. Es hilft noch mehr, wenn beide ihr Verständnis für den Wunsch des anderen auch äußern. Dann müssen sie zwar immer noch eine gute Lösung finden. Mit *Vitamin V* geht das allerdings viel leichter.

IRRTUM **NR. 17**:

»HARMONIE IST DAS ALLERWICHTIGSTE FÜR EINE BEZIEHUNG.«

Wieso Partner sich auseinandersetzen müssen, wenn sie ein glückliches Paar bleiben wollen

Sabine: »Ich will dieses Jahr nicht schon wieder nach Ibiza.«

Jannis: »Aber warum denn nur? Es hat dir im letzten Jahr doch so gut dort gefallen und wir hatten eine Menge Spaß zusammen. Erinnere dich!«

Sabine: »Ich weiß. Mein Gedächtnis ist noch ziemlich okay. Ich will trotzdem nicht schon wieder nach Ibiza. Es gibt noch so viele schöne Inseln, die ich nicht gesehen habe. Madeira zum Beispiel. Oder Fuerteventura.«

Jannis: »Aber meine Eltern können uns auf Ibiza über Bekannte einen schicken Bungalow besorgen. Wir müssten nicht einmal dafür bezahlen.«

Sabine: »Hörst du mir eigentlich zu? Noch einmal und diesmal zum Mitschreiben: ICH ... WILL ... NICHT ... SCHON ... WIEDER ... NACH ... IBIZA. Ende der Ansage.«

So weit das erste Gespräch, das Sabine und Jannis über ihre Urlaubspläne für das nächste Jahr geführt haben. Solch eine Unterhaltung ist schnell vorbei und nach meinem Eindruck sind in den zwei Minuten, die es gedauert hat, alle wesentlichen Dinge gesagt. Eine Fortsetzung des Gespräches und eine erneute Wiederholung der Argumente ist wenig sinnvoll und zum Glück ist das Sabine wie Jannis auch klar. Sie versuchen jetzt also nicht ihre unterschiedlichen Standpunkte *auszudiskutieren*. Sie müssen allerdings in Zukunft über andere Urlaubswünsche verhandeln, denn das Thema bleibt den beiden ja erhalten. Sie wollen gern zusammen in den Urlaub fahren. Also müssen sie sich einigen.

Wir alle wollen in einer Beziehung vor allem das Gefühl von Akzeptanz, von Übereinstimmung und von Zuwendung. Und die meisten Menschen nehmen an, dass Paare glücklicher sind und mit größerer Wahrscheinlichkeit dauerhaft zusammenbleiben, wenn sie sich schnell, geräuschlos und effizient zum Beispiel auf das Ziel für den nächsten Urlaub einigen können. Wir glauben auch, dass zwei Partner schlecht zusammenpassen, wenn sie, wie Sabine und Jannis, zunächst unterschiedliche Ansichten über mögliche Urlaubsziele haben, bevor sie dann endlich, endlich eine Lösung finden *(Kreta!)*. Doch diese Annahme ist falsch.

Das Gespräch von Sabine und Jannis zeigt keinesfalls an, dass die beiden sich bald trennen werden. Wenn es Sie interessiert, wie das Gespräch bei einem Paar verläuft, dass in einigen Jahren wahrscheinlich *nicht* mehr zusammensein wird – oder zumindest nicht mehr glücklich zusammensein wird –, hier ist es:

Kai: »Meine Eltern haben uns angeboten, dass wir im Sommer auf Ibiza den Bungalow von Bekannten bekommen. Es hat uns ja so gut dort gefallen. Ich habe gleich zugesagt.«

Nadine: »Ach ja, wenn du meinst. (Pause) Ich dachte ja, dass wir möglicherweise auch mal woanders hinfahren könnten.«

Kai (macht ein enttäuschtes Gesicht): »Aber jetzt habe ich doch schon zugesagt. Und Mutter wird sehr enttäuscht sein, wo sie doch extra für uns mit den Bekannten gesprochen hat.«

Nadine: »Nein, nein. Ist schon in Ordnung. Wenn du gern nach Ibiza willst. Ach, es war nur so eine Idee. Nein, wenn du meinst. Du hast ja Recht, es war wirklich sehr schön.«

Kai (strahlt): »Ach, das freut mich aber, dass dir mein Plan gefällt. Ich schau gleich mal, ob es noch günstige Flüge gibt. Und dann rufe ich Mutter an.«

Dass dieses Paar gerade dabei ist, seine Partnerschaft zu schädigen, weil es sich *nicht* auseinandersetzen will, das ist die feste Überzeugung der allermeisten Paarberater und Paarberaterinnen. Mit Überzeugungen ist das allerdings so eine Sache. Sie können richtig sein. Oder sie sind falsch. Auch Berater können irren, sie können bei ihren Entscheidungen Annahmen über die Liebe folgen, die sich bei Licht betrachtet als falsch herausstellen.

An dieser Stelle kommt die Forschung ins Spiel. Ob Paare sich öfter auseinandersetzen oder lieber für Harmonie sorgen sollten, damit hat sich eine ungewöhnliche Wissenschaftlerin befasst, die durch eine bemerkenswerte Studie eine Antwort auf diese Frage gefunden hat. Ihr Name: Terri Orbuch (sprich: Orbook).

WAS MACHT ZU VIEL HARMONIE MIT EINER PARTNERSCHAFT?

Manchmal beginnen wissenschaftliche Glanzleistungen klein und unscheinbar. So wie die von Terri Orbuch. Mitte der 1980er-Jahre hatte die amerikanische Psychologin und Soziologin eine spannende Idee. Sie wollte herausfinden, was Paare zusammenhält oder aber scheitern lässt. Zu dieser Zeit sind Scheidungen diesseits wie jenseits des Atlantiks ein ganz normales Phänomen geworden. Die Ehe ist durch die in den 1970er-Jahren erlassenen neuen Scheidungsgesetze ein Kind der Freiheit geworden. Viele Paare nutzen diese Freiheit – und trennen sich.

Statistiker registrieren das Phänomen aufmerksam und erfassen Scheidungen akribisch. Und sie werten ihre Beobachtungen aus. Ein Ergebnis sticht dabei ganz besonders heraus: Die höchste Trennungswahrscheinlichkeit besteht eindeutig während der ersten Ehejahre. Natürlich kann anhand der Heirats- und Scheidungsdaten niemand wirklich beurteilen, wie lange ein Paar tatsächlich zusammen war. Denn keine Kirche und kein Standesamt führt darüber Buch, wie lange ein Paar schon ein Paar ist, wenn es sich das Ja-Wort gibt. Und niemand erfasst, wie lange unverheiratete Paare zusammen sind, ehe sie sich trennen.

Die junge Wissenschaftlerin setzt hier mit ihrer Studie an. Sie will wissen, was diejenigen Paare richtig machen, die die ersten Ehejahre gut überstehen – und woran die anderen scheitern. »The early Years of Marriage« heißt die Studie, die im Jahr 1989 startet.

Terri Orbuchs Paarstudie weist einige Besonderheiten auf, die sie von Beginn an außergewöhnlich macht: Die Teilnehmerzahl ist mit etwa 750 eher groß. Viele Paarstudien kommen mit 50 oder 100 aus. Mehr Teilnehmer erfordern einen höheren Aufwand – und den scheuen viele Wissenschaftler. In der Regel wissen sie schlicht nicht, wie sie an die finanziellen Mittel kommen sollen, um eine umfangreichere Studie durchzuführen. Terri Orbuchs Studie ist darüber hinaus aber auch repräsentativ. Sie entspricht also einem Querschnitt der Bevölkerung. Das ist für Paarstudien noch ungewöhnlicher. Und schließlich ist auch der Aufwand sehr hoch, mit dem die Psychologin die Daten erhebt: Sie belässt es nicht bei Telefonbefragungen oder schriftlich auszufüllenden Fragebögen, sondern schickt allen Teilnehmern Interviewer ins Haus. Und das über viele Jahre hinweg!

Die Ergebnisse der Studie waren und sind so herausragend, dass Terri Orbuch keine Probleme hatte, wieder und wieder die nötigen Gelder für die Fortsetzung ihrer Arbeit zu erhalten. Mittlerweile (2014) befindet sich ihre Untersuchung, die immer noch »The early Years of Marriage« heißt, schon im 25. Jahr. So wie die Ehen der befragten Paare – falls sie noch zusammen sind, was bei etwa der Hälfte der Paare der Fall ist.

Terri Orbuch kam im Laufe der Jahrzehnte zu einer Fülle von spannenden Erkenntnissen. Sie konnte nachweisen, dass Männer weitaus häufiger als Frauen an romantische Liebesklischees glauben (▶ Irrtum Nr. 34: Männer sind rational). Sie konnte auch zeigen, dass Männer emotional stärker von ihren Frauen abhängig sind als die von ihnen (▶ Irrtum Nr. 18: Paare, die viel gemeinsam unternehmen, stärken so ihre Partnerschaft). Und schließlich fand die Psychologin auch eine Antwort auf die Frage: Wie wirkt sich ein großes Harmoniebedürfnis eines Paares auf seine

Partnerschaft aus? Ihre Antwort: *vernichtend*. Paare, die in den ersten Ehejahren Auseinandersetzungen über unterschiedliche Ziele und Bedürfnisse haben, bleiben mit einer deutlich höheren Wahrscheinlichkeit zusammen als Paare, die jede Form von Streit grundsätzlich meiden. Oder anders ausgedrückt: Wer in einer Partnerschaft Harmonie um jeden Preis will, der muss damit rechnen, dass seine Beziehung scheitert.

DIE FALLSTRICKE DER ROMANTIK

Wieso wirkt sich Harmonie so verheerend auf eine Beziehung aus? Und wie ist es möglich, dass das so vielen Menschen nicht klar ist und sie stur an das Gegenteil glauben? Fangen wir mit der letzten Frage an. Wieso glauben wir so sehr an Harmonie? Die Antwort ist verblüffend einfach und spricht nicht eben für das Wissen unserer Gesellschaft über die Liebe: *Weil wir an ein romantisches Liebesideal glauben.* Es durchtränkt unsere gesamte Kultur und wird durch Liebesschnulzen und Vorabendserien immer weiter getragen. Was wir dabei lesen, sehen und hören, verbaut uns von klein auf das Verständnis für die reale Liebe und für die Regeln, nach denen diese funktioniert.

Folgen wir dem *rationalen Liebesmodell*, dann entsteht eine Partnerschaft aus dem Aufeinandertreffen zweier Individuen mit unterschiedlichen Wünschen, Gewohnheiten, Einstellungen und Zukunftshoffnungen. Um gemeinsam glücklich zu sein, müssen beide Partner zuerst einmal ihre *Wünsche äußern*. Jeder muss die Wünsche und Bedürfnisse des anderen *kennen*. Dazu ist das Gespräch nötig. Beide Partner müssen ihre Interessen darüber hinaus auch *deutlich vertreten* – so wie Sabine es gegenüber Jannis getan hat. Und schließlich müssen sich die Partner bemühen, ihre Wünsche und Bedürfnisse miteinander *in Übereinstimmung zu bringen*, sie zu synchronisieren. Das erfordert wiederum Gespräche, manchmal auch Auseinandersetzungen – und außerdem Fantasie. Die beiden müssen sich mögliche *Lösungen ausdenken* für Interessenskonflikte, und diese Lösungen müssen sie miteinander verhandeln. Das alles sind Kernbestandteile des rationalen Liebesmodells.

Das *romantische Modell* – nach dem wir gern unser Beziehungsverhalten ausrichten – sieht deutlich anders aus. Wir müssen es uns ungefähr so vorstellen, wie Romeo und Julia seinerzeit dachten und handelten, zwei frisch Verliebte also: *Was wirklich zählt, das sind nur die Gefühle.* Sind sie stark genug, dann ist eine Liebe dauerhaft stabil. Dazu bedarf es keiner langen Gespräche und schon gar nicht irgendwelcher Auseinandersetzungen. Wer liebt, der erkennt die Wünsche des Partners intuitiv, also ohne dass der sie überhaupt äußern muss. Und er erfüllt sie ihm gern und umstandslos. *Wenn du mich wirklich liebst, dann tust du es für mich* – so etwa könnte man diese Annahme umschreiben.

Das ist eine ausgesprochen gefährliche Prämisse, wie an Sabines und Jannis' Disput leicht zu sehen ist. Wenn Sabine nach Madeira möchte, Jannis aber nach Ibiza, dann könnte sich jeder von beiden auf den Standpunkt stellen, der andere solle ihm zuliebe gefälligst nachgeben. *Wenn du mich liebst, dann kommst du mit nach Ibiza.* So könnte Jannis als Romantiker in Sachen Liebe denken. Sabines Wunsch, nicht nach Ibiza zu fahren, zeigt so gesehen ihre mangelnde Liebe zu ihm. Und Sabine? *Wenn du mich wirklich liebst, dann schlägst du Ibiza gar nicht erst vor.* So etwa sähe die Welt nach dem romantischen Liebesmodell aus ihrer Sicht aus. In jedem der beiden Fälle sind die Folgen absehbar und die Ehekrise ist nah. Das romantische Liebesmodell ist also – anders als romantische Handlungen wie Blumen mitzubringen oder das gemeinsame Baden bei Kerzenschein – alles andere als harmlos. Es gefährdet eine Partnerschaft. Immer.

Aus dem Gesagten ergibt sich, dass Ehen aller Voraussicht nach besonders gefährdet sind, wenn einer oder beide Partner stark zu romantischen Liebesvorstellungen neigen. Und genau diesen Nachweis konnte Terri Orbuch mit ihrer Studie erbringen. Was Terri Orbuch mit ihren Forschungen herausfand, ist der glasklare Beleg, dass das romantische Liebesmodell die Liebe zweier Menschen scheitern lässt. Weil sie nicht in der Lage sind, ihre Wünsche und Bedürfnisse offen und ehrlich zu verhandeln. Bei den von der Studie begleiteten Paaren waren die Männer mit einem starken Hang zu romantischen Liebesklischees deutlich häufiger mit einer Scheidung konfrontiert als Männer, die zu realistischeren Annahmen über die Liebe neigen (▶ Irrtum Nr. 34: Männer sind rational).

Nadine wird ihrem Partner zuliebe nächstes Jahr wieder nach Ibiza fahren. Sie hat schon öfter auf die Erfüllung ihrer eigenen Wünsche verzichtet – der Partnerschaft mit Kai zuliebe. Sie hat sich den Bedürfnissen von Kai angepasst. Das ist, wenn es nur ab und an passiert, für eine Beziehung völlig unproblematisch. Dem anderen zuliebe nach Ibiza zu fahren – das klingt nicht eben nach einer Bedrohung für eine Partnerschaft. Ist es auch nicht. Die Probleme beginnen, wenn einer der Partner (oder gar beide) sehr oft um des lieben Friedens willen die eigenen Bedürfnisse zurückstellt.

Vertritt man seine Wünsche und Bedürfnisse nicht und geht – der Harmonie zuliebe – unentwegt faule Kompromisse ein, entwickelt man dabei auf Dauer das Gefühl, zu kurz zu kommen – und hat Recht! Das Resultat: Beide grollen mehr und mehr miteinander. Das beeinträchtigt über kurz oder lang auch die Sexualität eines Paares. Die Vertrautheit miteinander schwindet, die Intimität nimmt ab. Der Alltag des Paares mag dann immer noch gut funktionieren: Sie erledigen die Einkäufe, besuchen Freunde, unternehmen etwas zusammen. Die innere Verbundenheit aber erodiert mehr und mehr. Viele dieser Paare trennen sich. Andere arrangieren sich in einer unbefriedigenden Beziehung.

Sabine und Jannis bleibt so ein Schicksal zum Glück erspart. Sicher, ab und an sind sie unterschiedlicher Ansicht, nicht nur bei der Urlaubsplanung. Sie verschweigen ihre Bedürfnisse nicht. Im nächsten Urlaub fliegen die zwei also nach Kreta. Und beide sind zufrieden mit dieser Lösung.

IRRTUM **NR. 18**:

»PAARE, DIE VIEL GEMEINSAM UNTER-NEHMEN, STÄRKEN SO IHRE PARTNERSCHAFT.«

Wieso das Gespräch über
den Tag einer Partnerschaft
am allermeisten nützt

Marlies ist genervt. Wieder hat Rolf die Rückhand verschlagen.
Auch Rolf ist genervt. Nach einem langen Arbeitstag möchte er
beim Tennis entspannen. Ob er die Rückhand hinbekommt oder
nicht, das ist ihm nicht so wichtig. Wenn es nach ihm ginge, dann
säßen die beiden jetzt auf ihrer lauschigen Terrasse, schauten der
Katze beim Spielen mit dem quietschgelben Ball zu – und würden sich entspannt unterhalten. Das geht aber nicht, denn Marlies hat Sorge, dass sie als Paar zu wenig miteinander unternehmen. *Paare, die etwas gemeinsam unternehmen, stärken so ihre*
Partnerschaft – Marlies hat das schon mehrfach so gelesen und
möchte deshalb, dass sie beide öfter zusammen unterwegs sind.
Rolf ist deshalb durch den Abendverkehr gehetzt, um pünktlich
an dem gebuchten Tennisplatz zu sein. In Gedanken ist er allerdings immer noch bei der Arbeit.

Müssen Rolf und Marlies tatsächlich gemeinsam zum Tennis
gehen, um langfristig ein Paar zu bleiben? Schweißt es sie zusammen? Schauen wir mal genauer hin: Rolf verschlägt gerade einmal mehr die Rückhand, Marlies schnaubt leise, aber vernehmbar
und das Paar, mit dem sie das Doppel spielen, ist schon ziemlich

irritiert von ihnen. Rolf spürt Marlies' Unmut sehr genau. In Gedanken ist er immer noch bei einer unangenehmen Auseinandersetzung mit einem Arbeitskollegen, der ihm ein interessantes neues Projekt streitig machen will.

Paare, die etwas gemeinsam unternehmen, stärken so ihre Partnerschaft? Im Moment sieht es eher so aus, als wenn gemeinsame Unternehmungen Rolf und Marlies ganz und gar nicht gut tun. Beiden würde es besser gehen, wenn Marlies allein zum Tennis ginge und Rolf in aller Ruhe nach Hause kommen könnte, Zeit hätte, um zu duschen oder eine Runde joggen zu gehen, bevor Marlies zu Hause eintrudelt.

GEMEINSAME FREIZEIT HILFT NICHT

Müssen Paare wirklich viel gemeinsam unternehmen, um ein gutes Paar zu sein? Die Antwort lautet: Nein. Glückliche Paare unterscheiden sich nicht von unglücklichen durch die Menge an gemeinsam verbrachten Unternehmungen. Es gehört zu den Erscheinungen des modernen Lebens in einer Freizeitgesellschaft, dass Paare die gemeinsame Gestaltung der freien Zeit überhaupt als einen Bestandteil ihrer Partnerschaft ansehen. Noch unsere Großeltern haben das nicht getan und auch die vielen Jahrtausende davor mussten Paare ganz ohne gemeinsame Freizeitaktivitäten zurechtkommen.

Das ist heute anders. Für Jugendliche und junge Erwachsene ist gemeinsame Freizeit heute der wichtigste und am meisten Sinn stiftende Teil ihrer Partnerschaft – neben dem Sex natürlich. Wozu bitteschön hat man einen Partner, wenn nicht dazu, die angenehmen Seiten des Lebens gemeinsam zu genießen? Ein guter Partner, das ist für 20-Jährige jemand, der die gleiche Musik hört und am Wochenende eine ähnliche Location besucht wie sie selbst. Stehen beide Partner aber erst einmal im Beruf – wie Marlies und Rolf – oder haben gar noch Kinder, dann ist die Zeit für Aktivitäten naturgemäß knapp. Jetzt müssen sie entscheiden, ob sie einen Freund oder eine Freundin treffen wollen, mit dem

Partner in ein Konzert gehen, eine Runde durch den Park joggen oder lieber vor dem Fernseher abhängen.

Eine langfristig stabile Partnerschaft ist jedoch keine Freizeitgestaltungsgemeinschaft. Sie ist vielmehr eine enge seelische Verbindung. Und die gilt es zu stärken – aber wie? Studien konnten klar belegen, dass es in der Tat eine Aktivität gibt, die den Zusammenhalt eines Paares deutlich stärkt – und das ist nicht Tennis. Es ist *das Gespräch über den Tag.*

DAS GESPRÄCH IST DER KERN EINER PARTNERSCHAFT

Nur acht bis zwölf Minuten am Tag reden verheiratete Paare nach einigen Jahren noch miteinander. Das ist unfassbar wenig. Das Fernsehprogramm dagegen bekommt 220 Minuten Aufmerksamkeit – jeden Tag. Tendenz steigend. Was für eine gigantische Verschwendung von Lebenszeit!

Im Gespräch stellen Paare ihre innere Verbundenheit her. Es ist deshalb ein zentrales Element von Intimität und seelischer Begegnung. Eine Partnerschaft ist im Kern ein lebenslanges Gespräch. Das hat Folgen, auch für die Partnerwahl und ihre Umstände. Denn so gesehen ist die sinnvolle Partnerwahl *die Wahl eines Menschen, mit dem wir uns ein Leben lang gern und gut unterhalten können* (▶ Irrtum Nr. 35: Liebe dich selbst, dann ist es egal, wen du heiratest).

Das Gespräch entscheidet über Wohl und Wehe einer Partnerschaft. Kann sich ein Paar gut unterhalten, dann bleibt auch seine Beziehung dauerhaft glücklich und stabil. Kann es das dagegen nicht, dann erodieren die vorhandenen Gefühle auf Dauer immer mehr. Es ist, als ob ein starker Sturm den Sand davonträgt – weil keine Wurzeln da sind, die ihn halten können. Die Gefühle werden so über die Monate und Jahre kleiner und kleiner. Bis zur Auflösung der Partnerschaft.

Wenn ich von *dem Gespräch* rede, dann meine ich nicht den Austausch über den Einkauf oder die Unterhaltung über Neuigkeiten aus der Welt der Stars und Sternchen. Ich meine damit, dass ein Paar über sich selbst spricht. Die entscheidenden Fragen hierfür lauten:

- Wie geht es dir?
- Welche Gefühle bewegen dich?
- Was hast du heute erlebt?
- Was war schwierig?
- Was war gut?

Wissenschaftliche Untersuchungen kommen zu dem eindeutigen Schluss: *Das Gespräch über den Tag ist mit großem Abstand die wichtigste Form des partnerschaftlichen Dialogs.* Es ist der wichtigste Garant für den Bestand einer Partnerschaft, die Möglichkeit, füreinander da zu sein. Eine Zuwendung zum Partner.

Marlies und Rolf können sich nervige Problemgespräche und das Reden über Konfliktthemen weitgehend sparen (▶ Irrtum Nr. 23: Beziehungsgespräche verbessern eine Partnerschaft). Auch gemeinsame Tennisdoppel sind nicht wirklich hilfreich, um ihre Partnerschaft im Lot zu halten. Was für sie wirklich zählt, ist ihr Gespräch über die Erlebnisse des Tages, über die Zeit, die sie getrennt voneinander verbracht haben. Können sie diese Erlebnisse einander mitteilen – und damit auch miteinander teilen – dann ist das der wichtigste Beitrag zur Stabilität ihrer Partnerschaft.

WIESO DAS GESPRÄCH ÜBER DEN TAG SO WICHTIG IST

Was gibt dem Austausch über die Ereignisse des Tages diese überragende Bedeutung? Die wenigsten Paare verbringen während der Woche die Zeit des Tages gemeinsam, zum Beispiel weil sie ein gemeinsames Geschäft betreiben. Die allermeisten wissen nicht, was dem Partner oder der Partnerin widerfahren ist, wenn sie ihn nach acht, zehn oder zwölf Stunden wieder sehen.

Schon das allein ist Grund genug, sich über die »Zwischenzeit« auszutauschen. Das Gespräch über den Tag ist also dazu da, zu verstehen, *was* der andere erlebt hat und *wie* es ihm damit ergangen ist.

Es gibt aber noch einen weiteren Grund, der dieses Gespräch so wichtig macht. Und der hat mit dem Stress zu tun, der sich über den Tag aufgebaut hat. Rolf zum Beispiel steht nach dem Disput mit seinem Kollegen Thomas mächtig unter Strom. Er arbeitet in einem kleinen Team und Konflikte wirken sich da schnell auf das gesamte Gruppenklima aus. Außerdem hat Rolf schlicht niemanden, den er in so einem Fall anrufen kann. Mit seinen Freunden spricht er über berufliche Erfolge – aber ungern über Probleme.

Das ist bei Marlies ganz anders. Geht es bei ihr im Ministerium mal hoch her, dann telefoniert sie oft schon in einer Pause mit Kristina, die als Freiberuflerin häufig auch spontan Zeit für sie hat. Später dann spricht sie noch mit ihrer Schwester. Trifft sie dann auf Rolf, hat sie sich also oft schon mit zwei intimen Vertrauten unterhalten können.

Nicht nur Marlies ist in dieser Beziehung besser versorgt als Rolf. Die meisten Frauen haben mehr enge Freundschaften als Männer. Und das hat Folgen: *Männer sind oft emotional deutlich abhängiger von ihren Frauen als Frauen umgekehrt von ihren Männern.* Dies ist einer der wichtigsten Geschlechterunterschiede, den die Forschung tatsächlich bestätigen kann. Der Dank dafür, diesen Sachverhalt schlüssig nachgewiesen zu haben, geht einmal mehr an die großartige amerikanische Therapeutin, Psychologin und Soziologin Terri Orbuch. Das klare Ergebnis ihrer Forschung lautet: Wird es stressig, dann haben viele Männer nur einen einzigen intimen Vertrauten, der für sie da ist: *ihre Frau.*

DEN STRESS DES TAGES TEILEN

Die wichtigste Strategie, um Stress zu reduzieren, ist das Gespräch mit dem Partner. Können wir den Stress des Tages mit ihm teilen, dann sinkt unser Stressspegel steil nach unten. 100 Prozent

Stress reduzieren sich durch das Teilen mit dem Partner auf zehn bis 20 Prozent. Man stelle sich das nur einmal vor! Von 100 auf zehn in gerade einmal fünf bis zehn Minuten. Mehr ist dafür tatsächlich in der Regel nicht nötig.

Für dieses Gespräch über den Tag gibt es allerdings eine wichtige Regel. Sie lautet: keine Kritik. Marlies sollte ihren Mann also niemals kritisieren. Sie sagt also nicht: »Wie du dich aber auch anstellst.« Sie zeigt auch keinerlei Verständnis dafür, dass sich der Kollege das neue Projekt an Land ziehen will. Und schließlich gibt sie Rolf auch keine klugen Ratschläge, wie er mit seinem Kollegen spielend leicht hätte fertig werden können. Einerlei, was auf der Arbeit passiert ist: Marlies steht auf Rolfs Seite. Ohne Wenn und Aber. Macht sie das nicht, dann ist das einer der sichersten Wege zur Trennung. Die meisten Männer nehmen es ihrer Partnerin ausgesprochen übel, wenn sie ihnen nicht den Rücken stärkt. Und sie sind auf diesen Rückhalt stärker angewiesen, weil andere intime Vertraute fehlen.

Was passiert mit Rolfs Stress, wenn Marlies sich nicht an die Regel »Keine Kritik« hält? Bekommt Rolf nicht die erhoffte Bestätigung von Marlies, steigt sein Stresspegel von 100 Prozent leider nochmals an. Wie stark? Das kommt auf den Einzelfall an. Und darauf, wie Rolf mit der Enttäuschung über die Kritik umgeht. Fest steht: Sein Stresspegel steigt nochmals an. Von 100 Prozent auf 120 zum Beispiel.

SIND MÄNNER WIRKLICH VOM MARS?

Das ist anders herum natürlich genauso. Auch Marlies braucht nach einem anstrengenden Tag keine Kritik von Rolf und auch keinen Hinweis, wie sie alles besser hinbekommen hätte. Ich betone das so eindringlich, weil ich in der Beratung von Paaren immer wieder auf Frauen treffe, die Bücher darüber gelesen haben, dass Männer angeblich vom Mars sind und aus diesem Grund nur mit Ratschlägen auf die Berichte ihrer Frauen reagieren können. Frauen dagegen sind (angeblich) von der Venus und reagieren einfühlsam. Das ist ein populärer Liebes-Mythos, der für Partnerschaften fatale Folgen hat.

Glaubt eine Frau an diese Sicht der Dinge, dann akzeptiert sie, dass ihr Partner für seinen Stress zwar Rückhalt bekommt, sie selbst aber leer ausgeht. Sie bekommt keine emotionale Unterstützung, wenn sie Stress hat. Sie bekommt stattdessen Ratschläge mit der Botschaft »So hättest du das besser hinbekommen«.

In einer solchen Beziehung ist die Wahrscheinlichkeit hoch, dass die Frau ihre unterstützende Haltung gegenüber ihrem Partner nach und nach aufgibt und ihn ebenfalls kritisiert oder mit Ratschlägen bedenkt, wenn er Stress hat.

Wir alle, Männer wie Frauen, wollen nach einem schwierigen Tag nur eines hören: *armer Schatz.* Und wenn uns der andere dazu noch in den Arm nimmt, kann das auch nicht schaden.

KANN MAN SOLCHE GESPRÄCHE AUS DER BEZIEHUNG »AUSLAGERN«?

Ich habe Sie im ersten Teil des Buches eindringlich davor gewarnt, die Sexualität aus der Partnerschaft auszulagern und an einen Lover zu delegieren (▶ Irrtum Nr. 10: Eine Affäre kann eine Beziehung beleben). Diese Warnung will ich für das *Gespräch über den Tag* erneuern. Auch das Gespräch über persönliche Gedanken und Gefühle lässt sich nicht gefahrlos aus der Partnerschaft auslagern, zum Beispiel in Freundschaften oder in eine Psychotherapie. Auch auf diese Weise kann eine Partnerschaft gefährlich unterhöhlt werden.

Es ist gut, wenn Marlies bei ihrer Freundin und ihrer Schwester ein offenes Ohr findet für ihre Sorgen und Nöte. Aber diese Gespräche können auch zu einer Gefahr für ihre Partnerschaft werden. Hören tatsächlich andere Menschen immer aufmerksamer zu als Rolf, dann kann es durchaus passieren, dass Marlies eines Tages ganz begeistert ist vom supernetten Gespräch mit ihrem alten Schulfreund Kurt, der seit einem Jahr wieder Single ist, dass sie die Gespräche mit Kurt mehr und mehr genießt – und ihn mit der Zeit immer sympathischer findet. Das Gleiche gilt, wenn Rolf, frustriert von den Gesprächen mit Marlies, vielleicht mit der netten neuen Kollegin Susanne ab und an einen Kaffee trinken geht und mit ihr intimere, persönlichere Gespräche führt als mit seiner Frau. Bei jedem dieser Gespräche schneidet Marlies dann im Vergleich mit der Kollegin schlecht ab. Mit absehbaren Folgen. Irgendwann fühlt sich Rolf im Gespräch mit Susanne deutlich besser als mit seiner Frau. Er bekommt Anerkennung, Bewunderung und Verständnis. Er bekommt eine große Portion *Vitamin V* – von einer anderen Frau. Bekommt er das regelmäßig und über längere Zeit, dann lebt er in einem Zustand der emotionalen Untreue. Er führt private, persönliche Gespräche mit einer anderen Frau. Die Bindung zu Susanne wächst und wächst auf diese Weise. Die Bindung an Marlies wird dagegen schwächer und unverbindlicher.

Nicht anders sieht es auf Marlies' Seite aus. Ist Kurt für sie über lange Zeit ein engerer seelischer Vertrauter als Rolf, dann ist die Wahrscheinlichkeit hoch, dass die beiden die erlebte Intimität noch einmal verstärken wollen. Seelische wie körperliche Verbundenheit sind beim Menschen kaum voneinander zu trennen (▸ Irrtum Nr. 3: Sexualität ist ein Trieb).

Was Rolf braucht, das ist seelische Intimität mit seiner Frau. Marlies muss seine engste Vertraute sein, die ihm Verständnis, Bewunderung und Anerkennung schenkt. Und Rolf muss der wichtigste, intimste Freund sein, den Marlies hat. Nur dann ist ihre Partnerschaft im Lot.

DIE TRIAS DER INTIMITÄT

Das Gespräch ist nicht die einzige Form, in der wir Intimität in einer Partnerschaft erleben. Sexualität ist der zweite Bestandteil der *Trias der Intimität*. Und der dritte: Zärtlichkeiten, Küsse und Umarmungen.

Haben Sie sich eigentlich gefragt, wie Marlies und Rolf sich wohl begrüßt haben, als sie am Tennisplatz aufeinandertrafen?

Nein? Das sollten Sie aber, denn das ist sehr wichtig. Wichtiger zumindest als die Frage, ob die beiden in ihrer Freizeit gemeinsamen Aktivitäten nachgehen. Haben sich Marlies und Rolf zur Begrüßung geküsst? Und wenn ja – wie lange? Haben sie sich dabei auch in die Augen geschaut, hat einer den Blick des anderen gesucht? Haben die beiden sich umarmt und wenn ja – wie lange? Diese Fragen sind von großer Bedeutung für die Zukunft ihrer Partnerschaft.

Im Alltag die körperliche Zuwendung einzustellen, bringt eine Partnerschaft in große Gefahr. Es beeinträchtigt in aller Regel auch die Sexualität. Paare, denen etwas an ihrer Partnerschaft liegt, sollten deshalb unbedingt in Kontakt miteinander bleiben – auch körperlich. Sie sollten sich einander aufmerksam und liebevoll zuwenden. Tagtäglich.

Bei *Umarmungen* empfehle ich vielen Paaren, die zu mir in die Beratung kommen, gern das Programm »7 x 7«. Es sieht vor, dass sich ein Paar sieben Mal am Tag für sieben Sekunden umarmt. Das stärkt die emotionale wie körperliche Verbundenheit gleichermaßen. In gerade einmal 49 Sekunden! Man sollte bei diesen Umarmungen den Körper des Partners spüren. Weil die meisten dabei intuitiv den Kopf rechts vom Kopf des anderen halten, liegen die Herzen zudem ganz nahe beieinander. Diese Form der Umarmung wird deshalb auch die *Herzumarmung* genannt. Mein Tipp: Umarmen Sie sich morgens beim Abschied und abends beim Wiedersehen auf diese körperlich intensiv spürbare Art und Weise. Sie werden bald spüren: »7 x 7« fördert den Zusammenhalt und auch die Erotik.

Küsse sollten bei jeder Verabschiedung und Begrüßung eine Rolle spielen. Und damit meine ich keinen kurzen Freundschaftskuss. Lassen Sie sich mindestens fünf Sekunden lang Zeit dafür. Küssen Sie sich morgens, wenn Sie auseinandergehen. Küssen Sie sich abends, wenn Sie sich wieder sehen. Und küssen Sie sich, wenn Sie zu Bett gehen. Auch das stärkt die körperliche wie die seelische Verbundenheit.

WENN DER HUND WICHTIGER IST ALS DIE PARTNERIN

Als Kolumnenschreiber bekomme ich manchmal erstaunliche Fragen zugesandt. So wie diese: »Wir haben seit einigen Wochen einen Hund. Seitdem werde ich von Tag zu Tag ungehaltener. Wenn mein Mann von der Arbeit kommt, begrüßt er unseren Hund überschwänglich. Und zu mir sag er nur ›Hallo‹. So geht es doch wohl nicht, oder?«

Mir läuft es eiskalt den Rücken runter, wenn ich solche Zuschriften lese. Wie lange bleibt ein Paar ein Paar, wenn der Hund so viel wichtiger ist als die eigene Ehefrau? Schwer zu sagen. Es hängt davon ab, wie lange die beiden schon ein Paar sind. Eine Partnerschaft zerbröselt manchmal innerhalb weniger Wochen, wenn ein Paar gleich nach der stürmischen Zeit der Verliebtheit zusammenzieht und sich dann nur noch mit einem unterkühlten »Hallo« begrüßt und verabschiedet. Besonders leicht ist eine junge Liebe zu zerstören, wenn einer dem anderen das »Hallo« nur noch vom Sofa aus zuruft und dabei gebannt auf den Fernseher schaut. Oder gerade dringend etwas bei Facebook posten muss. Ein Paar, das schon lange zusammen ist, hält es oft über viele Jahre in diesem Zustand des »Hallo«-Sagens aus. Als unglückliches Paar.

Und vielleicht interessiert Sie noch meine Antwort auf die Frage, ob der Hund zur Begrüßung wichtiger sein darf als die Ehefrau? Hier ist sie:

»Sie haben völlig Recht. So geht es wirklich nicht. Ich frage mich jetzt allerdings, ob das mit der lieblosen Begrüßung auch schon vor dem Hund so war, oder ob ihr Mann den Hund jetzt zum Anlass genommen hat, Sie deutlich sichtbar als die Unwichtigere von beiden zu behandeln.

Einerlei, welche der beiden Varianten vorliegt – Sie haben ein Problem. Es geht nicht an, dass Ihr Mann den Hund freudig begrüßt und Sie sind die allerselbstverständlichste Sache dieser

Welt. Sie haben allen Grund, die Angelegenheit zum Anlass für ein ernstes Gespräch zu nehmen. Machen Sie ihm deutlich, wie Sie sein Verhalten empfinden. Es geht nicht um Vorwürfe. Sprechen Sie von sich und Ihren Gefühlen. Lassen Sie sich nicht mit Floskeln abspeisen und auch nicht mit Vorhaltungen, Sie seien in der Angelegenheit zu empfindlich. Sie haben das gute Recht, an dieser Stelle empfindlich zu sein. Sie dürfen – ja, Sie müssen darauf bestehen, dass er sein Verhalten ändert. Sonst geht Ihre Partnerschaft einen schwierigen Weg.

Gut möglich, dass Sie beide schon eine Weile nicht mehr so eng miteinander verbunden sind und dass Ihnen das durch Ihren Hund und die Unterschiede in der Begrüßung durch Ihren Mann erst so richtig klar geworden ist. Wenn ein Partner von der Arbeit kommt, dann ist die Art der Begrüßung keine Nebensächlichkeit. Wir sollten es nie bei einem einfachen »Hallo« belassen. Ich plädiere für eine innige Begrüßung. Das heißt, dass mehr drin sein sollte als ein flüchtiger Kuss. Immerhin haben Sie sich einen ganzen Tag lang nicht gesehen. Sich dem anderen zuzuwenden, dass kann auch heißen, sich richtig zu umarmen, den Körper des anderen zu spüren. Wie lange? Ich bin für mindestens sieben Sekunden. Das schafft Nähe.

In Zukunft sollten also immer Sie an erster Stelle kommen, wenn Ihr Mann nach Hause kommt. Und nach der Umarmung mit Ihnen kommt dann der Hund an die Reihe. Er soll ja auch nicht zu kurz kommen. Da sind auch Hunde ganz empfindlich.«

IRRTUM **NR. 19**:

»NUR WER SICH SELBST LIEBT, KANN AUCH ANDERE LIEBEN.«

Wieso Liebesfähigkeit und Selbstliebe zwei unterschiedliche Fähigkeiten sind

Claudia und Mark sind seit vier Jahren ein Paar. Anfangs ging es ihnen super miteinander. »Noch nie war ich so verliebt in einen Mann und so fest davon überzeugt, dass er richtig gut zu mir passt«, schwärmt Claudia. Ihre Augen leuchten, wenn sie von der ersten Zeit mit Mark erzählt. Mark ist ihr absoluter Traummann. Er sieht gut aus, weiß sich zu benehmen. Und anders als ihr vorheriger Partner weiß er, was er beruflich erreichen will. Er ist zielstrebig – das gefällt ihr. Mit ihm will die 34-Jährige Kinder haben. Mit ihm kann sie sich vorstellen, gemeinsam alt zu werden.

Jetzt, nach vier bewegten Jahren, ist von der Euphorie der Anfangszeit nicht mehr viel übrig. Claudia wirkt nervös und fahrig, wenn sie spricht. Sie nörgelt viel an Mark herum, schon seit zwei Jahren geht das so. Warum? Sie weiß es nicht. Dann kommt eines Tages die Erkenntnis: Es ist ihr Mangel an Selbstliebe. »Lies dieses Buch, es wird dir die Augen öffnen«, sagt ihre Freundin Marita zu ihr. So erfährt Claudia, was mit ihr los ist. Es liegt an ihr und ihrer mangelnden Eigenliebe, dass es um ihre Beziehung so schlecht steht. Claudia ist erleichtert, endlich weiß sie, was mit ihr und ihrer Liebe los ist – glaubt sie.

Nur wer sich selbst lieben kann, der vermag auch andere zu lieben. Haben Sie auch schon mal von dieser – angeblichen –

Liebesweisheit gehört? Es ist in Deutschland ausgesprochen schwer, *nicht* davon zu hören. Nirgendwo auf der Welt wird so sehr an die *Selbstliebe* als Voraussetzung für die Liebe zu einem anderen Menschen geglaubt wie hier bei uns.

WIE DIE IDEE VON DER BEDEUTUNG DER SELBSTLIEBE ENTSTAND

Die Idee der Selbstliebe als zentraler Größe in der partnerschaftlichen Liebe stammt vom Psychoanalytiker und Soziologen Erich Fromm. In seinem berühmten Buch »Die Kunst des Liebens« stellt er fest, dass nur derjenige andere lieben kann, der sich selbst liebt. Diese Idee von Erich Fromm ist ungeheuer populär geworden. Natürlich ist diese Idee, wie das allermeiste, was wir über die Liebe glauben, nicht wissenschaftlich geprüft. Es ist ein Glaubenssatz. Mehr nicht. Die Folgen dieses Glaubens können sehr unangenehm sein und eine Partnerschaft massiv gefährden. So wie die von Claudia und Mark.

Werfen wir, um das zu verstehen, einen *rationalen* Blick auf die Liebe. Liebe ist demnach zwar ein Gefühl, ein besonders intensives sogar. Sie hat aber aus sich heraus nicht dauerhaft Bestand. Wie jede *nahe soziale Beziehung* lebt sie von dem, was wir für einen anderen tun. Wir müssen für ihn da sein, ihm zuhören – aufmerksam zuhören! Wir müssen uns für seine Belange interessieren. Dauerhaft. Tag für Tag. Die Liebe lebt also weiter *durch unser Verhalten*.

In Bezug auf Freundschaften ist dieses rationale Verständnis von gefühlsmäßigen Bindungen für die meisten Menschen gut nachvollziehbar: Eine Freundschaft bleibt nur bestehen, wenn wir uns den Freunden immer wieder zuwenden. Positiv zuwenden! Freunde wollen nicht bei jeder Begegnung alle möglichen Kritikpunkte aufgelistet bekommen. Und sie mögen es nicht, wenn wir uns nicht mehr an das erinnern können, was sie uns bei der letzten Verabredung erzählt haben. Und falls wir nie Zeit für sie haben, sind Freundschaften sehr gefährdet.

Auch die Beziehungen zu unseren Kindern sind solch enge soziale Bindungen – und auch sie leben davon, dass wir für den anderen da sind. Wir müssen, damit *enge soziale Beziehungen* Bestand haben, die beiden wichtigsten Dinge aufwenden, über die wir als Menschen verfügen: Zum einen *Zeit*, zum anderen *Energie*, also *Aufmerksamkeit*. Wenn wir das tun, bleiben die positiven Gefühle bestehen, die uns mit anderen verbinden. Tun wir das aber nicht, dann gehen Beziehungen auseinander. Die Gefühle flauen ab. Ist der andere in wichtigen Situationen nicht für uns da oder verhält er sich sogar negativ, dann schlagen positive Gefühle möglicherweise auch in Enttäuschung um.

Nicht anders ist es in der partnerschaftlichen Liebe. Auch sie hat dauerhaft nur dann Bestand, wenn wir *Zeit* und *Energie* (sprich: *Aufmerksamkeit*) für den Partner aufbringen. Wir müssen uns für den anderen interessieren. Eine lange, stabile und glückliche Liebe lebt im Kern also von der positiven emotionalen Zuwendung zum anderen, sie lebt vom *Füreinander-da-Sein*.

FUNKTIONIERT EINE LIEBE AUCH OHNE SELBSTLIEBE?

Zurück zu unserer Frage, ob die Selbstliebe die Grundvoraussetzung für die Liebe zu einem Partner ist. Gibt es irgendeinen logischen Grund dafür, anzunehmen, dass ein Mensch, der über Selbstliebe verfügt, deshalb auch schon weiß, wie man eine Partnerschaft dauerhaft glücklich erhält? Versteht er, allein weil er mit sich und seinem Leben im Reinen ist, dass Liebe tägliche Pflege braucht? Die Antwort auf diese Fragen lautet: *Nein*.

Es gibt unzählige selbstbezogene Egoisten, die in ihrer Kindheit nicht gelernt haben, für andere da zu sein, und die denken, die Liebe bestünde nur aus den Gefühlen der Verliebtheit. Es ist mithin auch ganz leicht, an einen Menschen zu geraten, der zwar über reichlich Selbstliebe verfügt, nicht aber über die Fähigkeit, eine Beziehung zu führen. Weil er nicht gelernt hat, das Richtige dafür zu tun.

Schauen wir uns die Beziehung von Mark und Claudia genauer an: Als die beiden zu mir kommen, wirkt Claudia eher unsicher, Mark dagegen strahlt aus: »Hoppla, hier komme ich!« Gleich als er den Beratungsraum betritt, sucht er sich das Sofa als den schönsten Platz aus. Höfliche Männer überlassen ihrer Partnerin die Wahl. Mark ist kein höflicher Mann – so viel steht fest. Er führt im Folgenden das Wort, beschwert sich wortreich über Claudia. Für alle Probleme in der Beziehung ist in seinen Augen sie verantwortlich. Claudias Annahme, dass ihr Mangel an Selbstliebe in ihrer Partnerschaft Probleme verursacht, kommt Mark sehr gelegen. Claudias Kindheit war kompliziert, Mark war Einzelkind und wurde von beiden Eltern sehr bewundert und verwöhnt. In seinen Augen kann nur Claudia daran schuld sein, wenn es zwischen den beiden schlecht läuft. Ich bin immer sehr kritisch, wenn sich beide Partner darauf geeinigt haben, dass einer von beiden *das Problem* ist. Schwierigkeiten in einer Beziehung werden in der Regel nicht von einem der beiden Beteiligten allein verursacht. Sie resultieren aus dem Verhalten beider Liebender, aus deren Zusammenspiel.

Bei den beiden sieht das so aus: Kommt Mark von der Arbeit, dann steht er im Mittelpunkt. Will Claudia von sich erzählen, hat er noch dringend einige Mails zu schreiben. Für den Haushalt ist fast ausschließlich Claudia zuständig, sie putzt, kocht, wäscht und bügelt seine Hemden. Mark fährt mit dem Auto in die Waschanlage. Und er bringt den Müll runter. Das ist sein Beitrag im Haushalt. Mehrfach unterbricht Mark Claudia, als sie erzählen will. Manchmal stöhnt er genervt. Mein Eindruck: Claudia hat an der Seite von Mark gelernt, mit sehr kleinen Portionen an Zuwendung, Unterstützung und Anerkennung auszukommen. Der Gedanke drängt sich auf: Kann es sein, dass Mark es ist, der sich beziehungsschädigend verhält, und Claudia, die mit ihrer mangelnden Selbstliebe beschäftigt ist, bemerkt es nicht einmal?

Hier stellt sich die Frage: Ist es denkbar, dass ein Mensch zwar wenig Selbstliebe hat, weil er in seiner Kindheit gelernt hat, sich abzulehnen, dass er gleichzeitig aber die Fähigkeiten hat (oder im Laufe seines Lebens erwirbt), die es für eine glückliche Partnerschaft braucht? Die Antwort auf diese Frage lautet: Ja – zumindest solange dieser Mensch nicht tatsächlich einen Selbsthass entwickelt hat. Menschen mit einer unglücklichen Kindheit haben häufig gelernt, für andere da zu sein, und sind deshalb in der Liebe oft ausgesprochene Realisten.

Die Welt ist also nicht nur voller selbstbezogener Egoisten, sondern auch voller Menschen mit einer geringen Selbstliebe, die über ein erstaunliches Vermögen verfügen, dauerhaft glückliche Beziehungen zu haben. Sich selbst aber können sie nur bedingt akzeptieren. Dazu haben sie in ihrer Kindheit zu wenig Wertschätzung erlebt.

BAUSTEINE DER LIEBESFÄHIGKEIT

Erich Fromm beließ es in seinem Buch von der »Kunst des Liebens« nicht dabei, auf die Eigenliebe als eine Fähigkeit für eine gute Partnerschaft hinzuweisen. Er entwickelte vielmehr einen ganzen Kanon an Eigenschaften, die ein Mensch für eine gelingende Liebe braucht. Schon den Begriff der *Kunst* hat Erich Fromm sehr bewusst gewählt. Kunst kommt von Können, sagt man. Die Liebe – so Fromms Credo – ist nicht einfach ein Gefühl, dem wir uns nur hingeben können und schon ist unsere Liebe perfekt, dauerhaft und glücklich. Die Liebe erfordert vielmehr Fähigkeiten wie *Fürsorge* für andere, *Verantwortungsgefühl* und auch *Erkenntnis*. Damit meint Fromm die Selbsterkenntnis des Einzelnen. Wer sich kennt, der ist ein besserer Partner. Das ist eine tiefenpsychologische These, die viele Therapeutinnen und Therapeuten teilen.

Der Dreh- und Angelpunkt bei der Liebe ist demnach nicht einfach nur die Selbstliebe, sondern ein ganzes Bündel an Fähigkeiten, an *Liebesfähigkeiten*. Sind sie gering, dann gelingen auch Beziehungen nicht. Die Wahl eines anderen Liebespartners hilft dann ebenfalls nicht.

ERFAHRUNGEN IN DER BERATUNG

In Paarberatungen treffe ich häufig auf Menschen, denen es an Selbstliebe nicht im Geringsten mangelt – denen aber sehr wohl viele, die Partnerschaft fördernde Eigenschaften abgehen. Mark ist ein solcher Mann. Er will und kann nicht für einen anderen Menschen da sein. Er will sich auch nicht der Mühe unterziehen, seine Partnerin zu verstehen. Es mangelt ihm an Hinwendung zum anderen – aber keineswegs an Selbstliebe.

Diese Sicht bestätigt auch die Paarberaterin und Sexualtherapeutin Berit Brockhausen. »Es ist nicht nötig, sich selbst zu lieben, um in einer Beziehung glücklich zu sein«, sagt die bekannte Therapeutin und Kolumnistin, die seit über 25 Jahren Paare berät. Sie betont stattdessen einen ganz anderen entscheidenden Aspekt von Liebe: Wir müssen unsere Wünsche an den anderen ernst nehmen und für sie eintreten (▶ Irrtum Nr. 20: Den Partner kann man nicht ändern). Berit Brockhausen: »Eine erwachsene Liebesbeziehung auf Augenhöhe gelingt, wenn jeder der Partner sich selbst ernst nimmt und wirkungsvoll etwas dafür tut, damit seine Bedürfnisse erfüllt werden können.«

Nur wer sich selbst lieben kann, der vermag auch andere zu lieben? Nein. Die Selbstliebe ist nur eine mögliche Facette einer glücklichen Partnerschaft – und sie ist bei Weitem nicht die wichtigste. Der ausschließliche Blick auf die Selbstliebe führt viele Frauen in die Irre. So wie Claudia. Mit einem ausgesprochen egoistischen, selbstbezogenen und selbstzufriedenen Partner eine Beziehung zu führen ist schwer. Da hilft die Konzentration auf die Selbstliebe nicht weiter. Was weiterhilft, das ist, den Partner und sein Verhalten zu verändern. Ach ja, ich vergaß: Das geht ja angeblich nicht. Partner kann man nicht ändern. Noch so eine populäre Ansicht über die Liebe. Und ebenfalls ein Mythos.

IRRTUM **NR. 20**:

»DEN PARTNER KANN MAN NICHT ÄNDERN.«

Wieso es unabdingbar ist, den Partner zu verändern, um in einer glücklichen Beziehung zu leben

Marlene kommen die Tränen. Ihr Mann Sebastian verhält sich nicht so, wie sie es gern hätte. Sie erwartet sich mehr Aufmerksamkeiten von ihm. Blumen ab und an. Hin und wieder ein kleines Geschenk. Eine Überraschung. Opernkarten zum Beispiel. Etwas, das ihr zeigt, dass sie für ihn etwas Besonderes ist. Doch sie bekommt nichts von alledem. Darüber ist sie verzweifelt, sehr verzweifelt sogar. Sie denkt an Trennung – und das schon seit einigen Jahren.

Hat Marlene jemals versucht, Sebastians Verhalten zu ändern? Hat sie ihm klargemacht, wie sehr sie sich das alles wünscht? Marlene reißt die Augen auf. Nein. So etwas kann sie sich nicht vorstellen. Aber was tut sie stattdessen, wenn sie sich nicht traut, ihrem Mann direkt zu sagen, was sie sich von ihm wünscht? Sie kritisiert ihn, nörgelt an ihm herum. In den letzten zwei Jahren zeigt sie ihm auch deutlich ihre Unzufriedenheit, weint und sagt Sebastian, wie unglücklich sie mit ihm ist. Sebastian, gutmütig wie er ist, lässt das alles über sich ergehen. Er hat keine Ahnung, warum Marlene ihm alle paar Wochen eine Szene macht. Wahrscheinlich sind es die Hormone, denkt er (wie viele Männer) – sie bekommt wohl ihre Tage. Was Marlene sich genau von ihm wünscht, davon hat Sebastian keine Ahnung.

Und das soll besser sein, als ihm klar und deutlich zu sagen, was sie will? Erstaunlich! Wie kommt Marlene nur darauf?

»Seinen Partner kann man nicht ändern«, sagt Marlene erschrocken. *Den Partner kann und soll man nicht ändern* – über kaum einen anderen Irrtum wundere ich mich immer wieder so sehr wie über diesen. Wer darauf verzichtet, das Verhalten des Partners zu verändern, der geht den direkten Weg ins Unglück. Wir müssen und wir sollen unsere Wünsche an den Partner oder an die Partnerin formulieren. Wenn wir das nicht tun, dann bekommen wir in einer Partnerschaft nicht das, was wir dringend brauchen, um uns wohl zu fühlen. Wir passen uns stattdessen an. Oder wir reduzieren unsere Ansprüche und reagieren zunehmend gereizt auf den anderen. Leidtragende sind in der Regel beide Partner – wie bei Marlene und Sebastian. Die sind beide erkennbar unglücklich mit ihrer Situation.

MEIDEN SIE DIE SCHULDFRAGE

Wenn Paare unzufrieden miteinander sind – wie Marlene und Sebastian – dann tun sie in der Regel vor allem eines: Sie versuchen die Schuldfrage zu lösen. Jeder von beiden fragt sich also: *Wer ist schuld daran, dass ich mich so schlecht fühle?* Die naheliegende Antwort ist, dass es nur der andere sein kann. Auf diese Weise entstehen Machtkämpfe mit Verlierern auf allen Seiten. Die Schuldfrage ist eine Schuldfalle. Wer sie stellt, der verliert. Immer und in jedem Fall. Und die Folgen sind immer die gleichen. Alles wird noch schwieriger.

Meiden Sie auch *die Frage nach den Gründen* – sie ist genauso wenig sinnvoll wie die Schuldfrage. Denn schnell findet jeder Ursachen und Gründe beim Partner und erklärt ihn für verantwortlich. Und schon haben sich beide schachmatt gesetzt. Eine Lösung aber haben sie nicht. Fazit: Die Frage nach den Gründen führt Paare in der Regel in den gleichen Sumpf von Beschuldigungen und Gegenbeschuldigungen, von Vorwürfen und Gegenvorwürfen wie die Schuldfrage.

Meiden Sie auch die Frage: *Wer ist im Recht?* Wer den Partner ernsthaft ändern will, der sollte sich davon verabschieden, dass er mit seinen Wünschen, Bedürfnissen und Vorstellungen von dem, was einer Partnerschaft gut tut, *im Recht ist*. Der andere hat andere Vorstellungen davon, was richtig ist und was falsch. Und so landen Paare auch bei dieser Frage ganz schnell in einem Grabenkampf. Dabei gibt es meist zwei Verlierer – und keinen Gewinner.

BESCHLIESSEN SIE, DAS VERHALTEN IHRES PARTNERS ZU VERÄNDERN

Wie ändere ich meinen Mann? Wie ändere ich meine Frau? Und ist es überhaupt legitim, den Partner oder die Partnerin verändern zu wollen? Sollten wir den anderen nicht einfach so nehmen, wie er ist, ohne Veränderungswünsche? Die Antwort auf diese Frage lautet eindeutig: *Nein.* Einen Veränderungswunsch an den Partner zu haben, das ist Ausdruck der eigenen Persönlichkeit und der eigenen Bedürfnisse in einer Partnerschaft. Wer seinen Partner grundsätzlich idealisiert und ihn einfach so lässt, wie er ist, der ist auf dem besten Weg, seine Beziehung in eine gefährliche Sackgasse zu manövrieren. Wer nicht weiß, was er an seinem Partner gern verändern möchte, der kennt sich selbst nicht. Wer nicht weiß, was er an seiner Partnerin ändern möchte, dem fehlt der Mut, zu sich und seinen Bedürfnissen zu stehen.

Wünsche an die Beziehung und an den Partner halten eine Beziehung lebendig. Wünsche zu erkennen und sie zu äußern, verhindert das langsame Absterben einer Liebe und das Versiegen der Sexualität. Das ist das klare Ergebnis vieler Studien zur Partnerschaft.

Wünsche an den Partner zu haben, das entlastet eine Beziehung enorm. Was passiert denn sonst? Wer nicht ab und an deutlich »ich« sagt, wer keine Veränderungswünsche an den Partner hat, der neigt zu Nörgeleien und zu Vorwürfen. Das sind beides keine partnerschaftsfreundlichen Verhaltensweisen.

Dabei lässt sich jeder Vorwurf leicht in einen Wunsch oder eine Bitte umformulieren.

- Ich würde mich freuen, wenn wir mal wieder essen gehen.
- Kannst du bitte heute den Abwasch übernehmen?
- Könntest du dir vorstellen, an zwei Tagen in der Woche die Kinder in die Kita zu bringen?

Die beiden letztgenannten Beispiele zeigen übrigens eine weitere Möglichkeit, Wünsche in der Partnerschaft anzusprechen – mit einer Frage. Wünsche, Bitten und Fragen haben etwas Unwiderstehliches. Sie sind eine ausgesprochen höfliche Form, für eigene Bedürfnisse einzutreten. Und genau das macht es dem Partner schwer, auf einen Wunsch oder eine Bitte oder eine Frage mit einem »Nein« zu reagieren. Denn einen Wunsch erfüllen die allermeisten Menschen – Männer wie Frauen – gern. Auf eine Forderung, eine Klage oder eine Kritik aber reagieren sie mit Ablehnung – und mit Widerstand.

WIRKT TATSÄCHLICH: POSITIVE BESTÄRKUNG

Den Partner verändern – um das effektiv und geräuschlos zu bewerkstelligen braucht es noch eine weitere Komponente. Sie heißt: Lob. Kaum eine andere Regel des zwischenmenschlichen Lebens ist so gut wissenschaftlich belegt wie die Tatsache, dass Lob, Zuwendung und Anerkennung am allerbesten dazu beitragen, das menschliche Verhalten zu verändern. Es ist das Prinzip der *positiven Bestärkung*, das hier wirkt.

Manchmal erstaunt es mich schon, wie viele Menschen glauben, einen anderen durch Kritik verändern zu können. Hunde bekommen ein Leckerli, wenn sie etwas richtig gemacht haben. Bei Kindern gilt es als eine wichtige Erziehungsregel, dass ein Lob Flügel verleiht. Wie wahr! Und in der Partnerschaft soll das alles nicht gelten? Da sollen Kritik, Tadel und Vorwürfe dazu führen, dass der Partner sein Verhalten ändert? Unwahrscheinlich. Und nicht nur das. Es ist uneffektiv. Denn wer es mit Tadel, Vorwürfen und Kritik versucht, der bekommt nicht, was er sich wünscht. Eher noch das Gegenteil. Bei einer höflichen – also positiven – Vorgehensweise aber ist der Partner oder die Partnerin zu vielen Veränderungen zu bewegen. Zu vielen, aber nicht zu allen. Nicht alle Probleme in einer Partnerschaft sind nämlich lösbar. Auch dieses Wissen gehört zu einer realistischen Sicht auf die Liebe (▶ Irrtum Nr. 24: Probleme in einer Partnerschaft muss man lösen).

LEGEN SIE SICH EINE AGENDA ZU

Ich möchte Ihnen jetzt eine Übung vorschlagen, bei der es um Ihre Veränderungswünsche an Ihren Partner geht. Schreiben Sie auf, was Sie in Ihrer Beziehung gern ändern würden. Machen Sie eine lange Liste. Schreiben Sie auf, was Ihnen einfällt, Wichtiges und Unwichtiges, ganz wie es Ihnen in den Sinn kommt.

Fangen Sie in einem zweiten Schritt an, die für Sie wirklich wichtigen von den weniger wichtigen Punkten zu trennen. Am Ende sollen maximal sieben Veränderungswünsche übrig bleiben, die Sie als wichtig ansehen. Und nun markieren Sie die drei absolut wichtigsten. Die, auf die Sie auf keinen Fall verzichten wollen, komme, was da wolle.

Wenn Sie diese drei Schritte hinter sich haben, dann wissen Sie genauer, wie Sie sich in Ihrer Partnerschaft fühlen. Sie wissen genauer, was Sie stört, welche Punkte sie gern verändern wollen, *wenn es denn möglich ist*. Hüten Sie diese Liste wie einen Schatz. Sie ist die Garantie, dass Sie erreichen, was Sie wollen. Es ist Ihre Liste! Zeigen Sie sie bitte nicht Ihrem Partner. Sie ist die Grundlage für Ihr ganz persönliches Programm zur Verbesserung Ihrer Partnerschaft.

Solche Listen sind nicht in Stein gemeißelt. Sie fallen sehr unterschiedlich aus, je nachdem, was in Ihrer Beziehung gerade vorgefallen ist. Es lohnt sich also immer mal wieder, eine solche Liste zu erstellen. Gehen Sie bitte nicht davon aus, dass diese Liste

Ihre Beziehung zutreffend beschreibt. Es ist *Ihr* Blick auf das, was in Ihren Augen nicht so läuft, wie Sie es gern hätten. Diese Auflistung drückt also vor allem *Sie* aus, *Ihre* Gedanken, Gefühle, Wünsche und Sehnsüchte.

Ich kann Ihnen nicht versprechen, dass Sie alle Punkte auf Ihrer Liste auch umsetzen können. Möglicherweise werden Sie Abstriche machen müssen, jedenfalls, wenn Sie sie gern mit *dem* Partner verwirklichen wollen, der zurzeit an Ihrer Seite ist.

Eines aber kann ich Ihnen mit Sicherheit versprechen: Wenn Sie wissen, was Sie wollen, dann haben Sie und Ihr Partner schon jetzt gewonnen. Je klarer Ihnen ist, was Sie erreichen wollen, desto besser sind Ihre Aussichten auf eine befriedigende Partnerschaft und eine gute Sexualität.

Marlenes Liste ist lang. Keine Frage. Ganz oben aber stehen die Opernkarten und die Blumen. Sie wünscht sich von Sebastian, dass er sie ein- oder zweimal im Jahr in die Oper einlädt. Und Blumen wünscht sie sich auch. Alle zwei Wochen etwa.

Können Sie sich vorstellen, dass Sebastian zu diesen beiden Schritten nicht zu bewegen ist? Ganz ehrlich: Ich habe noch keinen Mann erlebt, der zu so etwas nicht zu bewegen war. Der Beziehung zuliebe, versteht sich. Nicht etwa, weil *Marlene im Recht ist.* Marlene soll lernen, in Zukunft selbstbewusst für ihre Bedürfnisse einzutreten. Vielleicht hat sie das in der Vergangenheit nicht getan, weil sie befürchtete, dass ein großer Streit daraus entstehen würde. Streit, den hat Marlene als Kind bei ihren Eltern oft mitbekommen. Und deshalb fürchtet sie ihn.

IRRTUM **NR. 21**:

»EIN STREIT IST WIE EIN REINIGENDES GEWITTER.«

Wieso jeder Streit einer
Beziehung schadet

Über kaum ein partnerschaftliches Phänomen gibt es so widersprüchliche Annahmen wie über den Streit. Müssen wir Streit in einer Beziehung unbedingt vermeiden, weil er sie zerstört? Oder ist Streit sogar hilfreich – wirkt er so belebend und erquickend wie ein Gewitter nach einem schwülen, heißen Sommertag?

Um zu verstehen, wie diese Ansichten entstanden sind, werfen wir einen Blick auf die Situation der ausgehenden 1960er-Jahre. Damals entwickelten Psychologinnen und Psychologen die ersten Paartherapien. Darunter war auch der Amerikaner Dr. George R. Bach, ein überzeugter Anhänger der Katharsistheorie. Nach dieser Theorie sind Schwierigkeiten in der Partnerschaft das Ergebnis unterdrückter Aggressionen. Wenn wir unsere Wut und unseren Ärger aber herauslassen, dann wird die Beziehung besser – so die Annahme.

Um seine Ideen in die Praxis umzusetzen, gab Dr. Bach seinen Klientinnen und Klienten Keulen aus Schaumgummi, mit denen sich die Partner dann gegenseitig schlugen. Danach sollten sie sich besser fühlen und wieder gut miteinander auskommen. Aus heutiger Sicht erscheint so ein Vorgehen ein wenig skurril. Aber Vorsicht: Noch in unseren Tagen können Sie an Berater und auch an Psychotherapeuten geraten, die einer ähnlichen Denkschule anhängen und die Sie auffordern, Ihrem Partner ganz deutlich

»die Meinung zu sagen« und die in Ihnen angestaute Wut gehörig »rauszulassen«. Viele Paare haben es seit den bewegten Zeiten Ende der 1960er-Jahre schon mit *die Meinung sagen* und *Wut rauslassen* versucht. Die Ergebnisse sind allerdings ausgesprochen frustrierend – und von einer Verbesserung der Partnerschaft durch Aggression ist nichts zu spüren.

Jeder, der schon einmal so einen Streit mitgemacht hat, weiß, was von der Katharsistheorie zu halten ist: Sie funktioniert in der Praxis einfach nicht. Aber warum? Warum stellt sich nach einem heftigen Angriff auf den Partner keine Harmonie ein? Ganz einfach: Die wenigsten Menschen reagieren auf einen Angriff mit Einsicht. Sie sagen nicht: »Ja, da hast du Recht. Ich habe mich wirklich unmöglich verhalten. Danke, dass du mir das so deutlich gesagt hast. (Pause) Was hältst du von Kuscheln?«

Stattdessen passiert in schöner Regelmäßigkeit etwas ganz anderes: Die allermeisten Menschen reagieren mit einer *Verteidigung*. Oder vielmehr mit dem, was sie dafür halten: Sie reagieren ihrerseits mit Kritik, Wut und Vorwürfen, also mit einem *Gegenangriff*. Sie wollen sich die erlittene Kränkung nicht einfach so gefallen lassen. Gegenangriffe fallen bei Partnerschaftsstreitigkeiten im Allgemeinen heftig aus. Der Partner zahlt – mindestens – mit gleicher Münze heim. Auf diese Weise kann sich ein Streit in kürzester Zeit enorm verschärfen. Ein Ende finden Paare dann oft erst, wenn sie ermattet sind von all den Vorwürfen und all der Kritik. Dann erst halten sie ein und fragen sich, ob sie auf dem richtigen Weg sind – oder ob sie überhaupt mit dem richtigen Partner zusammen sind.

NEGATIVE BEWERTUNG

Aggressive Auseinandersetzungen in der Partnerschaft mobilisieren nicht nur unser Gefühlsleben. Sie fordern auch Gedanken über den Partner heraus. Etwa: *Wie kann es sein, dass der Mensch, dem ich vertraut habe und den ich sehr liebe, derart gemein zu mir ist?*

Das ist die Frage, die heftige und wütende Streitereien nach sich ziehen. Die Antwort, die wir auf diese Frage finden, entscheidet mit über den weiteren Verlauf des Streits – wie auch über den der gesamten Partnerschaft.

Grundsätzlich gibt es zwei Möglichkeiten, in welche Richtung diese Antwort gehen kann:

Die erste Möglichkeit: Man entschuldigt und erklärt das Verhalten des anderen (der Partner hat gerade viel Stress bei der Arbeit. Deshalb ist es kein Wunder, dass er gereizt reagiert). Solche positiven Erklärungen beruhigen einen Streit, weil sie zu positiven Gedanken und Gefühlen bezüglich des Partners beitragen.

Ist der Streit dann erst einmal beendet, steigen die Chancen, dass ein Paar Lösungen für seine Probleme findet. Solange es streitet, gelingt das in der Regel nicht. Das hat auch biologische Gründe: Mit dem Streit geht ein erhöhter Puls einher. Ab einer Herzfrequenz von etwa 90 stellt sich der Körper darauf ein, zu kämpfen oder zu flüchten. Dazu reduziert er die Versorgung von Körperbereichen, die gerade nicht unbedingt benötigt werden. Das ist zum einen die Verdauung. Und zum anderen sind es Teile des Großhirns, die für das rationale Denken zuständig sind. Streitende Paare können also schon rein biologisch nicht zu Lösungen finden. Dazu müssten sie sich beruhigen – und es anschließend mit einer anderen Form des Gesprächs versuchen. Einem neugierigen Gespräch über die unterschiedlichen Wünsche und Bedürfnisse zum Beispiel.

Die zweite Möglichkeit: Man schreibt das Vorgefallene dem fehlerhaften Charakter des anderen zu: Der Partner war wütend, weil er ein unbelehrbarer Choleriker ist. Solche Gedanken verschärfen einen Streit enorm. Wird der Partner moralisch und charakterlich als mangelhaft gesehen, sinkt das Vertrauen in ihn – und in die gemeinsame Beziehung. Die logische Folge hiervon ist Distanz zum Partner. Wut und Aggression lenken unseren Blick also auf die Defizite oder die vermuteten Defizite eines Menschen. Dieser Vorgang ist ganz leicht zu verstehen und alle Paare, die sich schon einmal gestritten haben, kennen die beschriebenen Effekte. Sie kennen das Eskalationsproblem, wenn es einmal zu einem Streit kommt. Was viele Paare aber nicht wissen, das ist, welche Alternative es zu *Wut rauslassen* und *die Meinung sagen* gibt. Sie wissen nicht und haben auch nicht gelernt, dass es höfliche Varianten gibt, sich auseinanderzusetzen, die nicht in die Eskalation von Aggression führen, sondern in einen sinnvollen Dialog, bei dem beide Partner sich akzeptieren und wertschätzen (▶ Irrtum Nr. 20: Den Partner kann man nicht ändern).

Vielleicht haben Sie ja innerlich gelächelt, als Sie von den Schaumgummiknüppeln des Dr. Bach gehört haben. Was für eine seltsame Idee der Mann aber auch hatte! Das Komische ist aber, dass sehr viele Paare im Streit genau so handeln, als habe Dr. Bach persönlich ihnen gerade seine Keulen in die Hand gedrückt und sie aufgefordert, ihre »Wut rauszulassen«. Die meisten nutzen verbale »Keulen«, mit denen sie den Partner traktieren. Sie beschimpfen und beleidigen den anderen, machen ihm heftige Vorwürfe. Vielleicht werfen sie dazu noch wütend die Türen oder ein paar Teller.

WO STREIT IST, DA IST KEINE LIEBE

Nach einem Streit mit Wut auf beiden Seiten und abwertenden Äußerungen fühlen sich Paare nicht erleichtert und sie fühlen sich auch nicht besser miteinander verbunden. Das Gegenteil ist der Fall. *Wo Streit ist, da ist keine Liebe.* Liebe ist positive Zuwendung. Streit ist das Gegenteil: Er ist eine geballte Ladung an Negativität. Das plötzliche Verschwinden der liebevollen Gefühle bei einem Streit ist für beide ein sehr unangenehmes Erlebnis. Sie sind deshalb in Bezug auf den Bestand der Partnerschaft verunsichert – zu Recht. Der Streit ist für eine Partnerschaft also schädlich. Allerdings gibt es klare Anhaltspunkte dafür, dass Paare sich nicht trennen, weil sie sich streiten. Sondern sie scheitern daran, *wie* sie streiten (▶ Irrtum Nr. 22: Beziehungen scheitern, weil sich Paare zu viel streiten).

IRRTUM **NR. 22**:

»BEZIEHUNGEN SCHEITERN, WEIL SICH PAARE ZU VIEL STREITEN.«

Wieso der Psychologe John Gottman
für die Formel 5:1 den Nobelpreis
verdient hat

Wenn ein Paar auseinandergeht, ist häufig ein hohes Maß an Streit mit im Spiel. Die Nerven liegen blank. Es wird laut gestritten und es kommt zu beleidigenden, herabsetzenden Äußerungen – nicht erst während der Trennung, sondern oft schon lange vorher. Und das alles zwischen zwei Menschen, die sich angeblich lieben! Für Außenstehende sieht das so aus, als ob die Partner nicht in der Lage wären, sich in wichtigen und weniger wichtigen Angelegenheiten des Lebens zu einigen. Logisch, dass sie dann streiten – denken wir. Und nach einigen immer heftiger werdenden Auseinandersetzungen kommt das Ende. Kaum einer der Freunde ist dann verwundert. Alle nehmen an, dass das Paar sich aufgrund der Streitereien trennt. Doch diese Annahme ist falsch. Grundfalsch. Wenn wir das verstanden haben, gewinnen wir ein völlig neues Bild von Partnerschaften und von ihrer Dynamik.

In langen Untersuchungen hat der amerikanische Paarforscher John Gottman festgestellt, was das Ende einer Beziehung herbeiführt. Der Aufwand, den er dafür getrieben hat, war immens. Wohl kein anderer Forscher hatte jemals so viele Möglichkeiten, über Jahre und Jahrzehnte Paare zu beobachten und aus ihrem Verhalten Schlüsse auf die Dynamik in ihren Partnerschaften zu ziehen. Gottman hat im Verlauf von mehr als vier Jahrzehnten mehr als 3000 Paare in groß angelegten Studien begleiten können.

John Gottman hat sich von Anfang an nicht auf unzuverlässige Forschungsmethoden (Befragungen) oder gar auf sehr unzuverlässige (Telefonbefragungen) verlassen. Er hat stattdessen ein Forschungsdesign entworfen, das die teilnehmende Beobachtung an Partnerschaften und ihrer Stabilität möglich macht. John Gottman hat Paare gebeten, vor laufender Kamera ein Beziehungsgespräch zu führen. Und danach hat er die Videos Sekunde für Sekunde ausgewertet. Er hat die Mimik der beiden untersucht, den Tonfall notiert, in dem jemand spricht, und natürlich auch das, was einer zum anderen sagt. Dabei hat Gottman sehr genau auf verschiedene Dinge geachtet: Wenden sich Partner einander positiv zu? Oder negativ? Zeigen sie Wertschätzung? Anerkennung? Oder Verachtung?

John Gottman hat seine Schlussfolgerungen also *aus dem konkreten Verhalten von Paaren* gewonnen. Und das lässt wesentlich präzisere Schlüsse zu, als es Befragungen können. Außerdem hat Gottman die Paare über Jahre oder gar Jahrzehnte begleitet. So konnte er genau sehen, welche Paare zusammenblieben und welche nicht.

Das Ergebnis ist eindeutig. Nicht die Tatsache, dass ein Paar streitet oder sich auseinandersetzt, ist für das Ende einer Partnerschaft maßgeblich. Entscheidend ist vielmehr das Verhältnis zwischen positiven und negativen Interaktionen. Auch glückliche Paare streiten sich und manche sagen dabei auch Dinge, die ihnen später leidtun und für die sie sich entschuldigen. Der große Unterschied liegt aber in der positiven Interaktion. Glückliche und stabile Paare wenden sich etwa fünf Mal so oft positiv einander zu wie negativ. Auf eine Beschwerde oder einen Vorwurf kommen also fünf wertschätzende Bemerkungen.

Dieses Ergebnis von John Gottmans Forschungen ist weltweit bekannt geworden. Die Formel 1:5 stand in beinahe jeder Frauenzeitschrift. Sie besagt: Eine Partnerschaft braucht die fünffache

Menge an positiven Worten und Erlebnissen, dann ist sie dauerhaft stabil und glücklich. Für diese Erkenntnis hat der Psychologe nach meiner Auffassung ganz klar den Nobelpreis verdient.

Die fünffache Menge an positiven Zuwendungen – ich persönlich finde diesen Wert noch nicht sehr ambitioniert. Verliebte Paare kommen auf die zehn- bis 20-fache Menge an positiven Erfahrungen, verglichen mit den negativen Erlebnissen.

Sehen wir uns das in einer einfachen Grafik an: Mit den beiden Säulen links ist das Verhältnis von kritischen Aktionen zu positiven in einer gut funktionierenden Partnerschaft dargestellt (1:5). Die beiden Säulen in der Mitte zeigen, wie es bei einem frisch verliebten Paar aussieht (1:15), hier sind die kritischen Momente neben den schönen kaum wahrnehmbar.

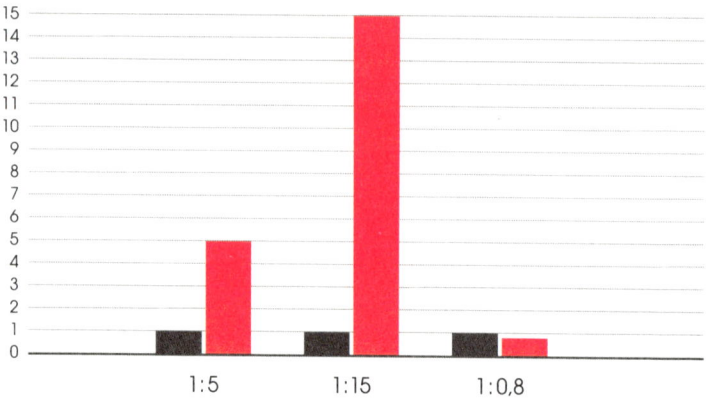

Diese Säulen sind sehr hilfreich, denn sie sind eine wunderbare optische Darstellung von dem, was Liebe in ihrem Kern ausmacht.

WAS MACHT UNGLÜCKLICHE PAARE UNGLÜCKLICH?

Unglücklichen Paaren dagegen *reduzieren das Füreinander-da-Sein*. Die beiden Beteiligten beginnen, die positive Säule einzukürzen. Manchmal fängt einer der Partner an und der andere zieht in der Folge nach. Manchmal handeln beide Partner auch gleichzeitig. Das Verhältnis der negativen zu den positiven Botschaften innerhalb der Beziehung verändert sich: Zunächst sinkt es auf 1:4, dann auf 1:3. Ist dieser Prozess einmal im Gang, bekommt er eine Eigendynamik. Jeder der Partner merkt, dass der andere immer weniger für ihn da ist – und kürzt seine positiven Zuwendungen noch einmal und noch einmal und noch einmal bis zum bitteren Ende.

Das alles passiert in der Regel nicht schnell, nicht innerhalb weniger Tage oder Wochen. Bei den meisten Paaren braucht es viele Monate, bis sie mit dem Einkürzen der positiven Säule so weit fortgeschritten sind, dass sich ihre Beziehung schlecht anfühlt oder gar schrecklich. Oft sind es ein Jahr oder gar zwei Jahre, in denen ein Paar immer weniger *füreinander* tut. Beide machen einander weniger Komplimente, treffen seltener verständnisvolle Aussagen über den Partner, unterstützen den anderen weniger. Das muss dem Paar nicht einmal auffallen, denn es ist ein schleichender Prozess, den die Beteiligten sich selbst und dem Partner gegenüber oft erst dann eingestehen, wenn er sehr weit fortgeschritten ist.

Auch das Ende eine Beziehung kann John Gottman mit seinem Säulenmodell sehr konkret mit einem Punktwert auf der positiven Säule benennen. Bei Partnerschaften, die unmittelbar vor der Trennung stehen, liegt das Verhältnis zwischen negativen und positiven Aktionen bei 1:0,8. Das Plus ist hier so weit geschrumpft, dass es sich nicht einmal mehr auf gleicher Höhe wie das Minus bewegt, sondern darunter liegt (siehe in der Grafik die beiden Säulen rechts).

Das alles hat in der Regel auch deutliche Auswirkungen auf die partnerschaftliche Sexualität. Sie wird zum Ende einer Beziehung oft seltener. Oder liebloser. Das ist ein Fakt, der besonders Männern auffällt und der dazu führt, dass Männer die seltene Sexualität gern als Grund für die Trennung anführen. Dabei ist die seltener gewordene Sexualität vor allem ein Ergebnis der Krise. Sie ist ein Symptom. Diese Erkenntnis ist wichtig, wenn Paare sich fragen, wie sie ihre Partnerschaft wieder flottmachen können. Es nützt in den meisten Fällen nicht viel, wenn ein Paar dann versucht, »seine Probleme zu lösen«, ein beliebter Irrweg, den auch viele Paarberater und Paarberaterinnen vorschlagen. Doch die meisten Probleme von Paaren lassen sich gar nicht lösen (▶ Irrtum Nr. 24: Probleme in einer Partnerschaft muss man lösen). Wichtiger ist, dass es beiden Partnern gelingt, wieder *mehr für den anderen da zu sein*. Sie müssen die positive Säule stärken (▶ Irrtum Nr. 25: Geben und Nehmen müssen in einer Partnerschaft im Gleichgewicht sein). Dann kommt die Beziehung wieder in ruhiges Fahrwasser.

Vielleicht wollen Sie ja noch wissen, warum John Gottman für seine Forschungen nie den Nobelpreis bekommen wird. Die Antwort auf diese Frage lautet: Weil es keinen Nobelpreis für Psychologie oder gar einen für Erkenntnisse über die Liebe gibt. Wie ungerecht! Immerhin hat John Gottman auch herausgefunden, wie wir ein Problem ansprechen können, ohne gleich in den schlimmsten Partnerschaftsstreit zu geraten (▶ Irrtum Nr. 23: Beziehungsgespräche verbessern eine Partnerschaft). Und auch das ist wirklich sehr hilfreich.

IRRTUM **NR. 23**:

»BEZIEHUNGSGESPRÄCHE VERBESSERN EINE PARTNERSCHAFT.«

Wie man ein Problem so anspricht,
dass kein Streit daraus entsteht

An der Klippe »Beziehungsgespräch« sind schon Generationen von Ehefrauen gescheitert – denn meist ist es in Partnerschaften immer noch der Job der Frau, schwierige Themen anzusprechen. Und die kommen eben in der Regel in ein Beziehungsgespräch verpackt daher.

»*Schatz, wir müssen reden!*« Es gibt wohl kaum einen Satz, vor dem Männern mehr graut. Nun glauben Sie bitte nicht, dass Männer Angsthasen wären und deshalb Beziehungsgespräche fürchten. Sie wissen lediglich, dass es ihnen in der Regel danach schlechter geht als vorher. Die Forschung kommt zu dem klaren Ergebnis, dass Beziehungsgespräche Frauen erleichtern, Männer aber nicht. Warum? Sehen wir mal genauer hin:

Das traditionelle Beziehungsgespräch hat drei Teile. Der erste Teil hat den Titel »Ich bin ja so unglücklich!« Der zweite Teil erklärt, wer die Schuld daran trägt: »Weil du …« Und der dritte Teil ergänzt das bislang Gesagte um einige weitere Vorwürfe und Kritikpunkte. Kurz: *Das Beziehungsgespräch ist eine geballte Ladung Negativität.* Viele Frauen fühlen sich nach dem Gespräch kurzfristig erleichtert, weil sie mal alles herauslassen konnten. Gleichzeitig ist aber auch klar, warum es Männern nach einem solchen Gespräch schlecht geht. Sie haben eine große Menge an

Negativität zu verdauen. Und eine Lösung für das ursprüngliche Problem ist nicht gefunden.

Wie kann ich ein Problem ansprechen, ohne dass gleich ein heftiger Schlagabtausch entsteht? Schauen wir mal, ob die Wissenschaft uns in dieser Frage weiterhelfen kann. Und schon sind wir wieder bei John Gottman. Er ist ein ungewöhnlicher Mann. Dennoch möchten manche Menschen nicht mit dem amerikanischen Psychologieprofessor zum Essen gehen. Da kann es nämlich passieren, dass John Gottman schon bei der Vorsuppe mitten im Gespräch verstummt. Sein Löffel sinkt auf den Tellerrand, seine Augen schauen ganz versonnen in die Ferne und er lauscht, konzentriert und entrückt zugleich, wie die Frau am Nachbartisch mit ihrem Mann ein Problemgespräch beginnt.

Beim Hauptgericht passiert es schon wieder. Seine Gabel sinkt herunter. Seine Augen schauen ins Nirgendwo. Am Tisch nebenan sitzt immer noch das Paar und unterhält sich in angeregter Lautstärke. Es geht um die Wochenendplanung. Um die Ferien der Kinder. Um den Hund. Die Stimmung ist hörbar gereizt.

Schon beim Dessert steht John Gottmans Urteil fest. Er hat jetzt genug gehört, um zu wissen, ob das Paar am Nebentisch zusammenbleiben wird oder ob es gleich nach dem Essen zum Scheidungsanwalt fahren könnte, um darüber zu diskutieren, wer das Haus behält, wer das Sorgerecht für die Kinder bekommt und wie hoch die Unterhaltszahlungen sein werden.

John Gottman hat als Partnerschaftsforscher Hunderte von Paaren in seinem »Ehelabor« in Seattle Problemgespräche führen lassen. John Gottman hat alle diese Gespräche analysiert. Über den Verlauf von Auseinandersetzungen in einer Partnerschaft weiß deshalb kaum jemand mehr als er. Außerdem hat der Psychologe die Paare über die Jahre auch noch in ihrer weiteren Entwicklung verfolgt. Er weiß genau, welches der Paare zusammenblieb, weil ihre Liebe wuchs und gedieh. Und er weiß, welche Liebe von den Konflikten zwischen den Partnern erbarmungslos zerrieben wurde.

So ist dem emeritierten Professor der Universität von Seattle in Jahrzehnten der Forschung etwas gelungen, was kein anderer vor ihm geschafft hat: John Gottmann kann die Haltbarkeit von Partnerschaften vorhersagen. Nach der Analyse eines Paargesprächs kann er mit mehr als 90-prozentiger Wahrscheinlichkeit vorhersagen, ob das Paar in 15 Jahren noch verheiratet ist oder nicht.

DER AUFTAKT FÜR DAS »PERFEKTE« PROBLEMGESPRÄCH

Zu der Frage, wie man ein Problemgespräch am besten beginnt, hat John Gottman in all den Jahren seiner Forschungen eine glasklare Überzeugung gewonnen. Sein Rat ist kurz und schlicht: *Wählen Sie einen sanften Auftakt.* Ohne Vorwurf, ohne Kritik, ohne Verachtung. Der Grund: Wie John Gottmann feststellte, enden Gespräche beinahe immer so, wie sie begonnen haben. Steht am Anfang eines Gesprächs also eine Kritik, ein Tadel oder eine Abwertung, dann läuft das Gespräch auch entsprechend – und endet negativ. Das ist der entscheidende Grund, warum so viele Beziehungsgespräche scheitern und die Kluft in Partnerschaften oft noch vergrößern. Die Gespräche beginnen mit einer Kritik oder einem Vorwurf. Menschen reagieren darauf aber nicht mit Einsicht. Männer nicht – und Frauen auch nicht. Sie reagieren stattdessen in aller Regel mit einem Gegenvorwurf oder einer Kritik. Sie reagieren also auf eine unhöfliche Gesprächseröffnung mit einer unhöflichen Entgegnung. Das macht es sehr wahrscheinlich, dass auch das Ende des Gespräches unangenehm wird. Beide Partner gehen schließlich frustriert auseinander – und die Männer nehmen sich vor, nie wieder ein Beziehungsgespräch zu führen.

Beginnt das Gespräch aber mit einem Wunsch, einer Bitte oder einer Frage, dann endet es mit hoher Wahrscheinlichkeit positiv. Die Erfolgsaussichten sind bei diesen höflichen Vorgehensweisen ungleich größer. Es ist viel wahrscheinlicher, dass der Partner Entgegenkommen zeigt. Und auch hier gilt: Männer wie

Frauen reagieren so. Gespräche, die mit einer Bitte, einer Frage oder einem Wunsch beginnen, sind außerdem von vornherein auf ein konkretes Ziel ausgerichtet. Das macht es dem Gegenüber noch einmal leichter, konstruktiv zu reagieren. Ein Beispiel: Auf die Frage »Könntest du mittwochs immer die Kinder aus der Kita abholen?« lässt sich ganz einfach leichter positiv reagieren als auf die Klage »Nie kümmerst du dich um die Kinder!«.

Am Ende des Gesprächs steht also mit großer Wahrscheinlichkeit eine Lösung oder zumindest eine Annäherung der unterschiedlichen Standpunkte. Und deshalb gehen die Partner positiv gestimmt auseinander, denn Lösungen sind nun mal das Entscheidende bei Paardiskussionen. Wenn es denn überhaupt eine Lösung gibt für das jeweilige Problem. Das ist beileibe nicht immer der Fall. Manche Probleme von Paaren sind nämlich unlösbar. Es sind die sogenannten »ewigen« Probleme (▶ Irrtum Nr. 24: Probleme in einer Partnerschaft muss man lösen).

IRRTUM **NR. 24**:

»PROBLEME IN EINER PARTNERSCHAFT MUSS MAN LÖSEN.«

Wieso die meisten Paarprobleme
sich gar nicht lösen lassen

Doreen ist ein wenig unordentlich. Christian dagegen mag es gern ordentlich. Böse Stimmen würden sagen, er sei fast schon pingelig. Das alles ist zunächst einmal kein Problem. Mit beiden Varianten kann man ganz gut durchs Leben kommen, erfolgreich sein im Beruf, Spaß haben mit seinen Freunden und auch eine super Partnerschaft führen. Das Dumme ist nur, dass Doreen und Christian sich ineinander verliebt haben. Und dann haben sie sich nach eineinhalb wunderbaren Jahren auf Wolke sieben dazu entschieden, zusammenzuziehen. Damit haben die beiden nun in der Tat ein Problem. Ein Problem mit der Ordnung in der Küche. Probleme mit dem gemeinsamen Bad, dem Schlafzimmer, dem Wohnzimmer und auch auf dem Balkon. Ach ja, den Flur, den hatte ich jetzt vergessen. Überall da lässt es sich mit *weniger* und mit *mehr* Ordnung leben.

Wie aber lässt sich so ein Problem nur lösen, so ein Ordnungsproblem? Gute Frage. Die Antwort, die die moderne Partnerschaftsforschung darauf gibt, ist ganz einfach: *Es lässt sich überhaupt nicht lösen.* Im Gegenteil, je mehr zwei Menschen versuchen, solche grundlegenden Unterschiede zwischen einander in Streitgesprächen zu klären, desto unglücklicher werden die beiden.

Dass Probleme dazu da sind, um sie zu lösen, das ist einer der modernsten Mythen rund um die Liebe. Wenn Doreen also versucht, Christian vom Sinn und der Notwendigkeit einer gewissen Lässigkeit zu überzeugen, dann ist das der schnellste Weg ins partnerschaftliche Unglück, der sich denken lässt. Das ist umgekehrt selbstverständlich genauso. Versucht Christian, Doreen vom Vorteil der Ordnung zu überzeugen, manövriert auch er die Beziehung auf direktem Weg in den Abgrund. Dafür gibt es eine Reihe von Gründen und einer von ihnen lautet, dass die beiden auf diese Weise den *bösen Blick* trainieren.

Als wenn es nicht schon schlimm genug wäre, dass die beiden ein Ordnungsproblem haben, sie gewöhnen sich durch den Streit darüber an, den unpassenden Seiten des Partners immer mehr Aufmerksamkeit zu schenken. Das hält sie davon ab, sich einander zuzuwenden, um zu kuscheln zum Beispiel (sie müssen ja jetzt ihre Probleme lösen!) und vom Sex natürlich auch (sie müssen ja immer noch ihre Probleme lösen!). Und das gefährdet ihre Partnerschaft.

Der eigentliche Kern ist aber, dass sich die angesprochenen Probleme gar nicht lösen lassen – sie sind *ewige Probleme*, wie der Partnerschaftsforscher John Gottman sie ganz treffend nennt. Bleiben Doreen und Christian ein Paar, dann werden sie sich noch zur goldenen Hochzeit darüber streiten können, dass einer von ihnen es gern etwas ordentlicher hätte als der andere.

Probleme sind dann unlösbar (oder »ewig«), wenn sie sich aus dem Charakter der Beteiligten ergeben, aus deren Werten oder deren Vorstellungen von ihrer Zukunft. Wir alle können weder unseren Charakter auf den Kopf stellen noch wollen wir das. Wie viel Ordnung ein Mensch für gut und richtig hält, das ist solch ein Charakterzug. Er hat sich in der Kindheit bereits entwickelt und ist Teil der Persönlichkeit geworden.

Ein Streit, der sich um einen Charakterzug von einem der beiden Partner dreht, ist immer kreuzgefährlich. Denn ein solcher Streit enthält für ihn die Botschaft: So wie du bist, bist du falsch.

So wie du bist, bist du falsch – das ist das glatte Gegenteil von dem, was die Liebe für uns ausmacht. In der Liebe wollen wir nämlich so akzeptiert werden, wie wir sind. Ohne Wenn und Aber. Wir wollen nicht, dass der andere an unserem Charakter herummäkelt.

Wie oft streiten Paare um unlösbare Probleme? Auch das ist eine spannende Frage und zum Glück gibt es hierauf eine exakte Antwort. Bezogen auf die Zeit, die Paare Konfliktgespräche führen, reden sie zu genau 68 Prozent über Probleme, die sich nicht lösen lassen, weil es sich dabei um ihre speziellen *ewigen Probleme* handelt. Die allermeisten Paare würden eindeutig besser fahren, wenn sie die Zeit, die sie für Diskussionen über ewige Probleme aufwenden, stattdessen nutzen würden, um ihre Beziehung zu stärken. Zum Beispiel, indem sie sich darüber unterhalten, wie ihr Tag war (▶ Irrtum Nr. 18: Paare, die viel gemeinsam unternehmen, stärken so ihre Partnerschaft), miteinander kuscheln oder Sex haben.

Versuchen Sie, ewige Probleme zu verstehen. Das ist eine gute Strategie, um ihnen die Spitze zu nehmen. Menschen lieben es, wenn man ihnen mit Verständnis begegnet. Bemühen sich beide Partner darum, den anderen zu verstehen, dann ist schon viel gewonnen. Niemand ist chaotisch oder pedantisch, um den Partner zu ärgern.

WIE SIE MIT EWIGEN PROBLEMEN LEBEN

Damit Sie verstehen, wie Paare auch mit ewigen Problemen gut leben können, werde ich Ihnen die Geschichte von Doreen und Christian jetzt einmal so schildern, als wenn in der vergangenen Woche ihre silberne Hochzeit stattgefunden hätte. Die beiden sind trotz aller Differenzen ein richtig gutes und auch glückliches Langzeitpaar geworden. Die Kinder sind unterdessen schon aus dem Haus, die anstrengenden ersten Jahre und auch die schwierigen Jahre der Pubertät haben der Partnerschaft der beiden nichts anhaben können (▶ Irrtum Nr. 27: Kinder halten eine Beziehung zusammen). Doreen und Christian genießen die freie Zeit, die sie seither haben. Und sie sind immer noch sehr unterschiedlich in puncto Ordnung.

Wie haben die beiden das nur all die Jahre miteinander ausgehalten? Gute Frage. Hier kommt die Antwort und ich bin fest davon überzeugt, dass Sie jetzt eine handfeste Überraschung erwartet. Sie machen das so: Zwei bis drei Wochen lang wird es bei Doreen und Christian von Tag zu Tag immer unordentlicher. Irgendwann hat Christian genug davon. Er stellt sich ins Wohnzimmer, reißt die Arme nach oben und stößt einen lauten Schrei aus. Soll heißen: Die Grenze ist erreicht. Danach wird etwa eine Stunde lang aufgeräumt, bis sich die Wohnung in genau dem Zustand befindet, in dem Christian sie gern immer hätte. Und dann beginnt das Ganze von vorn.

Doreen und Christian sind zum Glück schon bald nach ihrem Zusammenzug auf diese »Lösung« gekommen. Es gibt sicher Hunderte anderer möglicher Wege, mit einem solchen Problem umzugehen – man könnte beispielsweise eine Putzfrau engagieren. Wichtig ist, dass keiner versucht, den anderen von seiner Sicht der Dinge zu überzeugen.

Diese Lösung passt ohne Zweifel gut zu Christian und Doreen. Und um die Ordnung in der Wohnung haben sich die beiden in den vergangenen 25 Jahren nicht ein einziges Mal gestritten. Unglaublich – aber wahr.

IRRTUM **NR. 25**:

»GEBEN UND NEHMEN MÜSSEN IN EINER PARTNERSCHAFT IM GLEICHGEWICHT SEIN.«

Wieso Geben tatsächlich
seliger ist als Nehmen

Und die Bibel hat doch Recht! *Geben* ist wichtiger als *Nehmen* –
zumindest in einer Partnerschaft. Nur wenn wir mehr geben als
nehmen, ist eine Partnerschaft auch im Gleichgewicht. Klingt
paradox – ist aber wissenschaftlich erwiesen! Und wenn jemand
aufrechnet, *wer was wann* für den anderen getan hat, dann lebt er
nicht etwa in einer modernen, gleichberechtigten Beziehung, in
der nur gerade ein wenig konflikthaft diskutiert wird. Er befindet sich vielmehr in einer Partnerschaft, die sich bereits zügig
aufs Ende zubewegt. Werden *Geben* und *Nehmen* aufgerechnet,
dann ist eine Beziehung nämlich in ernsthafter Gefahr. Aufzurechnen, das zeigen Forschungen, ist nicht etwa ein normaler
Vorgang in der Liebe. Aufzurechnen ist vielmehr ein ernsthaftes
Krisensymptom.

BUCHFÜHRUNG IM GEBEN UND NEHMEN

Was ist nun so gefährlich am Aufrechnen? Nehmen wir einmal
an, Sie hätten einen neutralen Dritten, der Sie tagtäglich begleitet
und der genau registriert, *wer* in Ihrer Partnerschaft *wann was*
für den anderen tut. Dieser neutrale Dritte könnte genau Buch
führen über alle Handlungen, Worte und Taten, mit denen Sie

Ihrem Partner etwas Gutes tun. Und er könnte gleichzeitig alles aufzeichnen, was Ihr Partner für Sie tut. Am Ende eines Tages, einer Woche oder eines Monats könnte er Ihnen sagen, wer gerade führt und wer im Rückstand ist. Und Sie könnten auf diese Buchführung vertrauen und sich immer sicher sein, dass Sie gerade nicht gefährlich im Rückstand sind. Oder selbst zu wenig bekommen.

Hätten wir alle so einen neutralen Dritten, dann wäre das mit dem Aufrechnen in der Partnerschaft kein Problem. Das Problem ist nur: Wir alle haben solch eine neutrale Instanz in unseren Partnerschaften nicht. Um zu messen, wie viel wir selbst und wie viel der Partner für die Partnerschaft tun, machen wir deshalb in Wirklichkeit jeder *unsere eigene* Rechnung auf. Wir selbst beurteilen also, was wir für den anderen getan haben. Und wir selbst führen auch Buch darüber, was der Partner für uns tut.

Der Unterschied zwischen einer Buchführung durch einen neutralen Dritten und durch uns selbst ist gravierend. Niemand von uns vermag nämlich so genau Buch zu führen, wie ein neutraler Dritter das könnte. Das liegt nun nicht etwa daran, dass wir ignorant sind gegenüber dem, was unsere Partnerinnen und Partner so leisten. Nein, wir sind eben nicht neutral und können es auch gar nicht sein. Deshalb nehmen wir zwar alle unsere eigenen Beiträge für die Partnerschaft wahr, wir erkennen aber nur einen Teil von dem, was der andere für die Partnerschaft tut.

WIE VIEL VON DEM, WAS DER ANDERE FÜR UNS TUT, ENTGEHT UNS?

Forschungen ergeben, dass wir in der Regel etwa *20 Prozent* der Beiträge des anderen nicht wahrnehmen. Sie merken sicher sofort, was das für das Gleichgewicht von *Geben* und *Nehmen* bedeutet. Richtig: Nur wenn wir selbst den Eindruck haben, dass wir mehr geben, als wir bekommen, ist eine Partnerschaft wirklich ausgeglichen. Denn dem Partner geht es genauso. Geben ist also tatsächlich seliger als Nehmen. In allen guten Partnerschaften bemühen sich beide Partner darum, mehr zu geben als zu nehmen. So sorgen sie für ein wirkliches Gleichgewicht.

Was passiert aber in Partnerschaften, in denen nicht jeder darum bemüht ist, mehr zu geben? Das logische Ergebnis: Was aus der Sicht des einen wie ein ausgeglichenes Verhältnis von Geben und Nehmen erscheint, sieht für den Partner nach einem schlechten Geschäft aus. Denn er bekommt deutlich weniger, als er gibt. Und das hat Folgen. Die häufigste Reaktion: Der andere drosselt nach und nach seine Zuwendungen. Er versucht damit seinerseits *Geben* und *Nehmen* in ein ausgeglichenes Verhältnis zu bringen. Daraufhin reduziert der erste wiederum seine Beiträge und Zuwendungen. Der andere zieht nach, und so weiter und so fort.

Dieses Phänomen des Weniger-und-immer-weniger-Gebens ist in vielen Partnerschaften gelebte Realität. Es ist beinahe immer Alltag bei den Paaren, die zu mir in die Beratung kommen. Unablässig haben beide Partner ihren Anteil an Zuwendungen reduziert. Bis es eines Tages zu schmerzhaft wurde.

So wie bei Caroline und Peter. Sie haben zwei Kinder. Er beeilt sich in der Arbeit, um die beiden zweimal pro Woche nachmittags von der Kita abholen zu können. Wenn man in der Arbeit kürzertritt, der Kinder wegen, zieht das selten Lob und Anerkennung von Kollegen und Vorgesetzten nach sich. Caroline kommt als Ärztin zweimal in der Woche erst spät nach Hause, da sie in ihrer Praxis auch nachmittags Termine anbieten muss. Die Kinder sind sehr lebendig – manchmal vielleicht auch zu lebendig für die Eltern.

Finden Sie nicht auch, die beiden haben jede Menge Lob und Anerkennung verdient für den tollen Job, den sie machen? Wer soll es ihnen sagen, wie gut sie das alles hinbekommen – wenn nicht sie selbst! Caroline muss das zu ihrem Mann sagen. Oft. Und Peter muss das zu Caroline sagen. Auch oft.

Leider haben sich die beiden entschieden, die positive Zuwendung zum anderen immer weiter zu kürzen. Stattdessen kritisieren sie gern und viel – und dafür findet sich im hektischen Paarleben mit zwei kleinen Kindern wahrlich immer ein Grund. Beide sehen vor allem, was sie selbst tun – und immer weniger, wie viel auch der andere für die Beziehung und die Familie tut. Bis die Schmerzgrenze eines Tages erreicht ist. Ein heftiger Streit erschüttert die Partnerschaft. Der Anlass? Einerlei. Ein Anlass findet sich immer.

Der Effekt, dass wir nur einen Teil der Zuwendungen des Partners wahrnehmen, lässt sich nicht verhindern. Wir können das nur akzeptieren. Und wir müssen Schlüsse daraus ziehen. Wir müssen uns unablässig bemühen, in der Beziehung mehr für den anderen zu tun, als der – in unseren Augen – für uns tut. Beide Partner müssen das tun. Nur wenn wir uns darauf einstellen, dass wir in einer Beziehung 120 Prozent geben müssen, wenn wir 100 Prozent erhalten wollen, nur dann ist das Nehmen und Geben in unserer Partnerschaft wirklich im Lot.

IRRTUM **NR. 26**:

»GEBILDETE, FINANZIELL UNABHÄNGIGE FRAUEN TRENNEN SICH HÄUFIGER.«

Wieso Partnerschaften auf Augenhöhe besser funktionieren

Was haben sich kluge, gebildete und gut verdienende Frauen nicht schon alles an Kritik gefallen lassen müssen! Sie sind – *erstens* – ohnehin schon schuld am Niedergang Deutschlands, weil sie nicht genug Kinder bekommen. *Zweitens:* Sie vernachlässigen, haben sie doch mal welche, ihre Kinder. Es zieht sie stattdessen zu ihren Arbeitsplätzen. Die Kinder müssen derweil mit einer Fremdbetreuung vorliebnehmen. Oh Graus! Und dann – *drittens* – auch das noch: Ökonomisch unabhängig, wie sie sind, trennen sie sich schneller und häufiger von ihren Partnern als weniger verdicnende und weniger gebildete Frauen.

Diese letzte These fand Beachtung im konservativen Lager (das den Sachverhalt beklagt) – und auch in weiten Teilen des Feminismus (wo man den Sachverhalt begrüßte). Manche Feministinnen fanden die Idee sehr verlockend: Sind Frauen erst einmal ähnlich gut gebildet, werden sie dem Gefängnis der Ehe häufiger ade sagen, so die Annahme.

Sogar den Wissenschaftlern gefiel diese These eine Zeit lang – und sie suchten unter dem Stichwort »independence hypothesis« nach Belegen. Die sind auf den ersten Blick auch sehr einfach zu finden. Immerhin brachte uns das 20. Jahrhundert neben der stärkeren Bildungsbeteiligung von Frauen und ihrer zunehmenden

Teilhabe am Erwerbsleben zugleich auch eine steigende Scheidungsrate. Beide Phänomene traten im gleichen Zeitraum auf. Wie verlockend, da einen schnellen Zusammenhang zu finden! Aber hängen sie tatsächlich zusammen? Fallen zwei Phänomene zusammen, dann muss das eine nicht zwangsläufig das andere verursachen. Das ist ein wenig so wie mit dem seltener gewordenen Storch (seit den 1960er-Jahren) und dem Geburtenrückgang (seit den 1960er-Jahren). Bei aller Parallelität: Der Storch bringt nicht die Babys.

Die entscheidende Frage lautet also: Trennt sich die gebildete und gut verdienende Frau wirklich öfter als ihre weniger gebildete und ökonomisch vom Partner abhängige Geschlechtsgenossin? An einer Antwort auf diese Frage hat kein Lager ein Interesse. Das konservative nicht (es könnte das Weltbild gefährden) und auch das feministische nicht (es könnte das Weltbild gefährden). Nicht einmal das in dieser Frage neutrale Statistische Bundesamt interessiert sich dafür. Auch auf dessen Website wird bis heute die »independence hypothesis« vertreten.

WIE DIE WELT TATSÄCHLICH AUSSIEHT...

Es ist schade, dass niemand wirklich wissen will, was die Wissenschaft längst klären konnte. Eine umfassende Studie eines Forscherteams an der australischen Universität von Canberra erbrachte eine Antwort auf die Frage, ob die unabhängige Frau tatsächlich öfter und schneller ihrer Ehe ade sagt. Sie lautet: Nein. Es ist sogar genau anders herum: Gebildete und gut verdienende Frauen trennen sich deutlich seltener von ihren Männern als weniger gebildete, schlecht verdienende Frauen.

Wie das? Lässt sich dieses Ergebnis der soziologischen Forschung mit Hilfe psychologischer Erkenntnisse erklären? Ja, das lässt es sich in der Tat. Am besten geht das mit den Ideen, die der Tiefenpsychologe Alfred Adler über die Folgen des Machtungleichgewichts zwischen Männern und Frauen schon in den 1920er-Jahren entwickelte. Seine These: Eine auf männlicher

Überlegenheit gegründete Partnerschaft ist unbefriedigender für beide Beteiligte – für Frauen wie für Männer – als eine gleichberechtigte Partnerschaft auf Augenhöhe.

Diese These Adlers hat sich seither weitgehend bestätigt. In Ländern mit einem geringen Machtungleichgewicht zwischen den Geschlechtern ist zum Beispiel die Zufriedenheit mit der partnerschaftlichen Sexualität deutlich größer. Offenbar macht die Begegnung auf Augenhöhe den Beteiligten auch in der Erotik sehr viel Freude. Die Kehrseite der Medaille: Dort wo die partnerschaftliche Dynamik mit einem großen Machtgefälle zu Gunsten der Männer einhergeht – wie in vielen asiatischen Ländern – ist auch die Zufriedenheit mit der Erotik bei beiden Partnern gering.

Wie aber vermag eine höhere Bildung der Frau oder ein guter Verdienst eine Partnerschaft stabiler zu machen? Auch das wird die Forschung eines Tages schlüssig nachweisen können. Bis dahin müssen wir uns mit begründeten Annahmen begnügen. Der wichtigste »Verdächtige« für dieses Phänomen ist das *Selbstwertgefühl*. Ein ausreichend hohes Einkommen trägt nachweislich bei Männern wie Frauen zu einem besseren Selbstwertgefühl bei. Gleiches gilt für Bildung. Auch sie erhöht das Selbstwertgefühl. Und ein gutes Selbstwertgefühl trägt wiederum dazu bei, dass Partnerschaften stabiler sind. Belege für diese These gibt es aus den USA. Studien dort ergaben, dass die Stabilität einer Partnerschaft mit jedem Jahr steigt, das eine Frau länger in der Berufsausbildung verbringt. Je gebildeter die Frau, umso stabiler demnach ihre Beziehung – im Durchschnitt zumindest.

So hat die Emanzipation der Frauen im 20. Jahrhundert nicht nur eine größere Zufriedenheit von Frauen mit ihrem Leben und ihrer Partnerschaft nach sich gezogen, sondern auch eine größere Zufriedenheit der Männer mit ihrer Beziehung.

NOCH MEHR MYTHEN ÜBER DIE EHE

Und was ist an dem populären Mythos dran, dass die Scheidungszahlen unaufhaltsam steigen und Ehen immer schneller enden? Der Anstieg der Scheidungszahlen nach der Einführung des neuen Scheidungsrechts in Deutschland (1977) ist ein normales Phänomen. Jetzt ließen sich viele scheiden, die schon vorher unzufrieden in ihrer Ehe waren. Und nicht nur das: Ehen basierten in der Folge deutlich stärker auf der Grundlage, dass sie nur halten, wenn die Partner darin auch glücklich sind. Und dass sie scheitern, wenn die Ehe unglücklich ist. Bis in die 1990er-Jahre hinein stiegen deshalb die Scheidungszahlen, und die Ehedauer sank. Doch dann änderte sich das Bild. Lag die durchschnittliche Ehedauer 1992 noch bei elf Jahren und sechs Monaten, so ist sie seither stetig angestiegen. Mittlerweile hat sie durchschnittlich 14 Jahre und sieben Monate erreicht. Ehen halten heute also im Durchschnitt länger als vor 20 Jahren. Wie haben wir das eigentlich geschafft?

Bleibt noch ein letzter Mythos der Statistik über die Liebe, der geklärt werden muss. Was ist eigentlich dran am verflixten siebten Jahr? Wenig bis nichts. Die meisten Scheidungen werden in der Tat im siebten Jahr der Ehe eingereicht. Da Ehepartner schon ein Jahr getrennt sein müssen, um eine Scheidung einreichen zu können, ist es das sechste Ehejahr, in dem diese Paare sich trennten. Und selbst wenn dieses »verflixte sechste Jahr« den Gipfelpunkt in der Kurve der Trennungsjahre darstellt – es sind gerade einmal 5,4 Prozent aller scheidungswilligen Paare, die sich in diesem Jahr trennen. Mehr nicht. Klingt nicht wirklich verflixt.

IRRTUM **NR. 27**:

»KINDER HALTEN EINE BEZIEHUNG ZUSAMMEN.«

Wieso viele Partnerschaften nach der Geburt eines Kindes zerbrechen

Ein Kind wird geboren. Aus Partnern werden Eltern. Aus zwei werden drei. Sie müssen sich in die neuen Rollen finden, sie müssen die Windeln wechseln und das schreiende Neugeborene zu nächtlicher Stunde durch die Wohnung tragen. Und sie müssen den damit verbundenen Stress aushalten. *Wir zwei werden drei* – das ist heute für die meisten Paare die größte Herausforderung für ihre Partnerschaft. Wie für Barbara und Georg. Was haben sie sich über die Geburt von Larissa gefreut! Tagelang schwebten sie erschöpft, aber grenzenlos glücklich durch ihre Wohnung. Sie standen oft lange Zeit eng umschlungen und verzaubert vor dem Kinderbett und waren berührt von der bloßen Tatsache, dass es mit Larissa einen neuen Menschen gab. Einen Menschen, der sein Leben ihnen beiden verdankte. Welch ein Wunder!

Ein dreiviertel Jahr später hängt der Himmel bei Barbara und Georg nicht mehr voller Geigen. Larissa wächst und gedeiht und an all ihren Fortschritten freuen sich die beiden immer noch. Die Stimmung zwischen ihnen ist aber schon lange nicht mehr gut. Manchmal ist Georg gereizt – etwa wenn er nach der Arbeit mit dem Einkauf nach Hause kommt und Barbara schnippisch anmerkt, dass er die Tomaten wohl »leider« vergessen hat. Warum achtet sie immer nur auf das, was ihm nicht gelingt? Etwas zu vergessen, das ist doch völlig normal – bei dem Stress, den er hat.

Manchmal ist Barbara sauer – etwa wenn Georg nicht wie versprochen zum Abendessen da ist, sondern noch eine Extraschicht Arbeit einlegt. Oder eben, wenn er die Tomaten, auf die sie sich so gefreut hat, einfach vergessen hat. Warum vergisst er aber auch immer genau die Dinge, die ihr wichtig sind!

Barbara und Georg sind seit der Geburt von Larissa noch nicht ein einziges Mal ausgegangen. Wann es das letzte Mal Sex gab, das wissen sie nicht so genau. War es vor zwei Monaten? Oder vor drei? Schwer zu sagen. Die Zeit läuft ihnen davon. Immer haben sie zu wenig Zeit, um Freunde zu treffen, um ein Buch zu lesen oder für den früher so geliebten Sport. Und immer sind sie beide müde. Hundemüde.

IST IHRE PARTNERSCHAFT CHILD-CENTERED?

Manche Paare sind nach der Geburt eines Kindes so sehr auf das Neugeborene konzentriert, dass die Paarbeziehung völlig vernachlässigt wird. Sie sind, wie man es in Amerika warnend formuliert, *child-centered*.

Einer der wichtigsten Beiträge, den ein Paar zum Wohl seines Kindes leisten kann, ist aber, dass es zusammenbleibt. Es ist also alles andere als Egoismus, wenn es sich Zeit füreinander nimmt. Es ist nicht selbstsüchtig, wenn es Zeit für das Gespräch braucht – oder Zeit für die Sexualität. Das alles dient der Pflege der Partnerschaft und damit auch dem Wohl des Kindes. Oder der Kinder. Am augenfälligsten wird das Zurückstellen der elterlichen Bedürfnisse im Bereich der Sexualität. Barbara und Georg sind nur ein Paar von vielen, das nach der Geburt des ersten Kindes die Sexualität und sich selbst vernachlässigt. Die meisten Familien sind jedoch stabiler und dauerhaft glücklicher, wenn es in ihnen in erster Linie um das Paar und seine Bedürfnisse geht *(parent-centered)* und erst an zweiter Stelle um das Kind oder um die Kinder. Die Partnerschaft an die erste Stelle zu setzen, das fällt heute vielen Paaren ausgesprochen schwer. Dafür gibt es eine Reihe von Gründen.

Der erste Grund: Ein Kind zu bekommen, das ist für Eltern heute etwas ganz Besonderes. Früher hatten Paare *viele* Kinder, zum Teil auch *sehr viele.* Und ob sie welche bekamen und wie viele, darauf hatten sie nur bedingt Einfluss. Heute dagegen sind Kinder oft das Ergebnis einer ganz bewussten Entscheidung der Eltern. Das Paar zentriert seine Aufmerksamkeit auf das Projekt »Neuer Erdenbürger«. Und da es das absehbar in seinem Leben nur einmal, vielleicht zweimal erleben wird, richtet es mehr Aufmerksamkeit auf das Kind als alle Generationen zuvor. Diese Zeit und Energie steht für andere wichtige Lebensbereiche wie die Pflege der Partnerschaft natürlich nicht mehr zur Verfügung. Unseren Großeltern fehlte bei vier oder sieben Kinder schlicht die Zeit für so viel Aufmerksamkeit für ein Kind – und in den meisten Teilen der Welt ist das heute noch so.

Der zweite Grund: Werden Männer Väter, entwickeln sie eine Neigung, mehr zu arbeiten als zuvor. Das passt nicht zu den Bedürfnissen der Mutter, die in der Regel Hilfe und Unterstützung zu Hause erwartet. Eine kinderlose und berufstätige Frau bekommt von ihrem Partner im Durchschnitt mehr Unterstützung bei der Hausarbeit als eine Frau, die ein Kind und einen Job hat. Das ist ungerecht und wird von vielen Frauen auch als ungerecht empfunden. Die Folge: Die Stimmung in der Partnerschaft sinkt, langsam zwar, aber kontinuierlich. Kaum ein Gift zerstört Partnerschaften so heimtückisch, so lautlos, so langsam und unbemerkt wie die Unzufriedenheit bei der Verteilung der familiären Pflichten.

Manche Paare merken nicht einmal, weshalb ihre Beziehung sich schlechter und schlechter anfühlt. Frust über die Verteilung der Hausarbeit, das ist nicht wie ein Eimer kaltes Wasser, der einem über dem Kopf ausgeschüttet wird. Darauf würden die meisten von uns direkt reagieren. Es sind eher kleine Tropfen, die stetig und immer die Stimmung trüben.

Väter, die mehr arbeiten als zuvor, das passt auch nicht zu den Bedürfnissen von Kindern, die es zu schätzen wissen, wenn sie

Vater und Mutter als Bezugspersonen haben. Das passt aber zu dem erhöhten Geldbedarf eines Paares, das zu Eltern geworden ist. Und es passt auch zu seinem – in der Regel – gesunkenen Einkommen. Heute reduziert sich das Familieneinkommen beinahe immer, wenn Paare Eltern werden. Das ist ein modernes Problem und war früher, als die Berufstätigkeit von Frauen noch ungewöhnlich war, ganz anders. Nach der Geburt eines Kindes hängt das Familieneinkommen mehr oder weniger vom Mann ab. Manchmal nur für eine bestimmte Zeit, für zwölf oder 24 Monate, weil die Frau dann wieder arbeiten geht. Doch in dieser Zeit reagieren die meisten Männer wie *richtige* Männer: Sie arbeiten mehr als zuvor. Das vergrößert die Distanz zwischen den Partnern – und das kann eine Partnerschaft nachhaltig beschädigen. Gerade diese Zeit ist die anstrengendste Phase. Kinder werden krank, bekommen Zähne und müssen lernen durchzuschlafen. Fühlt sich die Mutter in dieser Zeit nicht angemessen vom Partner unterstützt, nimmt die Partnerschaft schnell Schaden.

Der dritte Grund: Früher – vor der Verhütungsrevolution durch die Pille – ging eine Partnerschaft beinahe automatisch mit der Elternschaft einher. Oft kam schon im Jahr nach der Hochzeit das erste Kind. Partnerschaft bedeutete also fast immer, gleichzeitig auch Eltern zu sein.

Heute sind diese beiden Aspekte getrennt. Eine Frau, die mit 37 Jahren zum ersten Mal Mutter wird, hat möglicherweise bereits 20 Jahre an Erfahrungen mit Partnerschaft, mit Liebe, mit Liebeskummer und mit Sexualität hinter sich. Sie hat viele Erfahrungen mit und in Beziehungen gesammelt. Sie ist es lange gewohnt, autonome Entscheidungen zu treffen, zum Beispiel im Haushalt. Sie hat aber auf der anderen Seite keinerlei Erfahrungen mit Mutterschaft, mit Elternschaft und mit der Vereinbarkeit von Mutterschaft und Paarbeziehung sammeln können – und vielleicht auch nur sehr wenig Erfahrung im Zusammenwohnen mit einem Partner. Auf die Veränderungen, die ein Säugling mit sich bringt, ist sie nicht eingestellt. Wie auch!

Nicht anders stellt sich die Situation für ihren Partner dar. Auch er hat möglicherweise schon zwei Jahrzehnte Sexualität, Partnerschaft, Ver- und Entlieben hinter sich und genauso lange einen eigenen Haushalt geführt, bis er zum ersten Mal Vater wird. Und auch er war es gewohnt, seine eigenen Entscheidungen zu treffen. Auf die Veränderungen, die ein Baby auslöst – in seinem Zeitbudget, in der Partnerschaft, für sein Gefühlsleben, für die Sexualität – ist er überhaupt nicht vorbereitet.

Nirgendwo schnappt die Harmoniefalle so unerbittlich zu wie in der Zeit, wenn ein Paar ein Kind bekommt. Paare erwarten in der Regel ein Übermaß an Glück. Dummerweise werden sie in dieser Überzeugung von vielen Seiten unterstützt – auch von der menschlichen Biologie. Hormonell sind frisch gebackene Eltern – vor allem natürlich die Mütter – ausgesprochen gut versorgt. Viele erleben die ersten Wochen und Monate wie im Rausch – ähnlich der Verliebtheit. Doch so wie die Verliebtheitshormone ein vorübergehendes Phänomen sind, ebben auch die Hochgefühle nach der Geburt nach sechs bis neun Monaten ab. Und der Stress der Elternschaft und der Schlafmangel fordern immer deutlicher ihren Preis. Alles zehrt an den Kraftreserven beider Partner. Sechs bis neun Monate nach der Geburt ist bei den meisten Paaren der Tiefpunkt der partnerschaftlichen Stimmung erreicht.

WANN GAB ES ZUM LETZTEN MAL SEX?

Die gravierendste Veränderung erleben Paare nach der Geburt des ersten Kindes oft im Bereich der Sexualität. Der Grund dafür hat interessanterweise gerade mit der Befreiung von all den sexuellen Tabus zu tun, die bis in die 1960er-Jahre hinein vorherrschten. Im Zuge der sexuellen Liberalisierung ist nämlich die eigentliche Funktion der menschlichen Sexualität, ein Paar aneinander zu binden, kaum je ein Thema gewesen. Vielen galt so eine Sicht auf den Sex sogar als konservativ und spießig. Sex, so die neue Sicht der Dinge, war da, um sich zu vergnügen. Sex ist deshalb heute in der Wahrnehmung von Jugendlichen und jungen Erwachsenen in vielen Fällen vor allem *Fun*. Und die Lebensphase, in der Sex als *Fun* angesehen wird, kann heute einen sehr großen Teil des erwachsenen Lebens umfassen. Es vergehen durchaus 10, 15 oder gar 20 Jahre mit einem aktiven Sexleben, bevor man zum ersten Mal Eltern wird – und damit erlebt, dass Sex zwar viel Spaß machen kann, aber eben auch zur Fortpflanzung dient.

Sex ist Fun – diese Einstellung verhindert, dass Paare, wenn sie Eltern werden, die Sexualität ernst genug nehmen. *Fun*, das war in deren Augen oft gestern. Es geht jetzt ja auch ohne Diskobesuche und ohne durchtanzte Nächte. Was nun zählt, sind das Neugeborene und dessen Bedürfnisse.

Sex ist Fun – wer so denkt, für den fällt auch die elterliche Sexualität einer angeblich vernünftigeren Lebensweise zum Opfer. Es geht auch mit weniger *Fun*, scheinen viele Paare heute zu glauben, wenn sie Eltern werden. Manchmal meint das auch nur einer der beiden. Aber das reicht schon, um die Sexualität lahmzulegen. Und so kommt mit dem Baby oft die Krise. Und ehe das Paar sich versieht, ist daraus eine tiefe Krise der Beziehung geworden. Einer der Partner geht fremd – weil ihm in der Beziehung die seelische Verbundenheit fehlt, die die Sexualität mit sich bringt. Ein Kinderlächeln entschädigt eben nicht für alles. Oder er verliebt sich neu, weil er sich in der auf das Kind konzentrierten Partnerschaft als ungeliebt empfindet.

Die menschliche Sexualität ist kein Freizeitvergnügen wie Diskobesuche, Public Viewing oder Bungeejumping. Sex macht Spaß, keine Frage. Aber Sex ist nicht einfach nur *Fun*. Sex erfüllt elementare Wünsche und Bedürfnisse des Menschen. Der Verzicht auf Sex in einer Partnerschaft stellt deshalb eine Bedrohung für die Beziehung dar. Wenn Sie Kinder haben – vernachlässigen Sie bitte nicht die partnerschaftliche Sexualität. Stärken Sie vielmehr durch gemeinsamen Sex das Band Ihrer Partnerschaft. Zugegeben: Das macht auch Spaß.

IRRTUM **NR.28**:

»EINE GUTE BEZIEHUNG ERFORDERT BEZIEHUNGS-ARBEIT.«

Wieso der achtsame Blick auf das Positive nützlicher ist als langwierige Diskussionen

Beziehungsarbeit – welch ein schreckliches Wort! In beinahe jedem Interview fragt mich die Moderatorin oder der Moderator, wie ich als Berater zu der Idee stehe, dass Beziehungsarbeit eine Partnerschaft frisch und lebendig erhält. Was soll ich dann sagen? Beziehungsarbeit gilt in intellektuellen und psychologisch vorgebildeten Kreisen als ein absolutes Muss. Sie besteht aus quälend langen Beziehungsgesprächen, die der Partnerschaft gut tun sollen.

Was ich von *Beziehungsarbeit* halte? Ganz ehrlich: Nichts. Gar nichts. Die Wissenschaft ist zum Glück auch klar auf meiner Seite – und so habe ich immer ein gutes Gefühl, wenn ich *Beziehungsarbeit* rundheraus ablehne und stattdessen den Spaß und die Freude an der Partnerschaft betone. Von mir aus auch den tiefgreifenden Nutzen von Gesprächen über den Tag. Oder die Vorteile der Gesprächsregel »Keine Kritik«. Gespräche können eine Partnerschaft unendlich bereichern – und Gespräche ohne Kritik am anderen ganz besonders. Beziehungsarbeit aber tut es nicht.

Wissenschaftler haben sich in den vergangenen Jahrzehnten eingehend mit glücklichen Paaren beschäftigt. Und deren zahlreiche Studien weisen in eine ganz andere Richtung als »Betreiben Sie fleißig Beziehungsarbeit«. Stundenlange Beziehungsgespräche schaden demnach sogar mehr als sie nützen. Probleme »auszudiskutieren« kann eine Partnerschaft sogar empfindlich schwächen (► Irrtum Nr. 16: Man muss jedes Problem ausdiskutieren) und alle Probleme einer Beziehung lösen zu wollen ebenso (► Irrtum Nr. 24: Probleme in einer Partnerschaft muss man lösen). Keine Untersuchung hat glückliche Paare im Übrigen jemals bei Beziehungsarbeit angetroffen. Vielleicht erstaunt es Sie, das zu hören, aber glückliche Paare *arbeiten nicht* an ihrer Beziehung. Die meisten üben sich auch nicht im *aktiven Zuhören*, einer anderen Lieblingsidee von Beziehungsratgebern. Und schließlich machen glückliche Paare in der Regel auch keine *Zwiegespräche* nach Michael Lukas Möller, eine weitere bekannte Form von Beziehungsarbeit. Glückliche Paare tun das alles nicht – und sind doch ganz offensichtlich trotzdem ausgesprochen zufrieden miteinander. Was also können Sie tun, statt an Ihrer Beziehung zu arbeiten?

Ganz einfach: Genießen Sie Ihre Partnerschaft, so wie Verliebte es intuitiv tun. Registrieren Sie außerdem *achtsam* die schönen Augenblicke und teilen Sie Ihre Freude über die schönen Momente *dankbar* mit Ihrem Partner. Womit wir bei zwei Kernbestandteilen einer glücklichen Partnerschaft sind, die – anders als Beziehungsarbeit – sehr viel zur Zufriedenheit und Stabilität einer Beziehung beitragen: *Achtsamkeit* und *Dankbarkeit*. Mit dem Phänomen der Dankbarkeit beschäftigt sich sogar ein eigener Forschungszweig der Psychologie. Achtsamkeit hingegen kommt ursprünglich aus der fernöstlichen Philosophie. Im Buddhismus zum Beispiel spielt sie eine große Rolle, ebenso wie in allen Formen der Meditation. Immer geht es dabei um das bewusste Leben *im Hier und Jetzt*. Oder anders gesprochen, um das Leben *im Augenblick*. Denn der gegenwärtige Augenblick ist der Schlüssel für ein glückliches Leben – und auch für eine glückliche Partnerschaft.

DIE MAGIE DES AUGENBLICKS

Meine Frau und ich sitzen nach dem Abendbrot noch am Tisch, die Kinder spielen im Kinderzimmer und wir beide unterhalten uns. Wir reden üblicherweise viel über den Tag. Ich erzähle meine Erlebnisse, sie die ihren. Heute aber beschäftigt mich etwas anderes: In welchen Augenblicken erlebt meine Frau eigentlich am stärksten das Gefühl von Zufriedenheit? Welche Augenblicke sind in ihrem Leben die mit der größten Magie?

Jeder Augenblick unseres Lebens ist etwas ganz Besonderes. Wir leben von Moment zu Moment. Wirklich real ist nur der Augenblick. Mit allem, was wir wahrnehmen, fühlen und denken. Ein glückliches Leben, das ist also ein Leben, in dem wir möglichst viele zufriedene, gute Augenblicke erleben: Wir sollten alle diese Momente genießen. Wir sollten. Aber tun wir das auch?

Viele Menschen tun es nicht. Sie leben vielmehr in der Vergangenheit. Früher ging es ihnen besser. Früher hatten sie ein schönes Leben. Sie hatten eine Partnerschaft und heute sind sie Single. Früher waren sie verliebt und ihre Beziehung war einfach nur toll. Heute dagegen – nun ja, decken wir das Tuch des Vergessens darüber.

Andere Menschen leben in der Zukunft. Sie strengen sich an, beruflich oder privat, um irgendwann einmal ein schönes Leben zu führen. Sie rackern sich im Beruf ab, um nach der Verrentung tun und lassen zu können, was sie wollen. Dann haben sie auch Zeit für die Partnerschaft. Darauf freuen sie sich schon sehr. Sie leben in der Zukunft und das Leben, das sie sich erträumen, wird möglicherweise nie stattfinden. Weil ein Unfall alle Pläne zunichtemacht. Weil Krankheit oder Arbeitslosigkeit Veränderungen erzwingen. Auch der tödliche Herzinfarkt mit 62 Jahren kommt in dieser Lebensplanung nicht vor.

Eine dritte Variante, sein Leben nicht im Hier und Jetzt zu leben, sondern zu verpassen, lautet: permanente Sorge. Die Zukunft ist ja so ungewiss! Eine Inflation könnte uns alle Ersparnisse kosten. Die Welt könnte durch einen verheerenden Krieg zu einem Ort des Grauens werden. Eine Krankheit könnte unser Leben bedrohen oder aber das Leben von Menschen, die uns nahe stehen. Schließlich könnte auch ein großer Meteorit alles Leben auf unserem Planeten auf einen Schlag zerstören.

Könnte, könnte, könnte … manche Menschen leben in dieser furchtsamen Art und Weise – und verpassen darüber den Genuss des Augenblicks. Wir sollen und müssen uns über die Zukunft Gedanken machen. Wir können Vorsorge treffen, zum Beispiel für den Fall eines schweren Unfalls. Oder für die Rente sparen. Das wahre Leben aber findet nicht in der Zukunft statt. Und allzu viele Sorgen helfen uns nicht weiter. Sie schaden uns vielmehr. Denn welchen Sinn hat es, sich Sorgen zu machen um Dinge, die man sowieso nicht beeinflussen kann? Auf die Bahn von Meteoriten hat niemand von uns Einfluss. Zudem neigen Menschen, die sich Sorgen über die Zukunft machen, dazu, zu grübeln. Sie bewegen ihre – negativen – Gedanken also immer und immer wieder in ihrem Kopf. Sie werden davon regelrecht absorbiert. Sie können keine Lösung finden – weil es keine gibt. Und so geraten die vielen schönen Momente des Lebens aus dem Blick. Sorgen nehmen ihre Stelle ein. Wie schade!

Unfälle, Krankheiten und Meteoriten – keine Frage, all das könnte in der Tat passieren. Die Zukunft ist immer unsicher und sie lässt der Fantasie viel Raum für die Erwartung kommenden Unheils. All das könnte zwar passieren, aber die Wahrscheinlichkeit ist nicht sehr groß.

DIE KUNST DES KLEINEN GLÜCKS

Die Kunst des kleinen Glücks liegt darin, nicht in der Vergangenheit und auch nicht in der Zukunft zu leben. Glück ist vielmehr, wenn wir den Augenblick genießen können. Vielleicht nicht jeden Augenblick. Das wäre wohl zu viel verlangt. Aber möglichst viele Augenblicke. Sie alle kommen nicht wieder. Sie können in unserer Erinnerung Bestand haben, sodass wir auch in zehn oder 20 Jahren noch an sie denken. Ihr eigentlicher Sinn aber besteht darin, dass wir sie intensiv und bewusst erleben – und genießen.

Die Sonne auf unserer Haut. Den Geschmack eines guten Tees oder Cappuccinos. Den Geruch des Waldes nach einem Regenguss. Das Spielen der Kinder im Kinderzimmer. Das Lachen des Partners. Die Freude, ihn nach einem langen Arbeitstag wiederzusehen und in die Arme schließen zu können. Als Single ganz spontan eine Reise zu machen, ohne Rücksicht nehmen zu müssen. Das alles sind besondere Augenblicke. Und sie alle kommen so nie wieder.

Achtsamkeit – seit einiger Zeit widmen sich viele Bücher und Fortbildungen diesem Thema. Therapeuten werden in Achtsamkeit geschult. *Achtsamkeit* ist ein anderes Wort für das Leben im *Hier und Jetzt.* Wer im Augenblick lebt, der genießt ihn. Das Besondere an der Schulung in Achtsamkeit ist: Wer sich mehr auf den Augenblick und auf *das kleine Glück des Augenblicks* konzentriert, der hat weniger Zeit dafür, in der Vergangenheit zu leben oder sich Sorgen um die Zukunft zu machen.

Achtsamkeit ist für viele Menschen gar nicht so selbstverständlich zu leben, weil sie parallel noch ein zweites Leben »leben«: Sie spielen mit den Kindern im Garten – und telefonieren gleichzeitig mit einer Freundin, die gerade Liebeskummer hat. Sie fahren Fahrrad und schauen mal eben, was bei Facebook passiert. *Multitasking* heißt das heute. Und es verändert unser Verhältnis zum Erleben und zum Genuss des Augenblicks. Zehn Prozent der Amerikaner nutzen ihr Smartphone mittlerweile sogar schon beim Sex. Ich bin kein Kulturpessimist, aber bei solchen Erscheinungen des Zeitgeistes frage ich mich doch manchmal, wohin das führen soll. Den Augenblick zu genießen, das wird auf diese Weise unmöglich.

Auch eine Partnerschaft ist dazu da, genossen zu werden. *Sagen Sie das einmal verliebten Paaren!* Das ist völlig unnötig. Verliebte Paare tun das unablässig. Sie genießen alle Augenblicke, die sie zusammen verbringen können. Kein Wunder, dass sie sich dabei so gut fühlen. Wenn Sie also in einer Beziehung leben, dann genießen Sie sie. Schauen Sie aktiv auf die Vorteile, die das Leben in einer Partnerschaft für Sie hat. Wer in einer Partnerschaft lebt, der ist zum Beispiel mit seinem Sexleben deutlich zufriedener, als Singles es sind – und das oft auch dann, wenn er manchmal über zu wenig Sex klagt.

DANKBARKEIT IST EIN SCHLÜSSEL FÜR EINE GLÜCKLICHE BEZIEHUNG

Sich aktiv auf die angenehmen Seiten der Beziehung zu konzentrieren hat viele positive Konsequenzen für eine Partnerschaft. Wir bekommen zum Beispiel mehr von dem, was wir schätzen. Das gilt natürlich ganz besonders, wenn wir unsere zufriedenen Momente nicht für uns behalten, sondern sie mit unserer Partnerin oder unserem Partner teilen. *Glück vergrößert sich, wenn wir es teilen.* Das ist wiederum ein Grund dafür, dass das Verliebtsein sich dermaßen gut anfühlt.

Verliebte bestätigen sich häufig und gern, wie sehr sie das Zusammensein mit dem anderen genießen. Sie äußern also *Dankbarkeit.*

Dankbarkeit für das, was wir haben, für das, was wir vom Partner (oder von anderen Menschen in unserem Leben) bereits bekommen, das ist nach der Lage der psychologischen Forschung ein wichtiger Schlüssel zu einem glücklichen und zufriedenen Leben. Wer immer nur auf das schaut, was er gerade *nicht* bekommt, der verpasst dabei all das, was er bereits erhält. Wissenschaftler haben das in einem eindrucksvollen Versuch nachgewiesen. Sie teilten ihre Versuchspersonen, junge Studenten, in drei Gruppen und gaben ihnen für die kommende Woche unterschiedliche Aufträge. Eine Gruppe sollte fünf Erlebnisse aufschreiben, die sie in dieser Zeit *am meisten beschäftigt* hatten. Eine zweite sollte über fünf *stressige* Situationen berichten. Die dritte schließlich sollte fünf Dinge erfassen, für die sie in der vergangenen Woche *dankbar* gewesen war.

Die Wissenschaftler fanden nach einiger Zeit deutliche Unterschiede zwischen den Teilnehmern in den drei Gruppen: Die Probanden aus der dritten Gruppe – die *Dankbaren* – waren insgesamt zufriedener mit ihrem Leben und blickten hoffnungsvoller in die kommende Woche. Sie litten auch unter weniger körperlichen Beschwerden und investierten deutlich mehr Zeit in sportliche Aktivitäten als die Teilnehmer der anderen beiden Gruppen. Dabei waren die Studenten aller drei Gruppen in derselben Situation, hatten dieselben Schwierigkeiten zu überwinden oder ärgerten sich über schlechte Noten.

Die *Dankbaren* berichteten jedoch über ein größeres psychisches Wohlbefinden und zeigten ein sozialeres Verhalten, halfen also anderen bei der Bewältigung ihrer Probleme, boten emotionale Unterstützung an. Dankbare Menschen leiden auch seltener unter depressiven Verstimmungen. Sie verwirklichen mehr Lebensziele als andere. Eindrucksvoll – nicht wahr?

Dankbarkeit ist ein weites Feld. Wir können anderen Menschen gegenüber Dankbarkeit empfinden – gegenüber Freunden, Kollegen oder unserem Partner. Aber auch uns selbst gegenüber. Dankbarkeit erleichtert das Leben. Dankbarkeit schützt vor Enttäuschungen und Verbitterung und nimmt den unvermeidlichen Schicksalsschlägen ihre Macht. Dankbare Menschen sind zufriedener, glücklicher und handeln sozialer als Personen, die sorgfältig alles Negative in ihrem Leben registrieren, das Positive aber übersehen. Mit dem dankbaren Blick schützen wir uns also selbst. Und unsere Beziehung auch.

War der abendlich Spaziergang bei Abendrot zusammen mit Ihrer Partnerin nicht wunderbar erholsam, viel besser als allein? War das schöne Essen nicht eine wahre Freude? Was auch immer schön war, was auch immer Ihr Leben bereichert hat, registrieren Sie es in Zukunft aufmerksam. Schreiben Sie es auf. Führen Sie ein Dankbarkeitstagebuch.

Dankbare *Gedanken* sind wichtig. Dankbare *Worte* auch. Wer seine Dankbarkeit äußert, der macht die interessante Erfahrung, dass er sich nicht nur besser fühlt, sondern dass er auch noch öfter einen Grund dazu hat, *dankbar* zu sein. Denn Äußerungen der Dankbarkeit gegenüber Ihrer Partnerin oder Ihrem Partner haben Folgen. Äußerungen der Wertschätzung und der Dankbarkeit verbessern nicht nur die Stimmung in der Beziehung. Sie haben außerdem noch den angenehmen Effekt, dass Sie in Zukunft mehr von dem bekommen, was Sie durch Ihre dankbare Äußerung aus der Fülle an täglichen Erlebnissen und Ereignissen herausgehoben haben. Wer dankbar ist, der bekommt langfristig mehr von dem, was er mag. Auch hier gilt das Prinzip der *positiven Verstärkung,* von dem Sie in diesem Buch schon lesen konnten (▸ Irrtum Nr. 20: Den Partner kann man nicht ändern). Dankbarkeit zu äußern ist sogar eine ganz besonders wirksame Form der positiven Bestärkung.

Das Positive an der Partnerschaft genießen, das muss niemanden von uns davon abhalten, sich aktiv für die Verbesserung seiner Beziehung einzusetzen. Wir dürfen alle Möglichkeiten nutzen, die wir dazu haben. Wir dürfen Bücher lesen oder Vorträge besuchen. Einen Online-Workshop zu Partnerschaft und Sexualität belegen. Wir dürfen sogar einen Paartherapeuten oder einen Sexualberater konsultieren. Ja, auch das dürfen wir. Aber über alldem sollten wir niemals vergessen, den Augenblick zu genießen und dankbar zu sein für das, was wir bereits haben.

DER MAGISCHE AUGENBLICK

Die Kinder spielen noch immer, während meine Frau und ich am Abendbrottisch sitzen. Meine Frau hatte heute ihren zufriedensten Augenblick, als sie morgens, auf dem Weg zur Arbeit, mit dem Rad durch den Schlosspark fuhr. *Welche Idylle, mitten in der Großstadt.* Ich war einmal mehr bei der Arbeit in Hochstimmung. Seite für Seite entsteht zurzeit mein neues Buch. Manchmal fließen die Worte beim Schreiben wie ein Bach, der über Steine plätschert – ohne je eine Ende zu finden. Das sind für mich magische Augenblicke.

Auch in der Beratung von Singles wie von Paaren gibt es das für mich immer wieder – magische Augenblicke. Augenblicke der Erkenntnis. Augenblicke, in denen sich Rätsel lösen. Das Rätsel, warum ein Paar sich so weit voneinander entfernt hat, dass nach 24 Jahren Ehe der Immobilienteil der Zeitung schon auf dem Tisch liegt. Das Rätsel, warum ein junges Paar sich in heftigste Streitereien verheddert. Und das Rätsel, warum eine Frau immer und immer wieder Single ist, weil alle ihre Beziehungen gerade einmal zwei bis drei Jahre dauern.

Meine Frau streicht sich eine Haarsträhne aus dem Gesicht und nimmt ihre Brille ab. Dann putzt sie mit einem Tuch die beiden Gläser. Genau so hat sie ihre Brille auch damals geputzt, bei unserer ersten Verabredung, auch das ein wirklich magischer Augenblick. Es war ein Blind Date, ohne Foto. Ich wusste nur, dass sie blond ist und in meinem Alter. Sie bog um die Ecke. Es hatte geregnet, sie nahm die Brille ab, um sie trocken zu wischen. Ich beobachtete sie aus einigen Metern Entfernung, betrachtete die schulterlangen Haare, sah die Sommersprossen auf ihren Wangen und auf der Nase. Dann ging ich langsam auf sie zu. Sie schob die Brille zurück auf ihren Platz, so wie sie das auch gleich wieder machen wird. Nach sechs oder sieben Schritten etwa hatte ich sie erreicht. Ich war der Mann, ich wollte sie ansprechen.

»*Kann es sein, dass wir aufeinander warten?*«, fragte ich sie.

Die Kinder spielen noch immer: Auch an ihnen freue ich mich oft. Ich bin wirklich sehr dankbar, dass es sie gibt. Und ich bin dankbar für jeden Augenblick, den ich mit meiner Frau ruhig am Tisch sitze, mich gut mit ihr unterhalte und den Kindern lausche. Ich verdanke dem viel. Danke, Ihr Lieben. Es ist wirklich eine Bereicherung, mit Euch zusammenzuleben. Und danke, Dorothea, dass du einmal mehr ein Buch von mir mit Engelsgeduld von der ersten Idee bis zur letzten Zeile mit Rat und Unterstützung begleitet hast. Danke, Dorothea!

DER
MANN
IST
DER
JÄGER **UND**

DIE
FRAU
DAS
WILD

PARTNER**SUCHE**

Auch über die Partnersuche kennen wir alle genügend »Weisheiten«: Die Männer sind bei der Suche nach der Traumfrau die zielstrebigen Jäger. Frauen sind das zu erjagende Wild. Es gibt mehr und mehr Singles. Partnerschaften, die über das Internet geschlossen wurden, sind oberflächlich. Vier Annahmen über die Liebe – vier Mythen.

Es lohnt sich, genau hinzuschauen, wie die Liebe entsteht. Gibt es die Liebe auf den ersten Blick? Oder braucht Liebe etwas Zeit, um zu entstehen? In dieser Hinsicht ziehen Mythen und Wissenschaft nicht an einem Strang, sondern genau in entgegengesetzte Richtungen. Zahlreiche Studien zur Liebe und zu Beziehungen haben gezeigt: Zeit ist eine wichtige Ressource, um den Partner zu prüfen. Um zu prüfen, ob er, ob sie auch passt. Diese Zeit aber gesteht uns der Mythos von der Liebe auf den ersten Blick nicht zu.

Und: Frauen sind bei der Partnersuche alles andere als ein zu erjagendes Wild. Die Partnersuche wird von Frauen bestrillen und entschieden. Das ist die zentrale These, die ich in diesem Teil der Irrtümer über die Liebe belegen will.

IRRTUM **NR. 29**:

»DER MANN IST DER JÄGER UND DIE FRAU DAS WILD.«

Wieso die Frau das einzige Wild ist, das seinem Jäger auflauert

Neulich am Flughafen: An einer Treppe lässt Jürgen einer Frau, sie heißt Carola, den Vortritt. Sie lächelt kurz, er auch. Wenig später, Jürgen sitzt an seinem Platz in der Wartehalle, da spürt er einen Blick. Carolas Blick. Dann folgt ein Lächeln. Er schaut freundlich zurück. Kurze Zeit später, ein weiterer Blick – und ein weiteres Lächeln.

Was ist da passiert? Kein Zweifel: Carola hat Jürgen eingeladen, sie anzusprechen. Das ist ihr gutes Recht. Rund um den Globus, in beinahe allen Kulturen der Welt, werfen Frauen Männern Blicke zu und senden ihnen ein Lächeln – wenn man sie denn lässt! Sie übermitteln damit ein klares Signal der Sympathie. Die Nachricht ist eindeutig und lautet: Vor dir würde ich gern angesprochen werden. Das ist die Realität des Flirts. Meist macht die Frau den *ersten* Schritt.

MÄNNER MACHEN DEN ZWEITEN SCHRITT

Möglicherweise ist Carola Single und auf der Suche nach einem neuen Partner. Was liegt da näher, als einem anderen Single Interesse zu signalisieren – wenn man schon einmal auf einen trifft, den man nett findet. Das ist nicht oft der Fall, denn Singles sind, allen Behauptungen der Medien zum Trotz, ausgesprochen selten (▶ Irrtum Nr. 30: Die Zahl der Singles steigt unaufhörlich). Aber nicht nur bei der Partnersuche werden Frauen initiativ. Auch wenn es darum geht, ein erotisches Abenteuer zu suchen, fordern Frauen Männer dazu auf, sie anzusprechen. Ist Jürgen an einem Kennenlernen interessiert – zum Beispiel, weil er auch Single ist und nach einer Partnerin sucht oder weil er durch eine erotische Eroberung sein Selbstwertgefühlt verbessern will – dann kann er jetzt seine Reisetasche nehmen, zu Carola hinüberschlendern und ganz zwanglos ein Gespräch beginnen. Auch das ist die Realität des Flirtens. Der Mann macht in der Regel den *zweiten* Schritt. Er agiert nicht, er *reagiert*.

Geht Jürgen hinüber zu Carola, dann stellt sich eine Frage, die die allermeisten Männer umtreibt: *Wie kann ich sie nur ansprechen?* Zum Glück ist die Antwort auf diese Frage ganz einfach. Viele hundert Teilnehmerinnen meiner Workshops zur Partnersuche haben mir wieder und wieder bestätigt: *Es ist völlig egal, was er sagt, Hauptsache er ist nett.* Um einen besonders ausgefeilten Spruch beim Ansprechen braucht sich Jürgen also keine Gedanken zu machen.

Auch wenn Carola Jürgen aufgefordert hat, sie anzusprechen, ist damit doch keinesfalls gesagt, dass sie noch immer von ihm angetan ist, wenn er sie tatsächlich angesprochen hat. Die allermeisten Flirts enden schnell. Oft reichen schon ein paar Sätze und der Flirt ist zu Ende. Seine Stimme muss ihr gefallen und seine Art zu reden auch. Das ist umgekehrt ja nicht anders. Auch er muss ihre Stimme und ihre Art zu sprechen mögen. Und schließlich sollte auch das sympathisch sein, *was* Jürgen sagt. Völlig einerlei ist es also doch nicht, was er sagt, denn die wichtigste Regel des Flirts lautet: *Das Positive zählt.* Wir sind nett, höflich und zuvorkommend. Möglicherweise machen wir auch Komplimente, die dem anderen schmeicheln.

Wir stellen bei einem Flirt überdies auch unsere eigenen Vorzüge heraus. Das ist sehr wichtig. Denn wir verlieben uns in die Vorzüge des anderen, sein herzliches Lachen, seinen klugen Witz, seine ehrliche Anteilnahme, seine Tatkraft, seine Intelligenz. Das, was der andere zu bieten hat, zieht uns an. Seine Schattenseiten dagegen nehmen wir hin – wenn wir sie zu Beginn denn überhaupt wahrnehmen.

DREIMAL IST BREMER RECHT

Ein dritter Blick von Carola. Ein drittes Lächeln. Carola ist hartnäckig, keine Frage. Drei Blicke, drei Lächeln. Mehr sollte sie allerdings nicht tun, um Jürgen anzulocken. Nein, sie sollte nicht zu ihm hinübergehen und ihn ansprechen. Natürlich *darf* sie das, keine Frage. Wir leben in einer emanzipierten Zeit. Es kommt allerdings erfahrungsgemäß nichts Gutes dabei heraus. Wozu soll eine Frau nach drei Blicken und dreifachem Anlächeln einen Mann auch noch ansprechen? Sie hätte dann viermal hintereinander etwas zur Anbahnung eines Kennenlernens getan – und er nichts. Diese Einseitigkeit des Interesses spricht für sich.

Ist Jürgen an einer Fortsetzung des Flirts ernsthaft interessiert, dann spricht er Carola an. Ist er nicht interessiert, dann tut er es nicht – und sie kann sich das Ansprechen sparen. Steht Carola allerdings im Supermarkt hinter ihm oder lernt ihn auf einer Website zur Partnersuche im Internet kennen, dann ist das Ansprechen sinnvoll. Sie kann ihn in diesen Situationen ja schlecht interessiert anschauen und anlächeln.

Carola weiß das alles sehr genau. Man kann Männern das »Jagen« durch deutliche Signale erleichtern. »Zum Jagen tragen« aber kann und soll man sie nicht. *Dreimal ist Bremer Recht*, sagt man in Carolas Heimatstadt. Drei Blicke also müssen reichen. Kommt Jürgen jetzt zu ihr herüber, dann wird es sie freuen. Tut er es aber nicht, dann ist das auch kein Weltuntergang. Der nächste Flirt kommt bestimmt. Carola flirtet gern mit Männern, die ihr gänzlich fremd sind. Ihren letzten Partner hat sie auf ähnliche Art und Weise kennengelernt. Im Zug von Bremen nach Berlin.

Jürgen hat den dritten Kontaktversuch von Carola registriert. Er lächelt kurz zurück, sehr kurz sogar – und vertieft sich wieder interessiert in seine Zeitung. Der Flirt ist damit zu Ende. Seine Dauer? Vielleicht zwei Minuten.

Halten wir fest: Meist machen Frauen sowohl bei der Partnerwahl als auch bei erotisch motivierten Affären den ersten Schritt. Und das ist nicht nur auf Flughäfen so, in der Bahn, in Cafés und in Diskotheken. Auch beim Kennenlernen im Freundeskreis und bei der Arbeit ist das ein häufiger Fall. So wie bei Klaus.

WIE SICH REALE LIEBESGESCHICHTEN LESEN

Klaus (38) ist schon seit Jahren unglücklich in seiner Beziehung. Leider unternimmt er nichts, um das zu ändern. Wie sich seine Beziehung verbessern lässt, das weiß er nicht. Zu einer Trennung kann er sich aber auch nicht entschließen. Am Ende erlöst ihn seine Arbeitskollegin Martina aus seiner schlecht laufenden Partnerschaft. Martina bleibt immer dann länger in der Arbeit, wenn Klaus gerade Überstunden macht. Sie kocht einen Tee, bringt auch ihm eine Tasse und schaut ihm lange und tief in die Augen. Auch aus der Ferne wandert ihr Blick oft zu ihm. Nach zwei Monaten sind die beiden ein Paar.

So wie gerade geschildert verlaufen *reale* Liebesgeschichten oft. Und Männer verhalten sich in *realen* Liebesgeschichten häufig ausgesprochen passiv. Sie wählen nicht, sie werden gewählt. Ich habe in 25 Jahren von mittlerweile über 2000 Liebesgeschichten erfahren. Viele von ihnen laufen nach dem beschriebenen Muster ab. Frauen werben mit nonverbalen Mitteln um Männer. Männer werden gewählt. So wie Klaus. Klaus hat sich erkennbar nie für seine neue Partnerin entschieden. Schon gar nicht hat er um sie geworben. Hier ist auch kein Blitz eingeschlagen und kein Pfeil des Amor hat zwei Herzen füreinander entflammt. Stattdessen finden wir ein ganz anderes Muster: Martina hat Klaus ein Beziehungsangebot gemacht. Ihr zugewandtes und werbendes Verhalten war allzu deutlich. Klaus ist auf ihr Angebot eingegangen. Es tat ihm gut, gewollt zu werden. Sie sah gut aus. Und sie war nett zu ihm. Das reichte ihm.

Natürlich ist auch Klaus' Verhalten eine Art der Wahl, eine *passive* Wahl. Und am Ende hat selbstverständlich er die Initiative ergriffen – so erwartet es schließlich die Konvention. Klaus hat Martina gefragt, ob sie am Wochenende gemeinsam ins Kino gehen. Und *er* hat *sie* geküsst, als die beiden nach dem Kino Händchen haltend durch den sommerwarmen Park schlenderten, bei einem Teich stehen blieben und den jungen Enten bei ihren ersten Ausflügen zuschauten. In seiner Erinnerung wird genau dies haften bleiben, dass er sie nach einer Verabredung fragte, dass er sie küsste. So kurios es auch klingt: In Klaus' Erinnerung hat er die entscheidenden Schritte zur Anbahnung der Beziehung getan.

In der Realität entsteht Liebe oft sehr langsam – so wie bei Klaus und Martina. Die Liebe kommt auf leisen Pfoten, schleicht sich an wie eine Katze. Klaus hat diese heranschleichende Versuchung einer neuen Liebe erst spät registriert. Erst nach vier oder fünf Wochen spürte er das Ungewöhnliche der Situation. Er bemerkte, wie sehr Martina um ihn und seine Zuneigung warb. Er erkannte, dass er die Chance hatte, seine alte, unlebendig gewordene Beziehung ganz einfach durch eine neue Partnerschaft zu ersetzen. Ganz ohne Trennungsschmerz und Liebeskummer. Ohne anschließendes Singlesein und langwierige Partnersuche. Das war für ihn sehr verlockend und so machte er mit

DIE BILDER IN UNSEREM KOPF

So viel zur Realität der Liebe und ihrer Entstehung. Daneben aber gibt es, beinahe wie in einer Parallelwelt, auch noch unsere Vorstellungen von der Partnersuche, die Bilder in unserem Kopf, die Mythen der Partnersuche. Diese Mythen wollen zur Realität so ganz und gar nicht passen. Das Bild, das wir uns von der Partnersuche machen, kennt keine Frauen, die die Initiative ergreifen, und auch keine Männer, die lediglich auf unverhohlene Sympathieangebote reagieren. Unser Bild von der Partnersuche kennt vor allem den vor Aktivität sprühenden Mann. Die Frau wirbt nicht, sie wird umworben. In Karikaturen erlegt der steinzeitlich gekleidete Mann seine Zukünftige mit der Keule und schleift sie anschließend in seine Höhle. *Der Mann ist der Jäger und die Frau das Wild.*

Doch in der Realität »lauert« die Frau dem Mann auf – wer dieses Muster kennt, der kann einige Phänomene rund um die Partnersuche besser einordnen:

- Zum Beispiel, warum manche Frauen nie von Männern angesprochen werden, egal wie häufig sie ausgehen oder zu Einladungen erscheinen. Sie senden nie die ersten Signale der Sympathie – und die anwesenden Single-Männer kümmern sich deshalb um andere Frauen. Um die Frauen nämlich, die ihnen die »Aufforderung zum Ansprechen« signalisiert haben.
- Zum Beispiel, warum es sich für eine Frau nicht lohnt, einen Mann anzusprechen. Im schlimmsten Fall manövriert sie ihn auf diese Weise in einen halbherzigen Beziehungsversuch. Nach einem dreiviertel Jahr voller Bemühungen ihrerseits und großem Desinteresse seinerseits sagt er dann: Ich wusste doch nicht, dass du das mit uns so ernst meinst.
- Zum Beispiel, warum es für einen Mann beinahe aussichtslos ist, eine Frau in einem Café anzusprechen, ohne von ihr zuvor nonverbal dazu aufgefordert worden zu sein. Wäre sie daran interessiert, von ihm angesprochen zu werden, dann hätte sie es ihm signalisiert. Sie sehen, auch männlicher Übereifer zahlt sich nicht aus.
- Zum Beispiel, warum gerade Männer so leicht an völlig unpassende Frauen geraten.

DAS AUSSEHEN ZÄHLT TATSÄCHLICH

So weit die Erkenntnisse zur Dynamik der Partnerwahl und zur Frage, wer dabei den ersten Schritt macht – und wer den zweiten. Einige grundsätzliche Aspekte der Partnersuche sind damit geklärt. Eine Frage ist allerdings noch offen: *Warum nur ist Jür-*

gen auf Carolas Angebot, sie anzusprechen, nicht eingegangen?
Nach ihrem dritten Blick hat er sich in seine Zeitung vertieft und
damit sein mangelndes Interesse an ihr deutlich gemacht. Wieso?
Jürgen ist tatsächlich Single und wie Carola auf der Suche nach
einer Beziehung. Der Grund für sein Desinteresse an ihr liegt
also nicht daran, dass er vergeben ist. Jürgen hat zwei wichtige
Gründe für sein Verhalten. Der Erste lautet: Carolas Aussehen.

Nicht dass Sie denken, Carola sähe schlecht aus. Das ist es
nicht. Beide, Jürgen wie Carola, sehen durchschnittlich gut aus
und genau das macht ihre Partnersuche leicht. Leichter jedenfalls
als für überdurchschnittlich gut aussehende Menschen (▶ Irrtum Nr. 36: Schöne Frauen haben die besten Chancen bei der
Partnersuche). Der Grund für Jürgens Desinteresse ist viel bana-
ler und gleichzeitig ist es der häufigste Grund, weshalb Männer
Frauen »einen Korb geben«. Es sind – ihre Haarfarbe und ihre
Statur. Carola passt schlicht nicht in Jürgens »Beuteschema«. Das
sieht vor, dass seine Partnerin groß und dunkelhaarig ist – wie
seine Mutter. Carola aber ist klein, blond und zierlich. Deshalb
hat sie bei ihm keine Chance. So einfach ist es schon. Männer
wie Frauen haben in der Regel solche Suchmuster. Und über die
setzen sie sich nur selten hinweg.

Jürgen hat darüber hinaus noch einen weiteren Grund für sein
mangelndes Interesse an Carola. Er hat heute Abend eine viel-
versprechende Verabredung – mit Silke. In Gedanken ist er schon
bei diesem Treffen und bei der Frage, ob er ihr eine rote Rose
mitbringen soll. Es ist das dritte Mal, dass die beiden verabredet
sind. Er wird also spannend werden. Silke ist groß und hat kurze,
dunkle Haare – sie ist genau Jürgens Typ. Wenn Sie neugierig
sind, wie das Treffen mit ihr verläuft – Sie finden die Fortsetzung
ab Seite 182 (▶ Irrtum Nr. 34: Männer sind rational).

IRRTUM **NR. 30**:

»DIE ZAHL DER SINGLES STEIGT UNAUFHÖRLICH.«

Wieso es noch nie so wenige
Singles gab wie heute

Es ist ein Jammer! Jahr für Jahr wächst die Zahl der Singles in Deutschland und erklimmt neue, bisher ungesehene Rekorde. In Großstädten ist schon jeder Dritte ein Single und in den Innenstadtbezirken jeder Zweite. Deutschland – ein Land voller bindungsunwilliger und -unfähiger Einzelgänger. Wenn der Spiegel, die FAZ, der Stern, die Zeit und die Welt es so schreiben – dann muss es doch wohl stimmen, denken viele. Und trotzdem ist es falsch. All die Singles, von denen die Medien unentwegt berichten, es gibt sie nicht.

Glauben wir wissenschaftlichen Studien, dann stagniert die Zahl der Singles in Deutschland seit den 1960er-Jahren bis heute. Und sie liegt, schauen wir weiter zurück bis in das 19. Jahrhundert, sogar historisch auf einem extrem niedrigen Niveau. Damals lebte etwa die Hälfte der erwachsenen Bevölkerung auf dem Land als Single. Der Knecht, die Magd, die unverheiratete Tante – sie alle waren Singles und blieben es oft auch ein Leben lang. Eine Heirat hatte sich entweder nicht ergeben oder aber – und das war weit häufiger der Fall – sie konnten sich die Gründung eines Hausstandes schlicht nicht leisten. Gibt es heute bei uns noch Menschen, die sich eine Partnerschaft aus finanziellen Gründen nicht leisten können? Die Antwort lautet: Nein. Deshalb sind in unseren Tagen in den mittleren Lebensjahren (also zwischen

169

30 und 55) gerade einmal fünf bis zehn Prozent eines Jahrgangs Singles. Und gut die Hälfte von ihnen will von einer neuen Partnerschaft im Moment nichts wissen. Das sind die Menschen, die sich noch die Wunden von ihrem letzten Versuch lecken.

Niemand muss auf eine Partnerschaft verzichten, weil er zu wenig Geld hat. Der zunehmende Reichtum unserer Gesellschaft hat den hohen Singlezahlen früherer Zeiten ein Ende bereitet. Das ist völlig logisch. Und doch schreibt es keiner. Seltsam.

Und es gibt noch weitere Gründe, warum die Zahl der Singles fällt. Wer heute im Alter von 50 oder 60 Jahren durch den Tod des Partners – unfreiwillig – Single wird, der ist weniger denn je bereit, den Rest des Lebens ohne eine Partnerschaft zu verbringen. Unfreiwillige Singles – die gab es in den 1950er-Jahren in großer Zahl. Man denke nur an die vielen Kriegswitwen, die sich nach dem Tod des Partners nicht entschließen konnten, wieder zu heiraten. Sie waren innerlich dem Modell der strikten Monogamie verpflichtet. Und wer weiß, was die Nachbarn und die Kinder zu einer neuen Partnerschaft gesagt hätten. Zudem gab es auch kein üppiges Angebot an in Frage kommenden Männern. Viele waren im Krieg gefallen.

Heute dagegen kann es einer verwitweten Frau durchaus passieren, dass ihre Kinder sie nach ein, zwei Jahren dezent darauf hinweisen, dass ihr Leben noch sehr lang ist und dass eine neue Partnerschaft dieser Zeit mehr Freude und mehr Inhalt verleihen könnte. Gut möglich, dass dabei auch ein wenig Egoismus der Kinder mitschwingt. Wer möchte sich schon 20 oder 30 Jahre lang verpflichtet fühlen, sich »um Muttern« zu kümmern.

WIESO WIR DEN EINDRUCK HABEN, ES GÄBE HEUTE MEHR SINGLES ALS FRÜHER

Woher aber kommen dann die hohen Singlezahlen, die die Medien immer wieder genüsslich zitieren? Ganz einfach: Niemand zählt die Singles in Deutschland. Stattdessen greifen die Medien auf die Zahl der *Einpersonenhaushalte* in Deutschland zurück. Und die steigt tatsächlich. Unaufhörlich. Und zwar aus den gleichen Gründen, aus denen wir heute so wenige Singles haben: Weil unsere Gesellschaft immer reicher wird. Immer mehr Menschen können sich immer mehr Wohnraum leisten. Und viele leisten sich den auch dann, wenn sie in einer Partnerschaft leben. Am besten lässt sich das an den immer wieder gern zitierten Innenstadtbezirken zeigen. Nehmen wir nur einmal Berlin Schöneberg. Ein quirliges, lebendiges Viertel. Die allermeisten hier wohnen allein in einer eigenen Wohnung – und das ganz unabhängig von der Frage, ob sie einen Partner haben oder ob sie Single sind. Dazu gehören Pendler, die hier ihre Zweitwohnung haben, vor allem aber Paare, die trotz Beziehung zwei Wohnungen bewohnen. *Living apart together* heißt dieses Lebensmodell neudeutsch. Viele Paare in Großstädten leben mittlerweile so. Und dann kommen noch all jene hinzu, die heute tatsächlich mal eine Zeit lang Single sind: Und diese Menschen gehören entweder zu den Jüngeren (zwischen 20 und 30) oder zu den Älteren (ab 60 Jahren).

Zwischen dem 20. und 30. Lebensjahr sind heute in der Tat viele Menschen eine Weile Single, manche auch mehrfach nacheinander. Die serielle Monogamie ist die Partnerschaftsform unserer Zeit und die Jahre zwischen 20 und 30 sind die hohe Zeit dieser Lebensform.

Der Grund hierfür sind die heute üblichen längeren Ausbildungsphasen junger Erwachsener. Durch sie verschiebt sich der Zeitpunkt der Familiengründung für immer mehr Menschen auf die Zeit jenseits des 30. Lebensjahres. Die Jahre davor werden von Soziologen gern auch die *verlängerte Adoleszenz* genannt. Nach dem Studium folgen zahlreiche Praktika und danach befristete Arbeitsverträge. Immer später haben junge gebildete Erwachsene den ersten festen Arbeitsvertrag, ein Fakt, der die Bereitschaft zu einer verbindlichen Beziehung stark beeinflusst und das Heiratsalter immer weiter nach hinten verschiebt, in den vergangenen zwei Jahrzehnten immerhin um vier Jahre. Männer sind jetzt im Durchschnitt 33,1 Jahre alt, Frauen 30,3 Jahre.

In der verlängerten Adoleszenz ist das Bedürfnis nach einer festen Partnerschaft bei den meisten Menschen zwar groß, die Bereitschaft zu einer wirklich verbindlichen Beziehung und zu einer Familiengründung aber nicht sehr ausgeprägt. Die Folge: Zumeist wird bei der Partnerwahl nicht so genau hingeschaut, ob der andere wirklich gut passt (▶ Irrtum Nr. 35: Liebe dich selbst, dann ist es egal, wen du heiratest). So kommt es in diesem Alter oft zu »Beziehungsserien«. Eine Partnerschaft hält nur ein bis drei Jahre. Dann folgt eine Singlephase, gefolgt von der nächsten Partnerschaft.

Auch in der Altersgruppe über 60 gibt es heute eine wachsende Gruppe von Singles, oftmals verwitwet. Viele Menschen werden heute sehr alt, ihre Partner aber nicht. Und damit steigt die Wahrscheinlichkeit, im Alter für eine Weile allein zu sein.

Die Jüngeren und die Älteren – in diesen beiden »Gruppen« finden wir heute mehr Singles als früher. Dazwischen aber, in den mittleren Lebensjahren, ist die Zahl der Singles ausgesprochen gering. Kein Wunder also, dass diese Jahrgänge gern im Internet auf die Suche gehen. Dort finden sich Singles in ansehnlicher Zahl – anders als im Alltag der meisten Menschen.

IRRTUM **NR. 31:**

»BEZIEHUNGEN ÜBER DAS INTERNET SIND OBERFLÄCHLICH UND UNROMANTISCH.«

Wieso sich an Partnerschaften durch das Internet (fast) nichts ändert

Schuld ist immer das Internet. Das Internet macht die Partnersuche zu einem unwürdigen Markt der Möglichkeiten. Es verführt zum Partnerhopping, gern auch als serielle Monogamie bezeichnet. Es degradiert die Liebe zu einem geplanten Ereignis. Und dann ist es natürlich schrecklich unromantisch. Und oberflächlich ist es sowieso. So weit die Klagen der technikkritischen Soziologen. Die haben allerdings in der Regel keine Forschungen zu dem Thema betrieben, sondern schlicht eine Meinung. Das ist ihr gutes Recht. Die spannende Frage ist nur, stimmt das alles tatsächlich auch? Oder etwas ironisch gefragt: Ist das Kennenlernen in einer Bar, beim Karneval oder beim Tanzen wirklich tiefsinniger, romantischer und würdevoller als das Aufeinandertreffen im Netz?

Amerikanische Forscher von der University of Chicago untersuchten diese Frage in einer groß angelegten repräsentativen Studie mit rund 20 000 Teilnehmerinnen und Teilnehmern. Sie fanden kaum Unterschiede zwischen Paaren, die sich im Internet kennenlernen (sogenannten Online-Paaren), und Paaren, die beim Bowling oder in einem Kurs über »Kreatives Schreiben« bei der Volkshochschule aufeinandertreffen (Offline-Paaren). Beide

Gruppen sind ähnlich zufrieden – ja, die Paare, die sich im Internet kennenlernten, sind sogar noch ein klein wenig zufriedener mit ihrer Partnerschaft (drei Prozent) als die anderen. Und es kommt noch besser: Paare, die sich im realen Leben begegnet waren, hatten in dieser Studie eine 20 Prozent höhere Trennungsquote als die Paare, deren erster Kontakt sich im Internet angebahnt hatte. Online-Paare haben also die stabileren Beziehungen.

Vorbehalte gegen die Suche im Netz gibt es zweifellos noch bei vielen Menschen. Zum Beispiel bei Marita. Die 32-Jährige will um alles in der Welt keinen Partner im Netz kennenlernen. Zu anonym. Zu wenig romantisch. Nach einem Workshop zur Partnersuche gibt sie der Internetliebe aber doch eine Chance.

»Mir war klar geworden, dass ich viel zu wenig Zeit habe, um im Alltag den passenden Mann zu finden. Das würde mit Sicherheit Jahre dauern«, sagt Marita zu ihrem Sinneswandel. Sie hat zwei kleine Kinder, einen guten Job und einige prima Freundinnen. Außerdem hat sie eine Aversion gegen Sportkurse und Vereine und geht stattdessen lieber allein joggen. So wie ihr Leben ist, lernt sie kaum »zufällig« mal einen Singlemann im passenden Alter kennen – und für die gezielte Suche nach einem Lebenspartner würde ihr auch kaum Zeit bleiben.

Eine Woche nach dem Workshop meldet sich die Münchnerin also bei einem bekannten Online-Partnerschaftsportal an, durchläuft dort einen psychologischen Test und bekommt im Anschluss daran jede Menge Männer vorgeschlagen.

»So ganz genau weiß ich es nicht mehr, aber es waren bestimmt mehr als 200.« Marita macht es sich daraufhin ganz einfach. Sie schreibt von sich aus keinen Mann an, schaut aber natürlich jeden Tag in ihre Mails. In ihrem Alter kann sie sich diese bequeme Haltung leisten. Zwischen 30 und 40 sind etwas mehr Männer als Frauen auf der Suche im Internet – also schreiben die Männer die Frauen an. Später kehrt sich dieses Verhältnis um. Ab 50 suchen mehr Frauen – und folgerichtig müssen sie die Männer anschreiben.

Geschlagene sieben Tage lang melden sich bei Marita nur Männer, die sie jedoch überhaupt nicht überzeugen können. Endlich, am achten Tag, schreibt ihr Klaus eine kurze, knackige und supernette Mail. Klaus hat auch ein Kind, geht gern joggen und sieht gut aus – findet Marita. Die beiden treffen sich sehr bald. Sie treffen sich wieder und auch öfter, verlieben sich und nach einem Jahr ziehen sie zusammen.

So einfach kann sie sein, die Suche im Netz.

DAS GEHEIMNIS DES FILTERS – UND DES »GUTEN« PROFILS

Viele, die sich im Internet auf die Suche machen, träumen von einer solch einfachen Partnersuche, wie Marita sie erlebt hat. Zweihundert Männer werden ihr als mehr oder weniger passend vorgeschlagen, das ist ein gutes Gefühl für sie. Schon die Zahl zeigt an: Es gibt Auswahl. Mehr als 30 Männer schreiben ihr. Sie hat aber nur einen einzigen von ihnen getroffen – den nettesten eben. Dass der auch schon gleich der Richtige ist, das gibt es bei der Suche im Netz immer wieder einmal. Der Grund hierfür ist simpel: Bei der Suche im Netz gibt es einen sehr effektiven Filter.

Da ist zum einen der psychologische Test, den Marita durchlaufen hat. Der Computer weiß zwar nicht, wer zueinander passt, auch wenn manche Suchbörsen das behaupten. Aber der Computer sortiert völlig unpassende Kandidatinnen und Kandidaten aus und schlägt passendere vor. Der zweite, weitaus wichtigere Filter bei der Suche mit Hilfe einer Partnerbörse ist das Profil, das Marita von sich angelegt hat. Ist es gut, dann vermag es die richtigen, die passenden Männer anzulocken. Und unpassende abzuschrecken, auch das ist wichtig. Ist es aber schlecht, dann bringt die Suche im Netz vor allem Frust: unzählige Mailkontakte, enttäuschende Telefonate, langweilige Treffen.

Das eigentliche Geheimnis des Erfolgs bei der Partnersuche im Netz liegt also in diesem Filter. Er führt dazu, dass Singles von vornherein nur auf Menschen treffen, die mit einer viel höheren

Wahrscheinlichkeit zu ihnen passen als jeder Beliebige, den sie vielleicht irgendwo da draußen getroffen hätten – in einer Bar oder beim Karneval.

An den üblichen Wegen des Kennenlernens wird das Internet auch in Zukunft nicht viel ändern. Heute wie früher finden etwa die Hälfte aller Paare über den Freundeskreis oder die Arbeit zueinander. Gelingt es aber auf diesem Weg nicht, dann vertrauen immer mehr Suchende auf das Netz – rund ein Drittel der Paare lernen sich mittlerweile so kennen.

Allerdings ist es für eine erfolgreiche Suche wichtig, sich in seinem Profil ehrlich darzustellen. Wer einen Partner sucht, der wirklich zu ihm passt, der sollte unbedingt auch einige Eigenarten von sich preisgeben. Wenn eine 68-jährige Frau in ihrer Freizeit gern zum Bergwandern geht, dann sollte sie das in ihrem Profil auch schreiben, ohne sich zu fragen, ob das einige Männer verschrecken könnte. Natürlich tut es das. Sie wird wahrscheinlich keine oder wenige Zuschriften bekommen von Wandermuffeln und Bewegungsabstinenzlern. Auch Männer, die eine Frau suchen, die ihnen die Wäsche wäscht und das Essen kocht, werden sich seltener bei einer aktiven Seniorin melden. Aber gleichzeitig zieht sie mit den Angaben zu ihren Hobbys auch ganz bestimmte Männer an. Sportliche zum Beispiel. Und Männer, die ihre Wäsche ohnehin selbst waschen. Und so steigt die Wahrscheinlichkeit, dass ein Mann sie anschreibt, der tatsächlich eine Frau wie sie sucht.

Marita hatte nicht nur ein gutes Profil. Sie hat außerdem auch eine ganz wichtige Regel für die Suche im Netz befolgt. Die lautet: *Liebe entsteht in der persönlichen Begegnung.* Marita hat sich, nachdem drei nette Mails hin und her gegangen sind, mit Klaus getroffen. Ob die Chemie zwischen zwei Menschen stimmt, das lässt sich über das Internet nämlich nicht herausfinden.

Bleibt noch eine Frage zu klären: Wie kommt es, dass Offline-Paare eine 20 Prozent höhere Trennungswahrscheinlichkeit haben als Online-Paare?

Zunächst einmal läge die Annahme nahe, dass sich Paare, die im Internet aufeinandertreffen, von Anfang an mehr füreinander interessieren und auch rasch persönlichere Informationen austauschen, als man das gemeinhin beim Ausgehen tut – und das verbessert dann das Ergebnis ihrer Partnersuche. Das Internet wäre dann nicht etwa der Totengräber der Liebe, sondern hauchte ihr sogar neues Leben ein. Vielleicht ist an dieser Annahme tatsächlich etwas dran.

Ich habe zu der Frage, warum es bei Offline-Paaren häufiger zu Trennungen kommt, allerdings eine andere These. Sie klingt in Ihren Ohren vielleicht ein wenig gewagt, ich kann Ihnen aber versichern, es stecken viele Jahre der Erfahrung in der Singleberatung dahinter: Offline-Paare haben ein höheres Trennungsrisiko, weil bei ihnen im Laufe des Kennenlernens der Alkohol eine größere Rolle gespielt hat als bei Online-Paaren. Unter dem Einfluss von Alkohol neigen wir alle dazu, uns unser Gegenüber schön zu reden. Das führt oft auch zu einem schnellen Eingehen auf erotische Angebote. Es führt aber nicht dazu, dass der andere auch passt (▶ Irrtum Nr. 33: Schneller Sex bindet den passenden Partner am besten). Sie sehen, das Kennenlernen in einer Bar, beim Karneval oder beim Tanzen mag uns zwar romantischer vorkommen, es hat aber auch deutliche Nachteile.

IRRTUM **NR. 32**:

»ES GIBT DIE LIEBE AUF DEN ERSTEN BLICK.«

Wieso der erste Blick uns so leicht
in die Irre führen kann

Der Pfeil des griechischen Gottes Eros (bei den Römern: Amor)
entscheidet noch heute über das Schicksal von Liebenden – zumindest glauben noch immer unzählige Menschen daran. Ist
dieser Pfeil aus Gold, dann entbrennt der Betreffende in Liebe. Ist
der Pfeil dagegen aus Blei, bleibt die Liebe unerwidert. So ist die
Liebe und ihr Zustandekommen erklärt: Die Liebe überkommt
den Menschen gleichsam gesteuert von einer äußeren Macht.

Die heutige – romantische – Theorie zur großen Liebe lautet
in Kurzfassung: *Sie sahen sich, im gleichen Augenblick traf sie der
Blitz (der Pfeil) der Liebe. Und seither leben sie in Eintracht miteinander.* Das klingt nicht so viel anders als bei den alten Griechen
und ihrem Pfeile verschießenden Eros. Auch hier kommt der entscheidende Impuls für die Liebe nicht aus den Liebenden selbst.
Auch hier ist es eine höhere Macht, gegen die der Mensch nichts
auszurichten vermag. Der Mythos von der romantischen Liebe
setzt die alte griechische Liebesauffassung fort. Er hat unsere gesamte Kultur durchtränkt. Ob Hollywood-Schnulze, Actionfilm,
Vorabendserie, Liebesschmöker oder moderne Songs – überall ist
das romantische Liebesklischee drin.

Aber gibt es so etwas überhaupt, eine *Liebe auf den ersten
Blick*? Die Antwort der Wissenschaft lautet: Nein. Das, was wir
für Liebe auf den ersten Blick halten, ist vielmehr eine Mischung

aus erotischer Anziehung und dem wunderbaren Gefühl, begehrt zu werden. Zwei Menschen schauen sich in die Augen, finden sich erotisch interessant, signalisieren Interesse aneinander – und fühlen sich dadurch ausgesprochen euphorisch. Benedict Jones vom Labor für Gesichtsstudien der University of Aberdeen identifizierte in einer Untersuchung klar genau diese »Zutaten«, die das Gefühl einer *Liebe auf den ersten Blick* in uns auslösen:

1. Ein plötzlich einsetzendes erotisches Interesse – die Liebe auf den ersten Blick ist also eine Erotik auf den ersten Blick.
2. Ein langer tiefer Blick in die Augen des anderen. Ob das Gefühl der Liebe auf den ersten Blick zustande kommt, das hängt vor allem davon ab, wie intensiv der Augenkontakt ist.
3. Beide Beteiligte signalisieren sich erotisches Begehren. Und beide registrieren zur gleichen Zeit, dass sie vom Gegenüber begehrt werden. Dies löst Wohlgefühl aus. Man könnte auch sagen: Begehrt zu werden streichelt unser Ego.

Ich will die Magie solcher Augenblicke nicht kleinreden, in denen urplötzlich die natürliche Distanz zwischen zwei Menschen fällt und sie eine starke Anziehung verspüren. Es sind magische Augenblicke im Leben und wir sollten sie genießen. Eine *Liebe auf den ersten Blick* aber ist es nicht. Kann es auch gar nicht sein. Liebe braucht Zeit, um zu entstehen. Sie setzt Vertrautheit voraus und Wissen um das Wesen des anderen.

Unsere Intuition ist sehr schnell im Erkennen von Sympathie und erotischer Attraktivität. Aber ob der andere auch von seinem Wesen her zu uns passt, ob er charakterlich wirklich unser Typ ist – das alles kann sich erst im Laufe der Zeit herausstellen. Genau diese Zeit aber gesteht uns der Mythos von der großen Liebe nicht zu. Ein kritischer Blick auf den anderen ist dem Mythos nach nicht nötig. Ja, nicht einmal ein neugieriger Blick, der fragt: Wie bist du als Mensch? Passt du überhaupt zu mir (▶ Irrtum Nr. 35: Liebe dich selbst, dann ist es egal, wen du heiratest)?

IRRTUM **NR. 33**:

»SCHNELLER SEX BINDET DEN PASSENDEN PARTNER AM BESTEN.«

Wieso schneller Sex der sicherste Weg in eine kurzlebige Bindung ist

Nicole ist 32 Jahre alt, als sie Joachim kennenlernt. Sie haben bei einer Suchbörse im Internet ein paar Mal hin und her gemailt. Dann hat Joachim ein Treffen vorgeschlagen. In einer angesagten Cocktailbar. Drei Stunden und vier Cocktails später ist Nicole selig lächelnd nach Hause gegangen. *Was für ein toller Mann!* Immer wieder hat er es geschafft, sie zum Lachen zu bringen. Joachim sieht gut aus, hat eine gute Stelle, hat studiert – wie sie, das ist ihr wichtig. Er ist die perfekte Partie. Zum zweiten Treffen erscheint Nicole ziemlich aufgeregt. Läuft der Abend gut, dann wird sie mit ihm nach Hause gehen. Und so kommt es.

Zweieinhalb Jahre später sitzt Nicole mit verheulten Augen in der Beratung. Joachim und sie streiten sich häufig. Und heftig. Joachim lässt selten ein gutes Haar an ihren Freunden. Das war schon immer so, aber Nicole hat sich zu Anfang noch gedacht, das würde sich legen. Hat es aber nicht. Und seine blöden Sprüche gehen ihr mehr und mehr auf die Nerven. Und von der anfänglichen Begeisterung über den Sex mit Joachim ist auch nichts mehr übrig. Sie haben nur noch selten Sex und den auch nur halbherzig. Und nun fragt sich Nicole: *Was habe ich nur falsch gemacht?*

Ganz einfach: Die erotische Anziehung zwischen zwei Menschen kann sich in der Tat mit großer Geschwindigkeit einstellen.

Sie vermag einzuschlagen, nahezu wie ein Blitz. Und schneller Sex bindet tatsächlich in vielen Fällen die Partner aneinander – leider aber bindet er passende wie unpassende Partner gleichermaßen. Die Prüfung des anderen auf seine Tauglichkeit als Lebenspartner unterbleibt weitgehend. Schneller Sex ist deshalb heute der häufigste Weg zu einer unpassenden Beziehung. Und so vergehen bei vielen Ratsuchenden wichtige Lebensjahre mit einem Partner, der bei Lichte betrachtet nie wirklich gepasst hat und mit dem eine erhoffte Familiengründung unmöglich ist.

Nicole bricht in Tränen aus, als sie von ihrem Kinderwunsch erzählt. Oft hat sie sich in den zurückliegenden zweieinhalb Jahren um Joachims Sohn aus seiner früheren Ehe gekümmert. Aber ihrem eigenen Kinderwunsch kam sie so keinen Schritt näher. Stattdessen hörte sie die biologische Uhr ticken – und zwar laut und vernehmlich.

Was Nicole und viele junge Frauen (und Männer) unterschätzen, das ist die enorme Bindungskraft, die die Sexualität entfaltet (▶ Irrtum Nr. 3: Sexualität ist ein Trieb). Der große Fehler: Statt den gerade kennengelernten Mann auf seine Eignung für die Rolle des Mannes an ihrer Seite zu prüfen, gehen viele Frauen mit ihm kurzerhand ins Bett. Und die Hormone, die der Körper nach dem Sex ausschüttet, erledigen fleißig ihre Arbeit und sorgen für das angenehme Gefühl der Bindung.

Die Beteiligten halten das für ein sicheres Zeichen, dass sie eine neue Liebe gefunden haben. Ob der andere passt, ist aber sehr ungewiss. Fest steht nur, dass er erotisch interessant ist. So wird Partnersuche zum Lotteriespiel – wie bei Nicole. Sie sollte in Zukunft mit der körperlichen Annäherung warten, bis sie auch verliebt ist. Vorher gibt es keine Küsse und auch keinen Sex. Nicole ist erschrocken über diesen Vorschlag.

»Auch keine Küsse?«, fragt sie. Nein. Wozu bitte soll das gut sein? Sie soll prüfen, ob ihr Gegenüber für die Rolle des Mannes an ihrer Seite geeignet ist. Ist er es, dann darf sie ihn anschließend noch ein Leben lang küssen – so oft sie will.

IRRTUM **NR. 34**:

»MÄNNER SIND RATIONAL.«

Warum Männer die wahren
Romantiker sind

Jürgen und Silke haben heute ihr drittes Date. Das dritte Date ist oft ein spannender Punkt beim Kennenlernen, eine Art Wendepunkt, denn etwa beim vierten Date sind die Beteiligten oft bereits verliebt. Oder aber der Flirt endet, weil sich einer der beiden zurückzieht. Heute Abend entscheidet sich also aller Voraussicht nach, ob aus Silke und Jürgen ein Paar wird. Entweder die beiden sind im Verlauf des Abends so begeistert voneinander, dass sie sich in der Folge verlieben. Oder aber nicht.

Jürgen hat Silke eine Rose mitgebracht und sie ihr elegant überreicht. Silke war begeistert. Ob dieses Date so gut ausgeht wie das letzte? Schauen wir mal! Sie dürfen gespannt sein, die beiden sind es ja auch. Der Einstieg mit der Rose ist Jürgen jedenfalls super gelungen. Ich vermute, er wird es auch im weiteren Verlauf des Abends nicht vermasseln.

Keine Frage, Frauen lieben romantische Gesten und Handlungen von Männern. Sie mögen die Rose, die er ihr überreicht, das besondere Mitbringsel zum Rendezvous, die Einladung zu einer Ruderpartie im Berliner Tiergarten oder das sommerliche Picknick am See mit Mondaufgang. Und Frauen vermissen etwas, wenn er all das nicht tut. Romantik ist, *wenn er sich romantisch verhält*. Auf diese Weise ist unsere Vorstellung von Romantik besetzt. Und da Frauen sich dieses Verhalten wünschen und Männer sich immer wieder einmal *nicht* so verhalten, wie Frauen es sich wünschen, konnte sich die Überzeugung entwickeln, in der Liebe seien Frauen die gefühlsgesteuerten Romantikerinnen, Männer hingegen seien rational.

Männer halten sich selbst und ihre Lebensentscheidungen für rational – und sie halten Frauen für ausgesprochen emotionale und oft auch irrationale Wesen. Diese Klischees über die Geschlechter lassen sich in empirischen Studien selten nachweisen. Doch Klischees üben einen starken Druck aus. Sie leiten uns an, unser Denken, Fühlen und Handeln und sogar unsere Erinnerungen entsprechend der Erwartungen zu modellieren.

Männer *denken* mithin, sie seien in puncto Liebe sehr rational. Doch das ist falsch, wie auch eine groß angelegte Studie der amerikanischen Psychologin und Soziologin Terri Orbuch nachweisen konnte.

WAS SIND ROMANTISCHE LIEBES-VORSTELLUNGEN?

Eine romantische Liebesvorstellung zu haben, das bedeutet nicht, mit einer roten Rose zum Date zu erscheinen. Es bedeutet vielmehr, dass ein Mensch *an romantische Liebesklischees glaubt.* Er glaubt an *die Liebe auf den ersten Blick.* Er glaubt daran, dass *wahre Liebe alle Hindernisse überwindet.* Er ist davon überzeugt, *dass eine Liebe in erster Linie von Gefühlen getragen wird* – und nicht etwa von positiven und zugewandten Handlungen gegenüber dem anderen.

Männer bestaunen *ihr* hübsches Gesicht, die langen Beine und das netteste Lächeln der Galaxie – und sind schon davon überzeugt, dass *sie* seine absolute Traumfrau ist! Kein Zweifel ist möglich. Kein Nachdenken nötig. Und so stürzt er sich kopfüber in das nächste Liebesabenteuer. Mit ungewissem Ausgang.

Sieben Prozent aller Männer sagen einer Frau schon beim ersten Date »Ich liebe dich«. Man stelle sich das nur vor! Beim ersten Date! Glaubt irgendjemand, dass ähnlich viele Frauen so *gefühlsgesteuert* und *unrealistisch* bei der Partnersuche sind? Natürlich nicht. Gerade einmal *ein* Prozent der Frauen neigen zu ähnlich verstiegenen Liebeserklärungen beim allerersten Aufeinandertreffen. *Sieben* Prozent zu *ein* Prozent. So etwa sieht das Verhältnis der Verteilung der Rationalität in Liebesdingen zwischen den Geschlechtern aus.

Frauen sind bei der Partnersuche ausgesprochen wählerisch. Männer bekommen das oft schmerzhaft zu spüren, denn Frauen verteilen fünf bis zehn Mal so viele Körbe, wie Männer es tun. Jürgen hat das bereits oft erlebt. Bei seiner Suche hat er schon ziemlich viele Körbe einstecken müssen. Waren es 20? Oder gar mehr? Die meisten Frauen fanden ihn zu solide, zu langweilig und zu bodenständig. Jürgen hat keine besonders ausgefallenen Ziele für sein Leben. Er will nicht den Kilimandscharo besteigen, er will keine Pelzfarm in Alaska eröffnen und auch nicht die Sahara durchqueren. Er will ein nettes Haus am Stadtrand bewohnen, will fleißig arbeiten und sich abends, zum Feierabend, nach dem Rasenmähen an seiner Familie freuen.

KRITERIEN BEI DER PARTNERSUCHE

Die hohe Zahl an Körben, die Männer einstecken müssen, zeigt deutlich, wer bei der Partnersuche die Entscheidungen trifft: Es sind die Frauen. Silke wird am Ende des Abends wissen, ob sie Jürgen wiedersehen will. Die Rose, die er ihr mitgebracht hat, spricht für ihn – keine Frage. Silke wird sich davon allerdings nicht allzu sehr beeindrucken lassen. Sie achtet auf vielerlei: Stellt er ihr interessierte Fragen (gut)? Erzählt er auch ein bisschen von sich (gut), oder ist er sehr zugeknöpft (schlecht)? Ist er sehr eingenommen von sich und seiner Arbeit (sehr schlecht)? Oder ist er auch neugierig auf das, was sie tut (gut)? Ist er ein Mann, dessen Augen vor allem dann leuchten, wenn er von seinem neuen BMW erzählt (schlecht)? Wie waren seine vorherigen Beziehungen – spricht er abschätzig von seiner Ex-Freundin (sehr schlecht)?

Frauen sind also wählerisch. Ein Glück aber auch! Wie viele unglückliche Ehen werden deshalb Jahr für Jahr nicht geschlossen? Nach meiner Auffassung unzählige. Frauen haben bei der Suche eine Vielzahl von Kriterien – zwischen *20* und *200*.

Und Männer? Worauf achten sie bei einem Date? Die meisten Männer haben gerade einmal *zwei* Anhaltspunkte dafür, ob *sie* die Richtige ist. *Erstens:* Männer achten vor allem darauf, ob sie gut aussieht. Dieses Kriterium ist wenig überraschend. Wahrscheinlich haben Sie nichts anderes erwartet. Ich hoffe aber, Sie mit dem nächsten Punkt ein wenig erstaunen zu können. *Zweitens:* Ist sie nett zu mir? Das bedeutet im Kern nichts anderes, als dass Jürgen sich im Verlauf des Abends vor allem fragen wird: *Komme ich bei ihr gut an?*

Silke wird ihm das auf verschiedenen Wegen zeigen. Dafür wird sie hauptsächlich ihre Körpersprache einsetzen, unbewusst und ohne jedes Nachdenken. Sie wird die Arme verschränken, wenn ihr das missfällt, was Jürgen gerade sagt. Sie wird sich interessiert vorbeugen, wenn sie neugierig ist auf den Fortgang seiner Erzählung. Sie wird sich zurücklehnen und den Blick durch den Raum schweifen lassen, wenn Jürgen sie langweilt. Für all das braucht Silke keinen Flirtkurs und keinen Workshop über körpersprachliche Kommunikation. Auch Jürgen braucht das nicht, um ihre Signale zu entziffern. Er wird, ganz intuitiv, verstehen, ob er Chancen hat bei Silke oder nicht.

War Silke begeistert von ihm, dann wird er das spüren. Er weiß es – ohne zu wissen warum. War Silke begeistert von Jürgen, dann war sie auch nett zu ihm. Und deshalb wird Jürgen sie in ein oder zwei Tagen auch wieder anrufen. Er wird ihr sagen, dass er sie gern wiedersehen will.

WIESO MÄNNER DIE ROMANTIKER SIND

Wie kommt es zu den ausgesprochen romantischen Liebesvorstellungen von Männer? Ich führe den weiblichen Vorsprung in Sachen Gefühle, Liebe und Zwischenmenschliches auf eine der Grundregeln des menschlichen Lebens zurück. Sie lautet: *time on task.* Auf Deutsch: Je mehr Zeit und Energie wir auf eine Aufgabe verwenden, desto besser werden wir. In der Regel ist es eindeutig *ein* Geschlecht, das Zeit und Energie auf den Bereich der Gefühle verwendet. Es ist das weibliche.

Schon im Kindergarten spielte Jürgen gern mit Bauklötzen. Er liebte es, zusammen mit anderen Jungen gewagte Konstruktionen zu verwirklichen – für die er von den Erzieherinnen reichlich Anerkennung bekam. Was hat Silke derweil wohl getan? Sie hat sich viel mit den Gefühlen der anderen Mädchen in der Kita beschäftigt. Wer mag wen und warum? Später absolvierte Silke in der Pubertät ein wahres Studium der Gefühle. Welche Freundin, welche Klassenkameradin ist gerade verliebt? Wie geht es ihr damit? Wer ist mit wem befreundet und warum? Diese Fragen haben sie Tag für Tag beschäftigt, während Jürgen gedankenverloren aus dem Fenster schaute und sich ein neues Hochhaus ausdachte, das er dann penibel genau zu Papier brachte.

Was glauben Sie: Wer von den beiden ist romantischer und irrationaler in Sachen Liebe, als die beiden sich schließlich kennenlernen? Ist es der rational wirkende Jürgen, der nach einem Jobwechsel gerade viel in Europa herumfliegt und sein gestiegenes Einkommen genießt? Oder ist es die quirlige Silke, die sich fragt, wie es nach ihrem Berufseinstieg in einer Erziehungsberatungsstelle für sie weitergehen soll?

Die Antwort fällt nicht schwer: Über das menschliche Gefühlsleben, über Fragen der Liebe, über Fragen wie »Wer passt zu mir (und wer nicht!)?« weiß Silke sicher zehnmal so viel wie Jürgen. Wie füllt Jürgen seine Wissenslücken? Ganz einfach – mit romantischen Liebesvorstellungen. Und deshalb sind Männer die wahren Romantiker.

IRRTUM **NR. 35**:

»LIEBE DICH SELBST, DANN IST ES EGAL, WEN DU HEIRATEST.«

Wieso es so wichtig ist, den passenden Partner zu wählen

Liebe dich selbst, dann ist es egal, wen du heiratest. Mit dem ersten Teil dieses Satzes, dem Postulat, dass die Selbstliebe angeblich die wichtigste Zutat zu einer gelingenden Liebe ist, haben wir uns bereits auseinandergesetzt (▶ Irrtum Nr. 19: Nur wer sich selbst liebt, kann auch andere lieben). Das Ergebnis: Andere Fähigkeiten sind für eine gelingende Liebe weitaus wichtiger. Bleibt noch der zweite Teil, der behauptet, es sei ganz *egal, wen wir heiraten*, wenn wir uns nur selbst genug lieben. Das ist eine bestechend einfache Sicht der Dinge. Und sie ist falsch.

Um das zu verstehen, werfen wir zunächst einmal einen Blick auf ein Traumpaar des 20. Jahrhunderts: Prince Charles und Lady Diana. Die beiden passten gar nicht zueinander und das ist ihnen auch schon bald klar geworden. Versucht haben sie es trotzdem miteinander – vergeblich. Die Liste der Unterschiede ist lang: Charles ist ein typischer Erstgeborener und der Thronerbe. In diesem Bewusstsein wächst er auf. Diana Spencer war eine dritte Tochter, deren Geburt den Vater schwer erzürnte – er wollte endlich einen Stammhalter. Kein guter Start ins Leben. Charles kam aus einer intakten Familie, wenn man ein Königshaus denn als eine normale Familie ansehen will. Diana war ein Scheidungskind, zu ihrer Zeit eine sehr ungewöhnliche Situation.

Weit wichtiger noch als das: Ihre Mutter musste die Kinder beim Vater zurücklassen, um eine Scheidung erreichen zu können. Die Ehe der Eltern war lange schon zerrüttet.

Diana sah gut aus – Charles, geben wir es zu, er konnte in diesem Punkt nicht wirklich mithalten. Dafür hatte er studiert und dazu noch eine anspruchsvolle Ausbildung als Hubschrauberpilot und Düsenjetpilot absolviert. Diana war immer schon eine schlechte Schülerin gewesen. So weit die gröbsten Gegensätze dieser angeblichen »Jahrhundertliebe«. Und als ob das alles nicht schon genug wäre, gab es auch noch den großen Altersabstand von 13 Jahren zwischen den beiden.

Sollte ein 33-jähriger Mann eine 20-jährige Frau heiraten? Gute Frage. Ich als Berater tendiere dazu, ihm davon abzuraten. *Dringend abzuraten.* Ein so großer Altersunterschied ist generell nur sehr schwer zu überbrücken. Das Maß an Lebenserfahrung ist in dem Alter, in dem die beiden waren, extrem unterschiedlich. Das zieht erfahrungsgemäß immer Probleme nach sich. Oft stellen sie sich im Laufe der Zeit als unlösbar heraus.

Der Altersunterschied von 13 Jahren zwischen Charles und Diana ist es aber nicht allein. Schon das junge Alter der Braut signalisiert Gefahr. Je jünger eine Frau bei der Heirat ist, desto instabiler ist ihre Ehe und desto wahrscheinlicher kommt es zu einer Scheidung. Das könnte daran liegen, dass die Lebenserfahrung der Frau und ihr Wissen über die Liebe im Laufe der folgenden Jahre rasch steigen.

Soziologen kommen zu dem Schluss, dass im Alter zwischen 20 und 30 gilt: Mit jedem zusätzlichen Lebensjahr der Frau verringert sich die Scheidungswahrscheinlichkeit um sieben Prozent. Das klingt zunächst einmal nicht viel, addiert sich aber im Laufe der Zeit gewaltig. Eine 30-Jährige, die ihr Ja-Wort gibt, hat damit eine um 70 Prozent geringere Wahrscheinlichkeit, irgendwann einmal vor dem Scheidungsrichter zu stehen, als eine 20-Jährige.

Die Partnerwahl wird – weitgehend – von der Frau bestritten (▸ Irrtum Nr. 29: Der Mann ist der Jäger und die Frau das

Wild). Glauben Sie, dass ein höheres Alter auch bei Männern zu einer deutlich geringeren Scheidungsquote führt? Anders gefragt: Lernen auch Männer zwischen 20 und 30 so viel über die Liebe hinzu? Leider nicht – Männer lernen wenig bis nichts aus ihren Niederlagen in der Liebe. Frauen hingegen schon. Sie wählen mit zunehmendem Alter besser. Sie wählen einen Mann, der besser zu ihnen passt – und werden mit ihm glücklich.

Wollen Sie vielleicht noch ein positives Beispiel hören, ein Beispiel von zwei Menschen, die super zueinander passen? Gern, hier kommt es: Prinz Charles und Camilla Parker-Bowles. Die beiden passen ausgezeichnet zueinander. Dafür gibt es einen ganzen Sack an Gründen. Sie alle laufen auf einen Kerngedanken hinaus, auf das Prinzip der Ähnlichkeitswahl. Partnerschaften sind stabiler, wenn sich die Beteiligten in vielen Punkten ähnlich sind.

Das ist bei Charles und Camilla nun wirklich der Fall. Beide sind ähnlich alt. Beide sind geschieden und haben zwei Kinder groß gezogen. Auch ähnliche Lebensentscheidungen und Lebensschicksale verbinden. Beide haben den gleichen, abgrundtief schwarzen englischen Humor. Beide sind übrigens auch Erstgeborene. Und zum Schluss noch ein besonders wichtiger Punkt für eine Partnerschaft: Beide sehen auch ähnlich gut aus. Zahlreiche Studien belegen eindeutig, dass die Beziehungen dauerhaft funktionieren, die im Kern auf dem Prinzip der *Ähnlichkeitswahl* basieren. Das ist im Übrigen auch der Grund dafür, dass selbst komplizierte Menschen in langjährig stabilen Beziehungen leben können: Sie haben den Partner gefunden, der zu ihnen passt.

MUSTER DER ÄHNLICHKEITSWAHL

Glaubt man wissenschaftlichen Untersuchungen, dann folgen die meisten Menschen bei der Partnersuche dem Prinzip der Ähnlichkeitswahl. Sie wählen einen Partner, der ähnlich gut aussieht, ein ähnliches Bildungsniveau hat, aus einer ähnlichen sozialen Schicht kommt und *ähnliche Überzeugungen* hat wie sie selbst. Der letzte Punkt spielt bei der Partnerwahl interessanterweise sogar eine besonders große Rolle. Zu diesem Ergebnis kam jedenfalls eine Studie, die an der Universität von Iowa durchgeführt wurde. Doch genau das hilft Ihnen bei der Partnersuche nicht weiter! Denn im Gegensatz zu Übereinstimmungen in Herkunft, Attraktivität oder Bildung führen ähnliche Überzeugungen nicht unbedingt zu einer großen Zufriedenheit mit der Beziehung. Paare mit unterschiedlichen Auffassungen waren in der Studie ebenso glücklich. Entscheidend für das Glück in der Partnerschaft erwies sich hingegen, ob die Partner *in wichtigen Persönlichkeitseigenschaften* übereinstimmten. Warum aber spielt die Persönlichkeit oder der Charakter des anderen bei der Partnerwahl eine so unterschätzte Rolle? Vermutlich sind die Ansichten des anderen bei der Partnersuche schlicht einfacher zu erfassen. Ob jemand seinen Verdienst über alle anderen Werte stellt oder die Ehe für Homosexuelle ablehnt, das ist leicht festzustellen und in der Regel schon nach ein oder zwei Verabredungen klar. Persönlichkeitseigenschaften dagegen sind deutlich schwerer zu erkennen als Wertvorstellungen. Doch letztendlich spielt hier die Musik. Die Partnerwahl ist – in ihrem Kern – *die Wahl eines anderen Charakters*. Mit ihm müssen wir dauerhaft zurechtkommen.

Charakterlich waren Prince Charles und Lady Diana sehr, sehr unterschiedlich. Gerade im Rückblick ist das leicht zu erkennen. Auch das Bedürfnis der Öffentlichkeit, einem der beiden die Schuld für das Scheitern der Liebe anzulasten, hat mit den Jahren deutlich abgenommen. Vor 20 Jahren noch war es praktisch Konsens, dass Diana die Gute, Charles hingegen der Böse war: liebesunfähig, verkorkst, durch die königliche Familie verdorben. Doch heute weiß man: Charles ist durchaus in der Lage, eine gute Ehe zu führen – weil er sich unterdessen für eine Frau entschieden hat, die ihm recht ähnlich ist. Charles und Camilla – sie werden nie zu einem Traumpaar avancieren, das die Augen der Menschen leuchten lässt. Schade eigentlich. Sie hätten es verdient. Und wir alle wären wieder ein Stück realistischer geworden in Sachen Liebe. Unser Schaden wäre das nicht.

IRRTUM **NR. 36**:

»SCHÖNE FRAUEN HABEN DIE BESTEN CHANCEN BEI DER PARTNERSUCHE.«

Wieso gut aussehende Frauen bei der Partnersuche oft Probleme haben

Barbara hat heute Nachmittag ein Date mit einem ausgesprochen interessanten Mann. Sie hat ihn bei einer Vernissage kennengelernt. Er hat sie nach ihrer Telefonnummer gefragt und sie zwei Tage später auch angerufen. Die beiden sind nun auf einen Latte macchiato verabredet. Er sieht super aus, findet Barbara, ist groß und dunkelhaarig – genau ihr Typ. Und er ist kulturell sehr interessiert. Das passt genau zu ihren Vorstellungen. Und deshalb ist sie heute etwas aufgeregt. Barbara will es auf keinen Fall vermasseln! Und so steht sie zweifelnd von dem Spiegel. Welches Kleid ist das richtige? Welche Schuhe, welches Make-up? Sollte sie schnell noch ihre Frisur verändern? Fragen über Fragen – und weit und breit gerade niemand, der ihr helfen kann.

Vielleicht sollten wir unser Kapitel darüber, welche Rolle die weibliche Schönheit bei der Partnersuche spielt, aber nicht mit Barbara beginnen, sondern mit der berühmten Geschichte, in der ein goldener Apfel die Hauptrolle spielt. Diese Geschichte ist sehr alt. Sie spielt im alten Griechenland: Eines Tages erscheint Eris, die Göttin der Zwietracht, bei einem Fest, zu dem sie natürlich nicht eingeladen wurde. Schon die griechischen Götter wollten lieber ausgelassen feiern, als sich durch die zänkische Göttin die Stimmung verderben zu lassen. Die rächt sich nun auf ihre Weise und sorgt für einen echten Eklat: Sie wirft einen goldenen Apfel mit der Aufschrift »der Schönsten« unter die versammelten weiblichen Gottheiten.

So ein Ärger aber auch! Gleich drei der Göttinnen sind fest davon überzeugt, ganz allein Anspruch auf dieses Geschenk zu haben. Da ist Athene, die Göttin der Weisheit und Schutzgöttin Athens. Sodann natürlich Aphrodite, die Göttin der Liebe und der Schönheit. Und schließlich auch Hera, immerhin die Gattin des Zeus, des obersten Gottes also. Welcher von den Dreien gebührt nun der goldene Apfel? Zeus hält sich wohlweislich heraus aus der Auseinandersetzung. Der Streit tobt in der Folge erbittert und führt am Ende angeblich sogar zum trojanischen Krieg – in dem es wiederum um die weibliche Schönheit geht, um Helena, die als schönste Frau ihrer Zeit gilt, genauer gesagt, als die schönste sterbliche Frau.

Märchen und Sagen erzählen über weibliche Schönheit und den Erfolg bei der Partnersuche vor allem eines: *Schönheit ist Trumpf.* Im Märchen hat die schöne Prinzessin unzählige Verehrer. Sie kann wählen – ihrem guten Aussehen sei Dank. Geändert hat sich von der Zeit der Antike bis heute nicht viel an der Betonung der weiblichen Schönheit. Glauben wir Frauenzeitschriften, dann ist es vor allem das Aussehen einer Frau, das über Wohl und Wehe auf dem Markt der Partnersuche entscheidet: Ob neuester Frisurentrend, das superwirksame Bauch-Beine-Po-Programm oder Buttermilchbäder für unwiderstehlich glatte Haut – laut Kosmetikindustrie brauchen Frauen für den Erfolg in der Liebe neben einem umwerfenden Parfüm, sorgfältig rasierten Beinen und Achseln, einem gelegentlichen Ganzkörperpeeling, leuchtenden Farbsträhnen im Haar, einer mit Bodylotion verwöhnten Haut, künstlichen Fingernägeln mit Glitzereffekten, Lippenstift und Puder eigentlich nur noch eine ansprechend ausgeführte Intimrasur. Ich hoffe, ich habe da jetzt nicht irgendetwas vergessen.

Glauben wir der *Schönheitsforschung*, dann haben reale Menschen ohnehin nicht den Hauch einer Chance, als attraktiv angesehen zu werden. Von Computern erzeugte, sogenannte ge-morphte Fotos machen in den Laboren der Forscher in aller Regel das Rennen. Wir finden die »Personen« auf diesen Bildern viel schöner als die Bilder von realen Menschen. Diese Tatsache dann auf die Partnerwahl zu übertragen, ist etwa genauso sinnvoll wie Männern Fotos von Traumautos vorzulegen, eines teurer als das andere, und aus den Antworten dann abzuleiten, dass Klein- und Mittelklassewagen in naher Zukunft gänzlich unverkäuflich sein werden. Das reale Verhalten beim Autokauf folgt anderen Gesetzmäßigkeiten. Die Partnerwahl ebenso.

IST SCHÖNHEIT TRUMPF?

Je länger ich als Berater Singles bei der Suche begleite, desto kla-rer ist für mich: Die Bedeutung des Aussehens für die Partner-suche wird dramatisch überschätzt. Die Kosmetikindustrie hat ihre eigenen Interessen. Sie will verkaufen, ja was denn sonst! Sie hämmert uns mit Werbung im Fernsehen und in Illustrierten ein, dass nur die äußere Attraktivität einer Frau zählt und auch den Erfolg bei Männern garantiert. Die Wahrheit lautet: Alle Mühen der äußeren Verschönerung sind umsonst. Haarsträhnen und Peelings sind vergebliche Liebesmühe und füllen ausschließ-lich die Kassen der sie anpreisenden Firmen. Denn Schönheit ist keineswegs Trumpf bei der Partnersuche.

In der Singleberatung erlebe ich den großen Druck, der auf Frauen lastet. Etwa 90 Prozent der Frauen stellen sich die bange Frage: Bin ich schön? Viele haben sich in ihrem tiefsten Inne-ren mit dem Gedanken angefreundet, eine graue Maus oder gar ein hässliches Entchen zu sein. Diese Feststellung betrifft Frauen aller Altersgruppen. Sie betrifft Frauen, die eher durch-schnittlich gut aussehen, ebenso wie solche, die eindeutig eine überdurchschnittliche Ausstrahlung haben. Quer durch alle Bil-dungsschichten und Altersgruppen zeigt sich beinahe immer das gleiche Bild: Frauen haben (erstens) eine Neigung, ihren Erfolg bei der Partnersuche fälschlicherweise an ihrem Aussehen festzumachen. Und Frauen neigen (zweitens) in der übergroßen Mehrheit dazu, das eigene Aussehen als mangelhaft einzuschätzen. Die Märchen und Sagen der Vergangenheit, sie sind nach wie vor lebendig in unserer Kultur. Wie aber sieht die Wirklichkeit aus? Welchen Einfluss hat ein eher durchschnittliches Aussehen wirklich auf die Partnerwahl?

Bevor wir uns weiter mit Schönheit befassen, ist meiner Meinung nach vor allem wichtig, daran zu denken, dass Schönheit vor allem subjektiv empfunden wird – gerade wenn es um einen Menschen geht. »Schön ist eigentlich alles, was man mit Liebe betrachtet«, hat der Lyriker Christian Morgenstern einmal geschrieben. Schönheit liegt eben im Auge des Betrachters. Im positiven wie im negativen Sinne. Und so wird manch ein Kandidat, der die optische Kontrolle mühelos übersprang, schon nach ein paar Minuten des Gespräches umstandslos wieder von der Liste gestrichen. Er hat seine Attraktivität eingebüßt.

Frauen sind stärker als Männer geneigt, auch einem Partner, den sie zunächst nicht als attraktiv empfinden, eine Chance zu geben. Sie treffen ihn ein zweites und ein drittes Mal, zum Beispiel weil sie seine Wesensart interessant und anziehend finden. Oft ändert sich dann auch ihr Empfinden – sie finden ihn nun attraktiv. Einen herzlichen Dank an dieser Stelle an alle Frauen, die diese Geduld aufbringen! Sie haben schon manche schöne Beziehung ermöglicht.

GLEICH UND GLEICH GESELLT SICH GERN

Hinzu kommt noch: Menschen wählen in der Regel Partner, die ähnlich gut aussehen wie sie selbst. Dieses Gesetz ist durch wissenschaftliche Studien gut belegt (▶ Irrtum Nr. 35: Liebe dich selbst, dann ist es egal, wen du heiratest). Sehr gut aussehende Männer zieht es also zu sehr gut aussehenden Frauen. Durchschnittlich gut aussehende Frauen wünschen sich durchschnittlich gut aussehende Partner. Und Menschen, die weniger gut aussehen, finden ihrerseits zueinander.

Die Folgen der Regel *Gleich und gleich gesellt sich gern* für die Partnersuche sind gravierend. Da die meisten Menschen eher durchschnittlich aussehen, haben sie es bei der Partnerwahl leichter als besonders gut aussehende oder unterdurchschnittlich gut aussehende Menschen. Es gibt einfach viel mehr von ihnen – und das erhöht die Chancen.

Die besonders gut aussehende Frau hat es mithin bei der Partnersuche eher schwer. Sie trifft nur selten auf einen besonders gut aussehenden Mann – weil es davon naturgemäß nur wenige gibt. Ihre Probleme bei der Partnersuche vergrößern sich für sie noch einmal deutlich, weil sie in aller Regel in der Vergangenheit zwar durchaus männliche Bewerber anzog. Aber leider die falschen. Die interessierten sich nicht etwa für ihren Geist (»Ist die klug!«) oder für ihr Wesen (»Passt sie zu mir?«), sondern fühlten sich in aller Regel ausschließlich durch ihr gutes Aussehen in ihren Bann gezogen (»Wow, ist die aber schön!«). Und dann versuchte sie mit einem dieser Männer, der von ihrem Aussehen grenzenlos begeistert war, eine feste Partnerschaft aufzubauen. Ein schwieriges Unterfangen. Die überdurchschnittlich gut aussehende Frau gerät also mit einer hohen Wahrscheinlichkeit an ausgesprochen oberflächliche Männer. Und scheitert Mal um Mal in der Liebe.

Besonders gut aussehende Frauen bekommen bei der Partnersuche außerdem auch noch relativ oft einen Korb – gerade, *weil* sie so gut aussehen. Ich habe schon mit vielen Männern über dieses Thema gesprochen. Das Urteil dieser Männer ist einhellig: Kaum einer von ihnen kann sich vorstellen, mit einer Frau zusammen zu sein, die er als überlegen in Bezug auf das Aussehen empfindet. Diese Männer agieren also gleichsam nach dem Motto *Schuster, bleib bei deinen Leisten.* Weil das so ist, bekommt die überdurchschnittlich gut aussehende Frau in der Regel auch nicht unablässig Angebote von Männern. Die meisten Männer machen um sie vielmehr einen weiten Bogen. Sie wollen sich einer Frau ebenbürtig fühlen, und nicht unterlegen.

DIE AUSSTRAHLUNG ZÄHLT ...

Die Partnersuche ist kein Schönheitswettbewerb. Niemand beurteilt dabei das reine Aussehen, so wie es in den Laboren der Schönheitsforscher geschieht. Wenn wir einem realen Menschen begegnen, passiert etwas völlig anderes, als wenn wir anhand von Fotos die Schönheit von Menschen einschätzen müssen, die uns gänzlich unbekannt sind. Manche gutaussehenden Menschen wirken in der persönlichen Begegnung langweilig und farblos. Andere dagegen versprühen Lebenslust und Lebensfreude. In der direkten Begegnung zweier Menschen ist es die gesamte Ausstrahlung des anderen, die zählt. Diese Ausstrahlung entsteht durch Mimik, Gestik, Stimme, Körperhaltung, durch das, *was* jemand erzählt, und – oft viel wichtiger – *wie* er es erzählt. Über die Ausstrahlung ergründen wir die innere Attraktivität eines Menschen. Sein Aussehen ist dabei nur einer unter vielen Punkten.

Das hat wiederum Folgen für die Partnersuche. Die Ausstrahlung eines Menschen hängt im Kern von seiner Zufriedenheit mit seinem Leben ab. Das hat gravierende Folgen für Barbaras Date. Viel wichtiger als ihr Kleid oder die Frisur ist zum Beispiel, ob sie mit ihrem Leben zufrieden ist. Ob sie gern zur Arbeit geht. Ob sie gute Freundinnen hat. Ob sie eine grundsätzliche Zufriedenheit ausstrahlt. Auch wenn ein Großteil der Männer nicht mit allzu vielen Kriterien auf Partnersuche geht: Die meisten Männer spüren, ob Barbara eine zufriedene oder eine unzufriedene Frau ist. Zufriedenheit, innere Ruhe und Gelassenheit – das sind wirkliche Trümpfe bei der Partnersuche. Umgekehrt ist es ebenso. Auch Frauen achten natürlich auf die äußere Attraktivität eines Mannes. Aber auch sie nehmen letztendlich den Gesamteindruck wahr – also auch und gerade die Zufriedenheit des Gegenübers mit seinem Leben.

Da Barbaras Ausstrahlung am wichtigsten ist, ist es nicht einerlei, ob sie müde und vielleicht gar verschnupft zu ihrem Date erscheint. Ist sie guter Laune (und ihr Gegenüber auch), dann sind die Chancen, sich zu verlieben, am allergrößten.

... UND DIE KÖRPERGRÖSSE?

Gilt sonst in der Regel das Gesetz der Ähnlichkeitswahl, so ist das bei der Größe anders. Die meisten Menschen finden, dass bei einem Paar der Mann größer als die Frau sein sollte. In Bezug auf die Körpergröße bevorzugen Männer wie Frauen also die *hierarchische Wahl*.

Diese Regel hat Folgen, für Männer wie für Frauen, allerdings jeweils nur für wenige Männer und Frauen. Sie erschwert die Partnersuche für kleine Männer enorm – da es nur wenige noch kleinere Frauen gibt, die für sie in Frage kommen. Und die zu finden ist schwer. Und sie erschwert die Suche für groß gewachsene Frauen – da es nur wenige noch größere Männer gibt. Die zu finden, ist ebenfalls nicht einfach.

Kleine Männer und große Frauen müssen deshalb damit rechnen, länger und intensiver nach einem Partner oder einer Partnerin zu suchen. Große Frauen können sich das Leben allerdings leichter machen, wenn es ihnen gelingt, sich von dem Gedanken an einen deutlich größeren Mann zu verabschieden und auch einem gleichgroßen Gegenüber eine Chance zu geben. Schon dadurch steigt ihre Auswahl deutlich. Gleiches gilt sinngemäß natürlich auch für kleine Männer. Beziehen sie auch gleichgroße Frauen in ihre Suche mit ein, haben sie umgehend eine erheblich größere Auswahl.

Große Frauen haben es schwerer bei der Partnersuche. Gut aussehende ebenso. Was liegt da näher als die Frage, wie wohl die Partnersuche von besonders gut aussehenden großen Frauen verläuft. Sie ahnen die Antwort. Beides zusammen verkompliziert die Suche erheblich. Alle diese Schwierigkeiten, einen halbwegs passenden Mann zu finden, hat die durchschnittlich große und durchschnittlich gut aussehende Frau selbstverständlich nicht. Sie findet leichter ein – äußerlich – passendes Gegenüber. Und ich kann Ihnen sogar eine Frau nennen, auf die diese Beschreibung genau zutrifft. Sie ist 1,72 groß und recht hübsch. Sie kennen sie bereits. Sie heißt Barbara.

IRRTUM **NR.37**:

»EINE FRAU ÜBER 40 TRIFFT EHER EINEN TIGER ALS EINEN MANN.«

Wieso jede Frau in jedem Alter den passenden Partner finden kann

Wie gemein manche Mythen und Irrtümer über die Liebe sein können! Besonders Frauen kommen in ihnen oft schlecht weg. In diesem Irrtum ganz besonders: Warum sollte eine Frau über 40 keine Chance mehr haben, auf einen passenden Partner zu treffen? Werden Männer über 40 etwa nicht Single – oder werden sie etwa alle auf einen anderen Planeten teleportiert?

Das ist natürlich nicht der Fall! Zunächst einmal gibt es einen ganz entscheidenden Grund dafür, dass eine Frau ab 40 sogar gute Chancen bei ihrer Partnersuche hat: Die Zeit der Familiengründung – das Alter zwischen 30 und 40 – ist heute für die Partnersuche die schwierigste Zeit. In diesem Alter stellt sich die Frage: Will ich »nur« eine Partnerschaft oder möchte ich mit dem Partner eine Familie gründen? Steht die Kinderfrage im Raum, dann wird es mit der Partnersuche schwieriger, das erlebe ich in der Beratung wieder und wieder.

Viele Frauen haben regelrecht Torschlusspanik, sobald sie auf die 40 zugehen. Diese Nervosität ist verständlich, denn wenn der richtige Partner jetzt nicht auftaucht, dann können sie ihren Wunsch nach einer Familie, ihren Wunsch ein Kind zu haben – oder zwei oder drei – wahrscheinlich nicht mehr verwirklichen. Für Männer ist dieser Druck nicht ganz so groß, sie können leichter auch mit Mitte 40 oder mit 50 noch Vater werden – zumindest theoretisch. Tatsächlich nimmt ihre Bereitschaft zu diesem Schritt allerdings ebenfalls sehr stark ab, wenn sie über 40 sind.

Einen Kinderwunsch zu haben, ist völlig legitim. Das Problem ist aber: Spüren Männer, dass eine Frau einen *dringenden* Kinderwunsch hat, dann gehen sie in der Regel auf Abstand. Sie fürchten, dass die Frau in ihnen vor allem ein Mittel zum Zweck sieht. Und sie wollen in erster Linie als Partner gewählt werden – nicht als Vater für geplante Kinder.

Ab 40 ist dann für die meisten Menschen die Frage einer Familiengründung abgeschlossen – und das entlastet die Partnersuche enorm.

EIN MANN ÜBER 40 TRIFFT EHER EINEN TIGER ALS EINE FRAU

Die Zeit ab 40 ist verglichen mit der Dekade davor eher ruhig. Natürlich sind jetzt viele Männer und Frauen bereits durch langjährige Partnerschaften geprägt. Sie haben möglicherweise Kinder, die bei ihnen leben oder jedes zweite Wochenende bei ihnen sind. Sie sind oft vorsichtig, wenn sie sich erneut auf eine verbindliche Beziehung einlassen. Sie fragen sich, worauf sie bei der nächsten Partnerschaft oder Ehe achten sollen – und finden in der Regel die zu ihnen passenden Lösungen.

Eine Frau über 40 trifft eher einen Tiger als einen Mann – dieser Liebesirrtum enthält auch ein Körnchen Wahrheit. Wer über 40 ist, für den ist die Wahrscheinlichkeit, auf einen Single des anderen Geschlechts zu treffen, in der Tat eher gering. Das gilt allerdings für Männer ebenso wie für Frauen. Genauso gut ließe sich der Spruch mit dem Tiger also auf Männer über 40 anwenden. *Ein Mann über 40 trifft eher einen Tiger als eine Frau.*

Und das alles ist so, weil in diesem Alter die meisten Menschen gebunden sind. Schon etwa mit dem 30. Lebensjahr ist die Zahl der Singles gering (▶ Irrtum Nr. 30: Die Zahl der Singles steigt unaufhörlich). Sie bleibt bis etwa zum 55. Lebensjahr so niedrig – erst dann steigt sie langsam wieder an, zum Teil aufgrund von Trennungen, zum Teil aber auch aufgrund von Verwitwung. Nach einer Verwitwung bleiben viele Menschen eine längere Zeit allein, das erhöht die Singlezahlen in der Altersgruppe ab Mitte 50.

Männer wie Frauen haben also im Alter zwischen 40 und 55 das gleiche Problem: den Mangel an Singles, die als Partner für sie in Frage kommen. Um dem zu begegnen, haben sich Partnerbörsen im Internet etabliert. Sie sorgen dafür, dass auch Singles in den mittleren Lebensjahren eine gute Chance haben, zu einem Date zu kommen und sich zu verlieben. Und wer im Internet nicht findet oder dort nicht suchen will, der geht zum Singlewandern, zu einer Singleführung in ein Museum, zum Speed-Dating – oder zu Hochzeiten, auch da lernen sich oft Paare kennen. Oder er wartet einfach ab.

WAS MACHT FRAUEN DIE SUCHE AB 40 SCHWERER?

Warum also sollten es Frauen über 40 ganz besonders schwer haben bei der Suche? Der Hauptverdächtige für diese Annahme ist die äußere Attraktivität (▶ Irrtum Nr. 36: Schöne Frauen haben die besten Chancen bei der Partnersuche). *Nur die schönste Frau bekommt einen Mann ab – und nur die allerjüngste.* Männer müssen nicht mit solchen Gemeinheiten leben. Graue Haare adeln den Mann, erfordern bei einer Frau aber den vollen Einsatz.

Dass Frauen ab 40 schlechte Karten bei der Suche nach einem Lebenspartner haben, ist aber leider auch die feste Überzeugung vieler Frauen in dieser Altersgruppe. In der Beratung und in meinen Single-Workshops bekomme ich häufig sogar von ihnen zu hören, eine Frau über 40 sei schlechterdings unvermittelbar.

Mich erstaunt das. Wie kommen all diese Frauen nur auf die Idee, es gäbe eine rege Nachfrage nach Frauen zwischen dem 20. und 30. Lebensjahr und auch für Frauen in den 30er-Jahren – aber dann sei Schluss? Als Berater weiß ich sehr genau, dass diese

Ansicht falsch ist. Ich erlebe Tag für Tag, dass Männer wie Frauen in allen Altersgruppen den Partner fürs Leben suchen – und finden. Vom 20. bis zum 70. Lebensjahr.

Eine Frau über 40 trifft eher einen Tiger als einen Mann – der Satz ist so etwas wie eine sich selbst erfüllende Prophezeiung. Glaubt eine Frau an diesen Spruch, dann geht sie weniger entschlossen, mit weniger Zuversicht und weniger Elan auf die Suche. Wer auf die Suche geht, der braucht jedoch die innere Entschlossenheit, es tatsächlich anzugehen. Er braucht die Zuversicht, dass die nächste Beziehung besser wird als die vorherige. Und er braucht Elan, um seine Pläne auch Wirklichkeit werden zu lassen.

Was löst den Pessimismus von Frauen jenseits der 40 aus? Vielleicht schauen wir ein konkretes Beispiel an, um besser zu verstehen, was die Ursachen hierfür sind. Schauen wir, wie es der 45-jährigen Marina bei der Partnersuche ergeht. Sie kennen Marina schon vom Anfang des Buches (▶ Irrtum Nr. 1: Männer wollen nur das Eine). Sie hatte damit zu kämpfen, dass ihr Mann keinen Sex mehr wollte. Marinas traurige Geschichte mit einem Leben ohne Sex, ohne Umarmungen und Küsse und ohne Zärtlichkeiten hat diesem Buch immerhin zu seinem Titel verholfen. Ein guter Grund, zu schauen, wie es bei ihr weitergegangen ist.

Marina hat sich nach Jahren des Schwankens zwischen Hoffnung und Resignation für eine Trennung entschieden. Es gab für sie keine vernünftige Alternative. Ein Leben ohne Sexualität, ohne Umarmungen und Zärtlichkeiten – dafür sind Menschen nicht gemacht. Warum ihr Partner die Zuwendung zu ihr eingestellt hat, das hat sie nie herausfinden können. Wie auch, wenn er sich jedem Gespräch und jeder Beratung verweigert!

Nach 15 Jahren Partnerschaft und zwei Jahren Singledasein ist Marina jetzt bereit für die nächste Beziehung. Sie sucht nach einem neuen Partner. Die Welt der Partnersuche ist ihr fremd geworden, nach all den Jahren. Das Internet war, als Marina zuletzt Single war, immerhin schon bekannt. Partnersuche im

Internet gab es damals aber noch nicht. Über die Suche dort weiß sie nichts. Leicht ist die Partnersuche für sie also nicht. Die Gründe sind vielfältig:

- *Wenige Gelegenheiten:* Weil die allermeisten Menschen ihres Alters gebunden sind, wird Marina im Alltag kaum je auf einen Singlemann treffen. Sie leidet jetzt, anders als bei ihrer letzten Suche als 28-Jährige, unter einem großen Mangel an Gelegenheiten zum Kennenlernen.
- *Wenige Anfragen:* Frauen in diesem Alter bekommen selten Anfragen, wenn sie im Internet auf die Suche gehen. Zwischen 30 und 40 sind mehr Männer auf der Suche als Frauen. Das macht die Suche für Frauen in diesem Alter sehr angenehm. Sie können sich zurücklehnen – und warten. Ab 40 ist das anders: Im Internet sind jetzt gleich viele Männer wie Frauen unterwegs. Und so kommt es, dass Frauen jetzt aktiver sein müssen, wenn sie wollen, dass es zu einem Date kommt.
- *Wenig Resonanz:* Auf zehn Mails an Männer, die Marina ausschickt, bekommt sie nur eine einzige Antwort. Das ist völlig normal – und ergeht Männern übrigens ebenso. Gleichwohl kann so eine Erfahrung frustrieren, vor allem wenn eine Frau früher sehr viele Avancen bekommen hat oder wenn sie sehr damit hadert, aktiv nach einem passenden Partner suchen zu müssen.
- *Viel Post von Senioren:* Warum nur bekommt eine Frau Mitte 40 pausenlos Zuschriften von Männern, die 20 Jahre älter sind als sie? Wollen etwa alle Männer eine viel jüngere Frau? Nein, weit gefehlt. Nur sehr wenige Männer suchen nach einer deutlich jüngeren Frau. Die allermeisten halten es dagegen mit der altbekannten Regel »Gleich und gleich gesellt sich gern«. Wer in die gleiche Altersgruppe gehört, der hat in seiner Jugend zur gleichen Musik geschwelgt – das verbindet. Er hat die Kindheit in einer ähnlichen Zeit verbracht – auch das verbindet. Und er hat ähnlich viel Lebenserfahrung gesammelt.

Warum aber bekommt Marina dann tagtäglich Zuschriften von Männern, die eindeutig nicht zu ihrer Altersgruppe gehören? Ganz einfach: Weil ein Mann, der eine 20 Jahre jüngere Frau sucht, mindestens *100* Frauen anschreiben muss, um überhaupt mal eine Antwort zu bekommen. Von einem Date gar nicht zu reden. Dafür muss er schon noch einige Frauen mehr anschreiben.

■ *Höhere Ansprüche:* Marina ist jetzt keine 28 mehr, sondern Mitte 40. Lebensalter zieht auch Lebensreife nach sich. Marina hat heute viel konkretere Vorstellungen von einem Partner. Zum Glück! Für die Zukunft hat Marina sich vorgenommen, ganz besonders darauf zu achten, dass der nächste Mann in der Lage ist, über sich und seine Gefühle zu sprechen. Sie möchte nicht noch einmal einen »großen Schweiger«, der sich emotional zurückzieht und ihr keine Chance gibt, die Beziehung zu erhalten. Sie will einen Mann, der über sich und seine Gefühle reden kann und der es gewohnt ist, in einer Familie zu leben. Ist das zu viel verlangt? Nein, das ist es nicht. Trotzdem hat es Folgen. Da Marinas Ansprüche höher sind als früher, ist der passende Partner nicht ebenso leicht zu finden wie damals. Viele Männer wird sie durchwinken müssen bei ihrer Suche – weil sie nicht zu ihr passen. Und deshalb wird ihre Suche ein wenig länger dauern.

Marina hat also etwas gelernt aus ihrer Niederlage in der Liebe – die meisten Menschen tun das. Und weil sie dazulernen im Laufe ihres Lebens, können sie sich auf die nächste Partnerschaft freuen. Denn die wird aller Voraussicht nach besser als die vorherige.

WILLST DU WEIT GEHEN, GEHE GEMEINSAM

Es sind ein Bündel von Gründen, warum die Partnersuche Mitte 40 länger dauern kann als zehn oder 15 Jahre zuvor. Eines aber ist gewiss: Wenn Marina konsequent weitersucht, dann wird sie den passenden Mann finden. Weil sie aktiv ist. Weil sie nicht aufgibt. Und es gibt noch einen Grund, warum Marina einen neuen Partner finden wird: Weil sie Unterstützung gefunden hat. In einem Workshop hat sie eine nette gleichaltrige Frau kennengelernt, die wie sie auf der Suche ist. Eine Ehe nach dem Motto »dasselbe nochmal«, das kommt für beide nicht in Frage. Marina und ihre neue Freundin treffen sich regelmäßig und unterstützen sich bei ihrer Partnersuche. Sie stärken sich den Rücken und machen sich Mut. Die beiden machen es so, wie in dem schönen afrikanischen Sprichwort gesagt wird: *Willst du schnell gehen, geh allein. Willst du weit gehen, dann geh gemeinsam.* Viel Erfolg bei der Suche, Marina!

NACHWORT

- Sex dient beim Menschen kaum je der Fortpflanzung. Das hat die Natur so gewollt. Er dient vielmehr der Bindung zweier Menschen aneinander. Deshalb haben Menschen so häufig Sex – und finden ihn auch emotional so wichtig.
- Männer machen bei der Partnersuche in der Regel den zweiten Schritt.
- Frauen geben öfter Körbe als Männer, weil sie wählerischer sind – zum Glück. So ersparen sie den Männern und sich selbst viele unpassende Bindungen.
- Sex kann in einer Partnerschaft auch nach Jahren und Jahrzehnten noch häufig und aufregend sein – wenn wir bereit sind, das Richtige dafür zu tun.
- Dessous und Abendessen bei Kerzenschein beflügeln die partnerschaftliche Sexualität nicht dauerhaft. Intimität im Gespräch und in der täglichen Zuwendung zum Partner dagegen schon.
- Liebesgefühle haben aus sich heraus keinen Bestand. Auch die allerschönste Liebe bleibt also nicht von sich aus erhalten, sondern muss bewahrt, gepflegt und erneuert werden, indem man dauerhaft füreinander da ist.

Das sind einige entscheidende Wahrheiten über die Liebe. Wahrheiten, von denen in diesem Buch die Rede war. Es sind Wahrheiten, die wir alle mittlerweile wissen können, wenn wir sie denn wissen wollen. Doch genau damit, mit dem *wissen wollen* steht es in unserer Kultur nicht zum Besten. Ja, es gibt sie, realistische Filme wie »Wie beim ersten Mal« mit der Schauspielerin Meryl Streep und dem Schauspieler Tommy Lee Jones als einem Ehepaar, das seit Jahren schon keinen Sex mehr hat und Hilfe bei einem Paarberater sucht. Es gibt die Bücher des englischen Schriftstellers Nick Hornby, der in seinen unterhaltsamen Romanen ganz ohne romantische Liebesklischees auskommt. Doch solche Filme und Bücher sind die große Ausnahme. Schade eigentlich. Schade für die reale Liebe.

Es sind Frauen, die in der Liebe oft rationaler sind, zum Wohle der Partnerschaft. Auch das ist eine wichtige Erkenntnis der Forschung, die durch die Erfahrungen von Beraterinnen und Beratern in den vergangenen Jahrzehnten bestätigt wird. Es ist an der Zeit, dass Frauen dafür die Anerkennung bekommen, die ihnen gebührt.

WIESO DIE LIEBE UNS DAS GEFÜHL VON HEIMAT GIBT

Die Liebe, sie gibt uns Heutigen Halt. Die Liebe, so wie wir sie kennen, hat eine ausgesprochen kurze Geschichte. Das patriarchalische Denken und eine übergroße Stigmatisierung von Scheidungen ließen einer freien und gleichberechtigten Liebe bis in die 1970er-Jahre wenig Raum. 40 Jahre ist das erst her.

40 Jahre, das ist nur ein kurzer Augenblick in der langen Geschichte, die der Mensch in seiner Entwicklung bereits hinter sich hat. Die Liebe der Jäger und Sammler war eine andere als die unsere heute. Die Liebe, so wie sie in den vergangenen rund 10 000 Jahren gelebt wurde, stand unter dem Zeichen des Ackerbaus. Alle Gesellschaften, die vom Ackerbau leben, haben rigide Scheidungsregeln entwickelt – wie sollten Grund und Boden und Hausrat denn auch geteilt werden? Das Sagen hatten – und haben – die Männer. Die Industrialisierung erst hat einer neuen Liebe den Boden bereitet, einer Liebe, die ein echtes Kind der Freiheit ist. Niemand von uns will das missen.

Das Ende der Liebe – von Soziologen wird es immer mal wieder ausgerufen. Die Gesellschaft werde immer individualistischer und unverbindlicher, diagnostizieren sie. Die Bereitschaft, eine Bindung einzugehen, nehme ab. Das Internet mache die Partnersuche zu einem Markt und verändere so das Bindungsverhalten von Menschen, beklagt die israelische Soziologin Eva Illouz.

Aber trifft das alles auch zu? Meiden Menschen heute die Liebe? Nimmt die Bedeutung, die Menschen einer stabilen, glücklichen Partnerschaft beimessen, tatsächlich ab, während andere Werte wie ein gutes Einkommen, Freundschaften oder Karriere wichtiger werden?

Das Ende der Liebe, in der Realität ist davon nichts zu spüren. Ob in der Beratung von Singles oder von Paaren, überall mache ich ganz andere Erfahrungen. Kaum ein Thema beschäftigt Menschen so sehr, kaum etwas fragen sich Menschen so häufig wie:

- Wie kann ich einen Partner oder eine Partnerin finden?
- Wie kann ich es erreichen, dass meine Liebe dauerhaft stabil bleibt?

Auch Studien kommen wieder und wieder zu dem Ergebnis: Die Liebe, eine Partnerschaft oder eine Familie haben heute für die meisten Menschen sogar einen höheren Wert als in früheren Zeiten. Ein Wunder ist das nicht. Je individualistischer die Gesellschaft wird, je unklarer die Rollen sind, die wir in ihr ausfüllen, desto wichtiger wird die Liebe als eine Konstante in unserem Leben. Die Liebe versorgt uns mit Anerkennung und mit Bestätigung – zwei Dinge, auf die wir gerade in einer modernen, offenen Gesellschaft im hohen Maße angewiesen sind.

DIE LIEBE ALS KIND DER FREIHEIT

40 Jahre der Erfahrung mit unserer modernen Form der gleichberechtigten Liebe gehen einher mit 40 Jahren der Forschung über partnerschaftliche Prozesse. Was lässt die Liebe dauern? Was zermürbt sie? Die Ergebnisse der Wissenschaft können sich sehen lassen. Wenn wir bereit sind, auf Forscher wie den Psycho-

logen John Gottman zu hören, die Soziologin Terri Orbuch, die Therapeutin Michele Weiner Davis oder die großartige Familientherapeutin und Untreue-Expertin Shirley Glass, dann hat die Liebe in Zukunft eine noch bessere Chance, unser Leben zu bereichern und es größer und schöner zu machen.

Die Liebe – ja, sie ist eine Himmelsmacht. Die menschliche Sexualität ebenso. Sie beide gehören für die große Mehrheit der Menschen eng zusammen. Die Gefühle von Verbundenheit und von Angenommen-Sein – sie entstehen für uns Menschen in der Verbindung von Liebesgefühlen und Sexualität.

Kaum jemand hat unser Bedürfnis nach seelischer und körperlicher Verbundenheit so treffend und anrührend ausgedrückt wie der leider viel zu früh verstorbene deutsche Arzt und Familientherapeut Bernd Frederich. Ihm möchte ich das letzte Wort überlassen. In seinem Buch »Die Verliebtheitsfalle« fragt ihn eine Klientin, wann und wie Männer ihren Höhepunkt an Geborgenheit erleben. Seine Antwort: »Wenn ihr Glied in der Scheide einer Frau ruht – ich betone – ruht. Nicht exotische gymnastische Verrenkungen oder olympiareife Stoßleistungen beziehungsweise Mega-Orgasmen sind gefragt, sondern einfaches Ruhen.«

ERGÄNZUNGEN, **QUELLEN** & WEITERFÜHRENDE **LITERATUR**

Auf den folgenden Seiten gehe ich darauf ein, welche Quellen ich genutzt habe, um mich für dieses Buch zu informieren. Die hier aufgeführten Ergänzungen, Quellen und die weiterführende Literatur finden Sie übrigens auch auf meiner Website unter *www.die-liebe-bleibt.de/wieso-frauen* – dort können Sie die hier angegebenen Links auch einfach anklicken, falls Sie sich über einige Themen genauer informieren möchten.

TEIL I

IRRTUM **NR. 1:** MÄNNER WOLLEN IMMER NUR DAS EINE.

Die amerikanische Therapeutin Michele Weiner Davis hat maßgeblich dazu beigetragen, dass im Rahmen einer Studie ausschließlich Frauen befragt wurden, um herauszufinden, wie groß der Anteil der Frauen ist, die in einer Beziehung leben, in der *sie* mehr Sex will als ihr Partner. Oder gar in einer Beziehung, in der *sie* Sex will – und *er* nicht. Die Ergebnisse der Studie sind in das hervorragende Buch *The Sex-Starved Wife. What to Do When He's Lost Desire* (Verlag Simon & Schuster, New York, 2008) von Michele Weiner Davis eingeflossen.

Zu ähnlichen Schlüssen wie Weiner Davis kommt auch der Paarforscher John M. Gottman in seinem neuen Buch *Die Vermessung der Liebe. Vertrauen und Betrug in Partnerschaften* (Verlag Klett Cotta, Stuttgart, 2014).

Der Berliner Psychotherapeut, der über Jahre Buch darüber führte, ob es die Männer oder die Frauen in der Partnerschaft sind, die den Rückzug von der Sexualität antreten, ist Dr. Wolfgang Krüger.

IRRTUM NR. 2: SEX DIENT DER FORTPFLANZUNG.

Die meisten Erkenntnisse über die menschliche Sexualität und ihre Unterschiede im Vergleich mit anderen Primaten wie dem Gorilla verdanke ich dem international bekannten Evolutionsbiologen Jared Diamond, vor allem seinen Büchern *Der dritte Schimpanse* (Fischer Taschenbuch Verlag, Frankfurt am Main, 2000) und *Warum macht Sex Spaß?* (Fischer Verlag, Frankfurt am Main, 2011). Sehr lesenswert.

IRRTUM NR. 3: SEXUALITÄT IST EIN TRIEB.

Das Zitat des Sexualpsychologen Christoph Joseph Ahlers ist einem Interview aus dem Zeit-Magazin entnommen (Nr. 18/2013; *Vom Himmel auf Erden. Wissen wir wirklich alles über Sex?*). Im Internet finden Sie es unter: *www.zeit.de/2013/18/sexualitaettherapie-christoph-joseph-ahlers*

IRRTUM NR. 4: SEXTOYS UND REIZWÄSCHE BRINGEN DIE EROTIK WIEDER IN SCHWUNG.

John Gottman benutzt das Motto »Von sich aus wird jede Ehe schlecht« gern, um die Erkenntnisse seiner Arbeit auf eine kurze, prägnante Formel zu bringen, so auch im Mai 2012 bei einer Schulung in Paartherapie in Graz, an der ich teilnahm.

Michele Weiner Davis spricht in ihrem Buch *The Sex-Starved Marriage* (Simon & Schuster, New York, 2003, S. 64) von »Myriaden von Gründen« für das Nachlassen und Versiegen von Sexualität. Natürlich ist das eine Übertreibung. Aber die Suche nach *der einen* Ursache führt angesichts der Komplexität der menschlichen Sexualität in der Regel nicht weiter.

Das WYSIATI-Prinzip (what you see is all there is) ist eine der wichtigsten Erkenntnisse über die Art und Weise, wie Menschen zu ihren Ansichten und Einstellungen kommen. Daniel Kahnemann beschreibt es in seinem Bestseller *Schnelles Denken, langsames Denken* (Siedler Verlag, München, 2012). Für seine wissenschaftliche Arbeit hatte der Psychologe schon im Jahr 2002 den Nobelpreis für Wirtschaft erhalten.

IRRTUM NR. 5: SEX GEHT IMMER, AUCH BEI STRESS.

Die Liste der Studien, die den Zusammenhang von Laufen und mehr Sex belegen, ist unendlich lang. Natascha Knecht hat einige der wichtigsten für den *Schweizer Tagesanzeiger* zusammengetragen *(http://blog.tagesanzeiger.ch/outdoor/index.php/9558/sex-und-laufen-das-unschlagbare-doppel/)*. Darunter ist auch eine Studie der University of San Diego. Für die sollten die Untersuchungspersonen mit einem moderaten Lauftraining beginnen (viermal pro Woche). Nach neun Monaten hatten die Probanden eigenen Angaben zufolge 30 Prozent häufiger Sex als zuvor.

Eine umfassende Darstellung, was Yoga bewirkt – und was nicht – gibt William J. Broad in seinem Buch *The Science of Yoga. Was es verspricht – und was es kann* (Verlag Herder, Freiburg, 2013).

IRRTUM NR. 6: WENN EIN PARTNER MEHR SEX WILL ALS DER ANDERE, DANN KANN MAN NICHTS MACHEN.

John Gottmans Formel für das ungleiche Begehren innerhalb einer Paarbeziehung und dessen Folgen findet sich in seinem neuesten Buch *Die Vermessung der Liebe. Vertrauen und Betrug in Partnerschaften* (Verlag Klett Cotta, Stuttgart, 2014). Die hier angegebene Formel ist der englischen Ausgabe entnommen (*What Makes Love Last*, Simon & Schuster, New York, 2013, S. 269), da die deutsche Ausgabe zum Zeitpunkt der Drucklegung dieses Buches noch nicht erschienen war.

IRRTUM NR. 7: EREKTIONSPROBLEME HABEN HAUPTSÄCHLICH KÖRPERLICHE URSACHEN.

Ein weiterer Grund für Erektionsprobleme kann auch die Art sein, wie Männer in der Sexualität mit ihrem Körper umgehen. Die bekannte Sexualexpertin und Bestsellerautorin Ann-Marlene Henning (*Make Love*, Rogner & Bernhard, Berlin, 2012) setzt in ihrer Beratungspraxis deshalb auf Körperübungen, die dazu führen, dass Probleme mit der Erektion zurückgehen. Auch sie betont die große Rolle, die unsere Gedanken beim Sex spielen.

Die Sexualität des Menschen wie auch die Erektion des Mannes ist auf ein Zusammenspiel von Psyche und Physis angewiesen. Der zweite Teil, die Physis, darf bei der Betrachtung des Problems nicht vernachlässigt werden. Manchmal hilft schon allein eine verbesserte körperliche Konstitution gegen Erektionsprobleme. Studien belegen, dass durch regelmäßiges Joggen Erektionsschwierigkeiten zurückgehen (*http://blog.tagesanzeiger.ch/outdoor/index. php/9558/sex-und-laufen-das-unschlagbare-doppel/*).

Bei der psychischen Seite des Problems setzt die Südafrikanerin Diana Richardson (*Zeit für Liebe*, Innenwelt Verlag, Köln, 2013) mit ihrem Konzept des *Slow Sex* an. Sexualität setzt keine männliche Erektion voraus. Sie geht auch ohne. Richardson will auf diese Weise den Druck verringern, der – eben mit Vorurteilen wie »Ein Mann kann immer!« – oft auf Männern lastet, und den Blick schärfen dafür, *wie* Sexualität auch sein kann.

IRRTUM NR. 9: MIT SEX KANN MAN KEINE PROBLEME LÖSEN.

Der Versuch, Paare mit künstlich erhöhtem Oxytocingehalt im Blut mit Paaren zu vergleichen, die einen niedrigeren Oxytocinspiegel haben, wurde schon oft durchgeführt. Eine solche Studie erfolgte auch an der Universität von Zürich unter der Leitung der Psychologin Beate Ditzen (*Psychologie heute*, 12/2008; *http://www.psychologie-heute.de/archiv/detailansicht/news/oxytocin_gegen_den_beziehungsstress/*).

Dass häufiger Sex dazu führt, dass Menschen jünger aussehen, ist eine Erkenntnis des britischen Forschers Dr. David Weeks, klinischer Neuropsychologe am Royal Edinburgh Hospital (*The British Psychological Society: The benefits of sexual activity in later life, http://www.bps.org.uk/news/benefits-sexual-activity-later-life*). Ich habe der Sexualität eine Menge an positiven Ergebnissen zugetraut. Die Ergebnisse dieser Studie haben aber auch mich erstaunt. Der Brite hat für seine Untersuchung Personen im Alter zwischen 40 und 50 Jahren in zwei Gruppen unterteilt. In einer Gruppe waren Menschen, die jünger aussahen, als sie waren – in der zweiten Gruppe die anderen. Danach fragte er alle Beteiligten (unter anderem) nach der Häufigkeit des *sexuellen Verkehrs*. Fazit: Die Gruppe der Junggebliebenen hatte *doppelt so viel Sex* wie die andere. Dreimal pro Woche Sex – so lautet demnach das Geheimnis für ein junges Aussehen.

IRRTUM NR. 10: EINE AFFÄRE KANN EINE BEZIEHUNG BELEBEN.

Die beste Zusammenstellung von Forschungsergebnissen zum Thema Treue und Untreue findet sich in dem bahnbrechenden Werk *Not Just Friends. Rebuilding Trust and Recovering Your Sanity After Infidelity* (The Free Press, New York, 2002) von der amerikanischen Familientherapeutin und Psychologieprofessorin Shirley Glass. Die Autorin beschäftigt sich bereits seit den 1970er-Jahren mit der Untreue und gilt als eine der profundesten Expertinnen zu diesem Thema.

In Deutschland befasst sich der Göttinger Psychologe Dr. Ragnar Beer schon lange mit dem Thema Treue und Untreue und hat zahlreiche Studien dazu vorgelegt. Informationen für Betroffene sowie Ergebnisse der Studien zur Untreue finden sich auf den Seiten *www.theratalk.de,* die als wissenschaftliches Projekt des Instituts für Psychologie der Universität Göttingen betrieben werden.

Ein Ergebnis dieser Forschungen unterstützt ebenfalls die These, dass die Untreue auch dem Untreuen schadet: Bei einer Studie mit 2600 Personen, die selbst untreu waren, gaben 80 Prozent an, dass sie ihrem Partner oder ihrer Partnerin lieber treu wären (*http://www.focus.de/gesundheit/gesundleben/partnerschaft/krise/untreuen-studie_aid_24627.html*).

IRRTUM NR. 14: MÄNNER KÖNNEN UND WOLLEN IMMER.

Die Studie zum Zusammenhang zwischen Hausarbeit und Sex wurde von dem Psychologen Joshua Coleman (*www.drjoshua coleman.com*) und dem Soziologieprofessor Scott Coltrane (Riverside-Universität, Kalifornien) durchgeführt. Ihr Schluss: Je mehr Hausarbeit die Männer übernehmen, desto glücklicher sind die Frauen. Dies schlage sich dann auch beim Sex nieder. Die Studie wurde auf den Internetseiten des »Council of Contemporary Families« (*www.contemporaryfamilies.org*) vorgestellt. Joshua Coleman geht auch in seinem Buch *The Lazy Husband. How to Get Man to Do More Parenting and Housework* (St. Martin's Press, New York, 2005) auf die Ergebnisse der Studie ein.

TEIL II

Niemand hat die große Verantwortungslosigkeit in unserer Kultur in Sachen Liebe so sprachgewaltig und schonungslos auf den Punkt gebracht wie Erich Fromm im ersten Kapitel seines Buches *Die Kunst des Liebens*: Für den Erfolg im Beruf strengen wir uns gern an. Erfolg und Gelingen in der Liebe aber sollen uns einfach so zufliegen – und ohne jede Anstrengung soll die Liebe auch bleiben. Diese Einstellung bemängelt Fromm. Das Zitat ist seinem Buch *Die Kunst des Liebens* (Deutsche Verlags-Anstalt, Stuttgart, 1980, S. 15) entnommen.

IRRTUM NR. 15: DIE LIEBE IST EIN UNERKLÄRLICHES PHÄNOMEN.

Mein Wissen über die Fledermäuse und ihr Leben verdanke ich der großartigen CD aus der Reihe *Die Kinder-Uni* mit dem Titel

Warum gibt es Blitz und Donner? Warum sehen Fledermäuse mit den Ohren? (Der Hörverlag, München, 2005).

Den Zusammenhang zwischen der Liebe und der menschlichen Kindheit thematisieren Bernd Frederich (*Die Verliebtheitsfalle. Warum man immer wieder an den falschen Partner gerät und wie man trotzdem glücklich werden kann*, Kreuz Verlag, Zürich, 1998, derzeit nur über Antiquariat erhältlich) und Helen Fisher (*Anatomie der Liebe*, Droemer Knaur Verlag, München, 1993, derzeit nur über Antiquariat erhältlich).

Alles Leben ist Problemlösen – diese Sicht auf die evolutionsbiologischen Vorgänge hat Karl Popper in einem Aufsatz in seinem gleichnamigen Buch dargelegt (*Alles Leben ist Problemlösen. Über Erkenntnis, Geschichte und Politik*, Piper Taschenbuch, München, 1996).

Die lebensverkürzende Wirkung von unglücklichen Partnerschaften ist vielfach belegt. Die Sterblichkeit von Männern in glücklichen wie unglücklichen Beziehungen untersuchte beispielsweise Dr. Tara Madhyastha im Rahmen einer Studie, die ältere Paare über 20 Jahre begleitete. Die Sterblichkeit von Männern in unglücklichen Partnerschaften war sehr hoch und betrug 58 Prozent über den gesamten Verlauf der Studie. Männer in glücklichen Partnerschaften hatten im gleichen Zeitraum eine Sterbewahrscheinlichkeit von nur 23 Prozent. John Gottman berichtet in seinem neuen Buch *Die Vermessung der Liebe. Vertrauen und Betrug in Partnerschaften* (Verlag Klett Cotta, Stuttgart, 2014) von diesen Zahlen. Die Gründe für das frühzeitige Ableben der Männer sind bislang nicht hinreichend erforscht.

IRRTUM NR. 17: HARMONIE IST DAS WICHTIGSTE FÜR EINE BEZIEHUNG.

Zu Terri Orbuchs Studie *The early Years of Marriage* sind zwei Bücher erschienen. Das Erste, *Die 5 Geheimnisse glücklicher Paare. Verblüffende Erkenntnisse aus über 20 Jahren Forschung* (Goldmann Verlag, München, 2011), wertet vor allem die Ergebnisse aus, die sich auf den Bestand von Partnerschaften beziehen. Im Laufe der Studie trennten sich aber auch viele Paare. Auch das, die Trennung und die Neuorientierung nach einer Scheidung, hat Terri Orbuch in der Folge mit untersucht und in ihrem Buch *Finding Love Again: 6 Simple Steps to a New and Happy Relationship* (Casablanca Pr, Naperville, 2012) zusammengefasst.

IRRTUM **NR. 18:** PAARE, DIE VIEL GEMEINSAM UNTERNEHMEN, STÄRKEN SO IHRE PARTNERSCHAFT.

Dass das Gespräch über den Tag die wichtigste Maßnahme ist, um eine Partnerschaft lebendig zu erhalten, ist eines der zahlreichen Ergebnisse aus den Forschungen von John Gottman. Er hat das in seinem Buch *Die 7 Geheimnisse der glücklichen Ehe* (Ullstein Verlag, Berlin, 2004) ausgeführt.

Der Frage, wie sehr Männer in Bezug auf emotionale Unterstützung von ihren Frauen abhängig sind, hat Terri Orbuch in ihrem Buch *Die 5 Geheimnisse glücklicher Paare. Verblüffende Erkenntnisse aus über 20 Jahren Forschung* (Goldmann Verlag, München, 2011) ein eigenes Kapitel gewidmet.

IRRTUM **NR. 19:** NUR WER SICH SELBST LIEBT, KANN AUCH ANDERE LIEBEN.

Erich Fromms Buch *Die Kunst des Liebens* (Heyne Verlag, München, 2001) ist bis heute sehr lesenswert.

Ein herzlicher Dank an die Diplompsychologin und *Emotion*-Kolumnistin Berit Brockhausen für ihre Einschätzung zur Bedeutung der Selbstliebe für das Gelingen einer Partnerschaft. Sie selbst hat in ihren Büchern zur Partnerschaft viele spannende Anregungen zur Verbesserung von Beziehungen gegeben (*Du hast Recht und ich meine Ruhe? Effektive Beziehungsstrategien für Konfliktscheue,* Südwest Verlag, München, 2009).

IRRTUM **NR. 21:** EIN STREIT IST WIE EIN REINIGENDES GEWITTER.

Von Georg R. Bach gab es in den 1970er- und 1980er-Jahren einige Bücher auf dem deutschen Buchmarkt. Ich beziehe mich hier auf das Buch *Streiten verbindet* (Fischer Verlag, Frankfurt am Main, 1983, derzeit nur über Antiquariat erhältlich). Dass Georg Bach seine Paare mit Schaumgummischlägern ausstattete, ist eine Information, die auf John Gottman und seine Paartherapieschulung zurückgeht, an der ich im Mai 2012 teilnahm.

IRRTUM **NR. 22:** BEZIEHUNGEN SCHEITERN, WEIL SICH PAARE ZU VIEL STREITEN.

Die Zahlen, bei welchem Verhältnis zwischen positiven und negativen Aktionen Paare auseinandergehen, sind John Gottmans und Julie Schwatz-Gottmans Reader *Level 1: Bridging the Couple Chasm. Gottman Couples Therapy: A Research-Based Approach* (The Gottman Institut, 2000–2012) entnommen.

IRRTUM **NR. 24:** PROBLEME IN EINER PARTNERSCHAFT MUSS MAN LÖSEN.

Nach den Untersuchungen von John Gottman liegt der Anteil der Zeit, die Paare mit Gesprächen über »unlösbare Probleme« verbringen, bei 68 Prozent (*Level 1: Bridging the Couple Chasm. Gottman Couples Therapy: A Research-Based Approach*, The Gottman Institut, 2000-2012).

IRRTUM **NR. 25:** GEBEN UND NEHMEN MÜSSEN IN EINER PARTNERSCHAFT IM GLEICHGEWICHT SEIN.

Wer in einer glücklichen Partnerschaft leben will, der muss mehr geben als nehmen – dieser Ansicht war schon der große österreichische Tiefenpsychologe Alfred Adler (*Wozu leben wir?* Fischer Taschenbuch Verlag, Frankfurt am Main, 1979, S. 209), von dem es eine Vielzahl an Annahmen und Voraussagen über die Liebe gibt, die die Forschung im Laufe der Jahrzehnte bestätigen konnte.

Zu den Problemen von Geben und Nehmen in Partnerschaften gibt es unterdessen zahlreiche Untersuchungen. Eine davon findet sich in Adam Grants aktuellem Buch *Geben und Nehmen. Erfolgreich sein zum Vorteil aller* (Droemer Verlag, München, 2013). Nicht allen Menschen entgehen allerdings 20 Prozent von dem, was der andere in einer Beziehung beiträgt. Es ist vielmehr ein Durchschnittswert, der in einzelnen Partnerschaften sehr unterschiedlich ausfallen kann. Bei der von Grant angeführten kanadischen Studie waren immerhin drei Viertel der Paare von dem Phänomen betroffen. Im Durchschnitt lag die Abweichung in dieser Studie bei 27 Prozent. Adam Grant, der Professor für Organisationspsychologie an der Wharton Business School (University of Pennsylvania) ist, benutzt hierfür den Begriff der *Informationsdiskrepanz:* »Wir haben mehr Zugang zu Informationen über unsere eigenen Beiträge als über die Beiträge anderer« (S. 133). Eine andere Möglichkeit, diese Abweichung zwischen eigenen Leistungen für die Partnerschaft und den wahrgenommenen Leistungen des anderen zu erklären, ist das in diesem Buch auf Seite 34 ausgeführte WYSIATI-Prinzip (what we see is all there is) des Psychologieprofessors und Nobelpreisträgers Daniel Kahneman (*Schnelles Denken, langsames Denken,* Siedler Verlag, München, 2012). Wir neigen dazu, das für die Wirklichkeit zu halten, was wir wahrnehmen. Und naturgemäß nehmen wir unsere Beiträge zur Partnerschaft präzise wahr, die Beiträge des anderen aber eben nur zum Teil. Das ist – folgen wir Kahneman – keine Bosheit, sondern völlig normal.

IRRTUM **NR. 26:** GEBILDETE, FINANZIELL UNABHÄNGIGE FRAUEN TRENNEN SICH HÄUFIGER.

Alfred Adler trat schon in den 1920er-Jahren für eine Partnerschaft auf Augenhöhe ein und bezeichnete die männliche Überlegenheit in der Partnerschaft als ein »Haupthindernis für die Ehe« (*Neurosen,* Fischer Taschenbuch Verlag, Frankfurt am Main, 1981, S. 65). Solche Aussagen sind weder von Sigmund

Freud noch von C. G. Jung, den anderen beiden Gründervätern der Tiefenpsychologie, belegt.

Die angegebene australische Studie wurde von Dr. Rebecca Kippen (Australian Demographic and Social Research Institut, The Australian National University; Canberra) durchgeführt. Sie hat den Titel *What's love got to do with it. Homogamy and dyadic approaches to understanding marital instability (http:// www.melbourneinstitute.com/downloads/hilda/Bibliography/ Working+Discussion+Research_Papers/2010/Kippen_etal_ Whats_Love_Got_to_do_with_it.pdf).*

IRRTUM **NR. 27:** KINDER HALTEN EINE BEZIEHUNG ZUSAMMEN.

Die Begriffe *child-centered* und *parent-centered* werden von der Familientherapeutin Michele Weiner Davis in ihren Büchern *The Sex-Starved Wife. What to Do When He's Lost Desire* (Simon & Schuster, New York, 2008) und *The Sex-Starved Marriage* (Simon & Schuster, New York, 2003) aufgegriffen.

IRRTUM **NR. 28:** EINE GUTE BEZIEHUNG ERFORDERT BEZIEHUNGSARBEIT.

Eine der ersten Studien zu glücklichen Paaren in Buchform erschien im Jahr 1996 und war von Judith Wallerstein und Sandra Blakeslee. Das Buch trug den Titel *Gute Ehen. Wie und warum die Liebe bleibt* (Neuausgabe bei Beltz, Weinheim, 2004). John Gottmans Buch *Die 7 Geheimnisse der glücklichen Ehe* kam einige Jahre später auf Deutsch heraus (Econ Ullstein List Verlag, München, 2000). Terri Orbuchs Buch *Die 5 Geheimnisse glücklicher Paare* kam schließlich 2011 hinzu (Goldmann Verlag, München, 2011).

Die spannendsten Ergebnisse der Dankbarkeitsforschung finden sich in dem Buch *Vom Glück, dankbar zu sein* (Campus Verlag, Frankfurt, 2008) des amerikanischen Psychologieprofessors Robert A. Emmons (University of California). Die Erforschung der Dankbarkeit und ihrer Zusammenhänge mit Glück, Gesundheit und Persönlichkeitsbildung ist seit 25 Jahren der Schwerpunkt seiner wissenschaftlichen Tätigkeit.

Über die Handynutzung und den Sex gibt es einige Umfragen, die bedenklich stimmen. Dass bereits zehn Prozent der Amerikaner ihr Smartphone während der Sexualität genutzt haben, geht auf eine aktuelle Umfrage aus dem Jahr 2013 zurück *(http://mashable.com/2013/07/11/smartphones-during-sex/)*.

Eine britische Studie kam zu deutlich höheren Zahlen. Demnach haben bereits 62 Prozent der Frauen ihr Smartphone beim Sex benutzt *(http://www.dailymail.co.uk/femail/article-2375128/62-British-women-admit-checking-mobile-phones-sex.html)*.

TEIL III

IRRTUM NR. 29: DER MANN IST DER JÄGER UND DIE FRAU DAS WILD.

Sehr anregend in Bezug auf das Flirtverhalten von Männern und Frauen ist die bekannte amerikanische Anthropologin Helen Fisher in ihrem Standardwerk *Anatomie der Liebe* (Droemer Knaur Verlag, München, 1993). Sie kommt aufgrund interkultureller Studien zu dem Schluss, dass Frauen sehr oft die ersten Signale der Sympathie senden. Das ist auch das klare Ergebnis meiner Erfahrung aus der Beratung von Singles. Bestätigt wird es auch durch die über 2000 realen Liebesgeschichten, die ich in den vergangenen 25 Jahren gesammelt habe.

Das Prinzip der Ähnlichkeitswahl nach dem gegengeschlechtlichen Elternteil ist für mich in der Beratung sehr auffällig. Etwa 80 Prozent der Menschen wählen so. Die übrigen 20 Prozent wählen oppositionell – meist, weil sie dafür einen guten Grund haben: Diese Menschen hatten zu ihrem gegengeschlechtlichen Elternteil oft kein gutes Verhältnis. Die Ähnlichkeitswahl nach dem gegengeschlechtlichen Elternteil bezieht sich oft auf Haarfarbe, Körpergröße und auf die Statur. Sie lässt sich in Forschungen auch in Bezug auf das Gesicht des Partners oder der Partnerin belegen. Ungarische Forscher vermaßen dafür an insgesamt 312 Probanden die Proportionen, unter anderem die Länge und Breite des Gesichts, den Augenabstand, die Länge der Nase und die Breite des Kinns. Dabei ergab sich ein eindeutiger Zusammenhang zwischen den Gesichtszügen des Vaters und denen des Partners der Töchter, sowie zwischen Gesichtszügen von Müttern und den Partnerinnen ihrer Söhne. Nachzulesen ist das auch hier: *www.spiegel.de/wissenschaft/mensch/auffallende-aehnlichkeit-gesichter-der-eltern-beeinflussen-partnerwahl-a-575994.html*

IRRTUM **NR. 30:** DIE ZAHL DER SINGLES STEIGT UNAUFHÖRLICH.

Die beste Zusammenstellung unterschiedlicher Studien zu der Zahl der Singles in Deutschland gibt die Soziologin Sonja Deml in ihrem Buch *Singles: Einsame Herzen oder egoistische Hedonisten? Eine kritische und empirische Studie* (Centaurus, Freiburg, 2010).

Die Angaben zur Verschiebung des Heiratsalters in den vergangenen zwei Jahrzehnten sind Annabel Dilligs Buch *Diesen Partner in den Warenkorb legen. Das neue Liebesverständnis einer vernünftigen Generation* (Blanvalet, München, 2012) entnommen. Die *NEON*-Redakteurin hat dankenswerterweise eine Fülle an spannenden soziologischen Fakten über die Partnersuche der 30- bis 40-Jährigen zusammengetragen.

IRRTUM **NR. 31:** BEZIEHUNGEN ÜBER DAS INTERNET SIND OBERFLÄCHLICH UND UNROMANTISCH.

Ein Forscherteam um den Psychologen John Cacioppo von der Universitiy of Chicago hat die Frage, wie das Internet Partnerschaften verändert, in einer Studie umfassend und für einen Zeitraum von sieben Jahren (2005 bis 2012) untersucht (*http://www.pnas.org/content/early/2013/05/31/1222447110.abstract*). Die Ergebnisse fanden auch in Deutschland reges Interesse und wurden zum Beispiel von der *Süddeutschen Zeitung* ausführlich berichtet *(http://www.sueddeutsche.de/wissen/studie-zum-online-dating-wenn-algorithmen-ehen-stiften-1.1687796)*.

IRRTUM NR. 32: ES GIBT DIE LIEBE AUF DEN ERSTEN BLICK.

Ben Jones Studie zur Liebe auf den ersten Blick finden Sie im Internet bei *www.welt.de* und *www.morgenpost.de* und unter *theguardian.com*. Einen wichtigen Hinweis darauf, wie lange es dauert, bis wir spüren, ob wir einen Menschen sympathisch finden oder nicht, gibt der Psychologe Dr. Lars Penke, der an der Berliner Humboldt Universität die Partnersuche beim Speed-Dating untersuchte. Es sind gerade einmal 300 bis 500 Millisekunden. Kommt es dann zu einem Gespräch, bilden wir uns bereits in den ersten 30 Sekunden ein Bild von den Charaktereigenschaften und von der Intelligenz unseres Gegenübers *(http://www.planet-interview.de/interviews/lars-penke/34410/)*.

IRRTUM NR. 34: MÄNNER SIND RATIONAL.

Die These, dass Männer in Bezug auf die Liebe stärker auf romantische Liebesklischees zurückgreifen als Frauen, vertrete ich schon seit vielen Jahren. Zu dieser Ansicht haben die zahlreichen Beratungen von Singlemännern und -frauen beigetragen, die ich in den vergangenen 15 Jahren durchführte. Die Neigung von Männern zu romantischen Klischees war dabei oft mit Händen zu greifen. Das Erscheinen von Terri Orbuchs Buch *Die 5 Geheimnisse glücklicher Paare. Verblüffende Erkenntnisse aus über 20 Jahren Forschung* (Goldmann Verlag, München, 2011) hat diese Sicht auf die Partnersuche von Männern und Frauen empirisch voll bestätigt.

Die Zahlen zum Anteil von Männern und Frauen, die beim ersten Date bereits »Ich liebe dich« sagen, geht auf eine Untersuchung des Allensbach Instituts zurück. Sie finden sich im *Spiegel Wissen* (2/2012).

Dass Frauen bei Dates deutlich wählerischer sind als Männer, bestätigen auch die Untersuchungen des Berliner Psychologen Dr. Lars Penke von der Berliner Humboldt Universität. Er untersuchte hierfür die Partnersuche beim sogenannten Speed-Dating *(http://www.planet-interview.de/interviews/lars-penke34410/).* Lars Penke ist unterdessen Professor für Biologische Persönlichkeitspsychologie und Diagnostik an der Universität Göttingen.

IRRTUM NR. 35: LIEBE DICH SELBST, DANN IST ES EGAL, WEN DU HEIRATEST.

Eine Meta-Studie des Kölner Soziologen Prof. Michael Wagner zusammen mit Bernd Weiß, in der man 42 Einzelstudien auswertete, kam zu dem Ergebnis, dass Frauen mit zunehmendem Alter deutlich besser wählen und dass ihre Partnerschaften haltbarer sind *(Bilanz der deutschen Scheidungsforschung. Versuch einer Meta-Analyse. Zeitschrift für Soziologie, Heft 1, Februar 2003, S. 29–49).*

Die Forschungen des Mannheimer Familiensoziologen Prof. Hartmut Esser laufen ebenfalls auf das Prinzip »Gleich und gleich gesellt sich gern« hinaus, ein Prinzip, das die Wissenschaft wieder und wieder bestätigt hat. Zu lesen ist das auch hier: *http://www.focus.de/panorama/boulevard/gesellschaft-welche-ehe-haelt-wie-lange_aid_194737.html*

Eine lohnende Lektüre ist auch das Buch *Der geheime Code der Liebe* von Julia Peirano und Sandra Konrad (List Verlag, Berlin, 2011). Julia Peirano ist eine der wenigen *deutschen* Therapeutinnen, die für ihre Sicht auf den Prozess der Partnersuche auf valide – eigene! – Forschungen verweisen können.

Dass viele Menschen bei der Partnersuche zu sehr auf die Ansichten und Überzeugungen ihres Gegenübers achten und nicht auf seine charakterlichen Merkmale, erforschten Wissenschaftler der Universität von Iowa: *www.welt.de/print-welt/article 95171/Partnersuche-basiert-auf-dem-Prinzip-der-Aehnlichkeits wahl.html*

IRRTUM NR. 36: SCHÖNE FRAUEN HABEN DIE BESTEN CHANCEN BEI DER PARTNERSUCHE.

Dass zwei Partner oft ähnlich attraktiv sind, ist seit langem bekannt und gut untersucht. Der Psychologe Alan Feingold beschäftigt sich seit 30 Jahren mit dem Einfluss der äußeren Schönheit auf das Leben von Menschen. In einer Studie an der Yale Universität (New Haven, Conneticut), in der die Ergebnisse von 19 Studien mit mehr als 1600 Paaren ausgewertet wurden, konnte er zeigen: Wer selbst schön ist, hat eher auch einen schönen Lebensgefährten. Wer durchschnittlich aussieht, hat eher ein durchschnittlich aussehendes Pendant. Der Zusammenhang hierbei ist mittelstark, das heißt, es gibt natürlich auch Ausnahmen. Dieser Effekt ist in der Forschung unter der Bezeichnung »Attraktivitäts-Matching« bekannt *(http://www.sciencegarden.de/ content/2004-09/liebe-auf-den-ersten-blick).*

Das Zitat von Christian Morgenstern stammt aus *Stufen. Eine Entwickelung in Aphorismen und Tagebuch-Notizen* (Piper, München, 1918). Online unter: *http://gutenberg.spiegel.de/buch/323/5*

NACHWORT

Eva Illouz' Buch *Warum Liebe weh tut* (Suhrkamp Verlag, Berlin, 2011) versucht das Internet für eine angeblich zunehmende Unverbindlichkeit in Partnerschaften verantwortlich zu machen. In eine ähnliche Richtung argumentiert auch Sven Hillenkamp in seinem bekannten Buch *Das Ende der Liebe. Gefühle im Zeitalter unendlicher Freiheit* (Verlag Klett Cotta, Stuttgart, 2010). Ich teile diese Auffassung nicht. Die wissenschaftlichen Belege sind in beiden Fällen wenig überzeugend.

Der Abschluss von Bernd Frederich ist zu finden in *Die Verliebtheitsfalle. Warum man immer wieder an den falschen Partner gerät und wie man trotzdem glücklich werden kann* (Kreuz Verlag, Zürich, 1998, derzeit nur über Antiquariat erhältlich).